Anna Dross
Abenteuerreise Wohnmobil

W0012963

GOLDMANN
Lesen erleben

Das Buch

Mit dem Wohnmobil zu verreisen, verspricht Unabhängigkeit und die große Freiheit dorthin zu fahren, wo Herz und Straße einen hinführen. Auch Anna Dross und ihr Mann Gabriel haben sich nach kurzem Zögern ein Wohnmobil gekauft. Endlich im Ruhestand angekommen, wollte sich das Paar eigentlich gemütlich auf Mallorca einrichten, als sie das Womo-Fieber packt. Dabei erleben sie von der Anschaffung bis zu ersten Fahrversuchen auch die typischen Anfängerfehler wie vergessene Heckstützen. Und manchmal ist auch das Zusammenleben auf engstem Raum eine Herausforderung.
Unterhaltsam und informativ erzählt Anna Dross über ihre Europareisen von Spanien bis hin nach Norddeutschland. Vor allem aber zeigt sie, dass Wohnmobile alles andere als spießig sind.

Die Autorin

Anna Dross wurde 1952 in Hamburg geboren und wohnt seit 1996 auf Mallorca. Seit Anfang 2004 ist die ausgebildete Arzthelferin und studierte Kunstpädagogin als Malerin tätig. Für ihr literarisches Schreiben wurde sie bereits mit dem Förderpreis der Stadt Bremen ausgezeichnet. Online bloggt sie regelmäßig unter: www.womo-kladde.net

Inhalt

Wir können nicht verhindern, dass wir alt werden, aber wir können verhindern, dass wir uns dabei langweilen.

1. Teil

Hilfe:
Wir kaufen ein Wohnmobil!

Wie alles begann

Uns ging es gut bis sehr gut. Mein Mann Gabriel und ich hatten jeder für sich 63 Jahre Jugend angehäuft und nur eine Sorge: Würden wir in der uns verbleibenden Zeit noch unsere unerfüllten Träume leben können? Und wenn ja, wovon träumten wir eigentlich?

Wir waren gesund, auch wenn wir mit zu viel Fleisch und zu viel Wein fleißig dagegen anschlemmten. Von unseren vorgezogenen Altersrenten leisteten wir uns den Luxus einer Putzfrau, und unsere runden Geburtstage feierten wir mit Familie und Freunden gern im Restaurant. Um das Maß unseres Glücks vollzumachen, lebten wir genau dort, wo wir zu leben *wünschten*: auf Mallorca, dem Sehnsuchtsort so vieler Europäer.

Ich habe keine Kinder, und Gabriels Zwillinge gingen schon auf die dreißig zu. Die beiden Enkelkinder wuchsen wohlbehütet in der Familie seiner Tochter auf, ohne uns wirklich zu brauchen, und von unseren Eltern lebte nur noch meine Mutter – auf eigenen Wunsch und eigene Kosten im Heim.

Solange unsere Renten nicht drastisch gekürzt werden, wir die Liebe und den Respekt nicht verlieren und die vermeintlichen und tatsächlichen Dramen in Familie und Freundeskreis nicht zu sehr auf uns lasten – so lange haben Menschen wie wir keine Probleme.

Es sei denn, sie bauen ein Haus oder kaufen sich ein Wohnmobil. Letzteres taten wir. Als Auto eine Zumutung und als Wohnung ein Witz auf Rädern.

Monate vor dem Kauf umrundeten wir mit großem Respekt ein fast baugleiches Exemplar wie unser späteres Eigentum. Ein Massiv im Vorgarten seiner Besitzer. Daneben traute sich kein Pflänzchen mehr aus der Erde. Die Reifen hatten unter ihrer tonnenschweren Last tiefe Furchen hinterlassen. Schwer beeindruckt beschlossen wir in seltener Einmütigkeit: Auf keinen Fall kaufen wir ein Modell länger als sechs Meter. Auf gar keinen Fall!

Ein halbes Jahr später bestellten wir unser Wohnmobil, laut Händlerangaben 7,68 Meter lang, 2,85 Meter hoch und 2,33 Meter breit. Die Länge gemessen ohne den Fahrradträger am Heck, die Höhe ohne die Satellitenschüssel auf dem Dach und die Breite ohne die beiden wie große Segelohren im Fahrtwind stehenden Seitenspiegel.

Vielleicht sind wir nicht nur zu alt, sondern auch fehl am Platz. Wir können die Insel nur in der Luft oder auf dem Wasser verlassen. Früher Flugzeug für zwei, heute Fähre für zwei plus Wohnmobil. Das geht ins Geld und kostet Zeit und Nerven. Seit dem Erwerb unserer fahrbaren Ferienwohnung beneiden wir Menschen wie meine Cousine Nanna in Schleswig-Holstein.

Deren Wohnmobil steht sicher auf ihrem Grundstück und ist für einen Familienausflug jederzeit verfügbar.

Ein spontaner Wochenendtrip an die Nordsee oder in den Harz? Immer wieder gern, alle Mann rein und den Motor starten. Am Sonntagmorgen schickt der Himmel eine lachende Sonne und frischen Wind? Ideale Bedingungen für einen Tagesausflug mit der Familie: Die Surfbretter aufs Dach und schon kann's losgehen: Die Nordsee ruft mit auflaufendem Wasser.

Erschwerend kommt hinzu: Ich bin Deutsche, mein Mann ist Spanier. So steht es zumindest in unseren Reisepässen. Aber wir strafen die nationalen Klischees Lügen. In seinem selbst entworfenen Logbuch hält Gabriel Koordinaten und gefahrene Kilometer fest und vermerkt auf den Cent genau unsere Ausgaben und ihren Zweck. In meinen Kladden, mal mit Linien, mal kariert, schweife ich von drohenden Sturmböen über den vorlauten Stellplatznachbarn zur aktuellen Magen- oder Gemütsverstimmung.

Gabriel will möglichst heute schon wissen, wo wir morgen übernachten, und er wird alles daransetzen, dieses Ziel zum vorgesehenen Zeitpunkt zu erreichen. Die ihn kennen, schätzen seine Pünktlichkeit, Zuverlässigkeit und Genauigkeit. Damit ist er Balsam für mein flatterhaftes Gemüt.

Ich hingegen gehe meinen Weg am liebsten immer der Nase nach. Sie hat mich schon oft auf Abwege geführt, aber auch in zauberhafte neue Gefilde. Das verleiht meinem Liebsten Flügel.

Zwei Temperamente und zwei ausgeprägte Persönlichkeiten mit hinreichend unter Beweis gestellten Führungsqualitäten (zugegeben er mehr als ich): Man sollte meinen, so ein Paar braucht viel Raum. Stattdessen pferchen wir zwei Dickschädel, die das Miteinanderleben noch gar nicht *so* lange erprobt haben, uns freiwillig zusammen ein auf lächerlichen 14 Quadratmetern.

Wie sind wir bloß auf die Idee gekommen, uns gemeinsam ein Wohnmobil zuzulegen? Welcher Teufel hat uns da geritten?

Mit 28 hatte ich die romantische Vorstellung, in einem VW-Bulli durch die USA zu fahren – ich ganz allein. Nach einer Gruppenreise mit Bus und Zelten von New York über Florida bis nach Nashville war ich so begeistert, dass meine Verwandten in Tennessee einen gebrauchten Camper für mich organisierten. Per Luftpost schickten sie mir ein Foto von dem Bulli in ihrem Garten: die Tür weit geöffnet und meine Tante mit einladender Geste davor. Was sie nicht wissen konnten: Ich habe zwar eine große Klappe, aber wenig Mumm in den Knochen. Das Unternehmen war von vornherein zum Scheitern verurteilt.

In den letzten Monaten vor der geplanten Abreise rutschte mir das Herz immer tiefer in die Hose. Da traf es sich günstig, dass mir eines schönen Sonntags auf der Langlaufloipe ein schneidiger Hesse in die Quere kam, den ich kurz darauf zu meinem Traummann erklärte. Anstatt mit dem Camper durch Nordamerika zog ich zu ihm nach Gießen, wo mein Traummann sich schnell als mein persönliches Liebestrauma entpuppte. Aber der

16

Zug war abgefahren beziehungsweise das Flugticket verfallen, sehr zur Freude einer Cousine, die das Fahrzeug mit ihrem Freund und späteren Ehemann für Fahrten kreuz und quer durch die USA nutzte.

Mein zukünftiger Ehemann hing derweil in Spanien jahrzehntelang seinem Lebenstraum vom Reisen mit dem Wohnmobil durch Europa nach. Neben der passenden Partnerin fehlten ihm die Sprachkenntnisse, um sich unbekümmert in fremden Ländern bewegen zu können. Mit mir bekam er nicht nur sein (zweites) Eheweib, sondern als Zugabe auch noch Deutsch und Englisch. Damit und mit Spanisch und Katalanisch, das die Bewohner einiger Regionen Frankreichs gut verstehen, sah er sich gut gerüstet. Zumindest sprachlich.

Und ich? So ein Zigeunerleben im Chemieklo auf vier Rädern reizte mich schon lange nicht mehr, auch fand ich die Uniform der großen Freiheit auf Campingplätzen nicht sehr kleidsam. Jogginghose mit Turnschuhen und Fleecejacke standen mir noch nicht einmal als junger Frau, geschweige denn jetzt jenseits der 60.

Mein verbliebener Lebenstraum war ein gänzlich anderer: ein von mir geschriebenes Buch in den Händen halten! Oder – angepasst an moderne Zeiten – es als E-Book hochladen können. *Dafür* brauchte ich nur Computer und einen Schreibtisch.

Auf wunderbare Weise haben sich unsere beiden Träume erfüllt und miteinander verknüpft. Ohne die Realisierung von Gabriels Sehnsucht nach Wohnmobilreisen hätte ich dieses Buch nicht schreiben können.

Womöglich finden interessierte Leser darin Anregungen und Erfahrungen, die uns einst als Wohnmobil-Anfänger geholfen hätten.

Poltergeist im Mietmobil

»Lass uns erst mal eines mieten«, schlug ich hinterlistig vor. Wie erwartet stimmte Gabriel begeistert zu. Für eine Woche in Norddeutschland mieteten wir ein sechs Meter langes französisches Wohnmobil mit Querbett hinten. Ich hatte die leise Hoffnung, dass sich das Thema mit dieser Woche ein für alle Mal erledigen würde. Konnte ich mir doch mittlerweile ein Leben ohne Geschirrspülmaschine und Feierabendkrimi auf der Couch gar nicht mehr vorstellen.

Das Ergebnis dieses Versuchs überraschte uns beide. Unser Mietmobil war laut Tachometer-Anzeige nur wenig mehr als 2000 Kilometer gefahren. Aber nach weiteren noch nicht einmal 500 Kilometern in sechs Tagen war die Duschabtrennung aus ihrer Halterung gerutscht und hatte sich der Tisch aus seiner Verankerung befreit. Während der Fahrt klapperte und rappelte es am laufenden Band, selbst auf neuer spiegelglatter Asphaltierung. Und das, obwohl *ich* keinen einzigen Kilometer fuhr. Ausschließlich Gabriel saß am Steuer; und im Gegensatz zu mir ist er ein besonnener, sanfter und sehr guter Autofahrer.

Glückwunsch, sollte man denken, denn ich hatte mein

19

Ziel erreicht: Mein Mann war mit dem Thema durch. Bei ihm müssen die Dinge funktionieren. Für gutes Geld will er Qualität bekommen und nicht einen Defekt nach dem anderen beheben müssen. Nein, er wollte auf keinen Fall mehr ein Wohnmobil fahren, weder eines kaufen noch einen weiteren Mietversuch starten.

Doch anstatt insgeheim zu frohlocken, verspürte ich ein leises Gefühl der Enttäuschung. Wider Erwarten hatte jetzt *ich* Gefallen gefunden an dieser Art zu reisen und war die längst vergessen geglaubte Vision von der Amerika-Tour im Bulli zu neuem Leben erwacht.

Während dieser Wohnmobilwoche genoss ich es, mich von Ort zu Ort zu bewegen und trotzdem nicht jeden Abend in einem anderen Hotelzimmer den Kofferinhalt neu sortieren zu müssen.

Wenn uns ein angesteuertes Ziel ganz und gar nicht zusagte, fuhren wir einfach weiter, bis es uns woanders besser gefiel. Und wenn wir uns verfahren hatten, hielten wir irgendwo am Straßenrand und studierten bei einer Tasse Kaffee in Ruhe den Stadtplan.

Vor dem Haus meiner Eltern in einer ruhigen Wohngegend übernachteten wir auf der Straße; die lieben Alten brauchten keine Betten für uns zu beziehen und keine Handtücher bereitzulegen, von der Wäsche danach ganz zu schweigen. Im Gegenteil, wir konnten sie zu uns auf ein Glas Wein einladen und sie am nächsten Tag durchs Dorf zum Gasthof kutschieren. Die beiden haben die kurze Fahrt *so* genossen.

Unser Mietmobil und wir im Frühjahr 2010

An einem schönen Werktag im Mai schlenderten wir mit der sorglosen Gelassenheit von Ruheständlern durch die Innenstadt von Palma, als Gabriel plötzlich stehenblieb und sich mir zuwandte: »Und was machen wir jetzt?« »Ich finde, wir sollten uns etwas Gutes tun. Etwas richtig Tolles machen, solange wir noch können. Worauf hast du Lust?«, fragte ich.

Die Antwort kam von links. Denn genau in diesem Augenblick schob sich ein Wohnmobil in unser Gesichtsfeld und verdeckte die Altbauten gegenüber. Im Schritttempo schlich der Koloss durch die enge Straße. Autofahrer vereinten sich im Hupkonzert, Motorräder schlugen Haken, und Fußgänger fluchten sich die Seele aus dem Leib.

Das Monstrum von einem Wohnmobil bahnte sich seinen Weg haarscharf vorbei an Zweierreihen von

21

parkenden Lieferwagen. Mitten in Palma, am frühen Morgen, wenn die Arbeit ruft und müde Kinder in die Schule verfrachtet werden müssen. Hochkonzentriert, mit gereckten Hälsen und in Falten gelegter Stirn schafften es Fahrer und Beifahrerin, ohne umgeknickte Seitenspiegel an uns vorbeizuziehen. Bevor dieses mobile Wohnhaus nach zigmaligem Vor- und Zurücksetzen und ohne Schaden zu nehmen oder anzurichten um die nächste Kurve gekrochen war, erhaschte ich noch einen Blick auf das Nummernschild. Ich hoffte inständig, dass die Schweden auf ihrer langen Reise unbeschadet ans Ziel gelangen würden. Wo auch immer dieses sein möge, unser Inselchen konnte nur eine Durchgangsstation sein.

Ich drehte mich um zu Gabriel und sprach für uns beide: »Dann kaufen wir uns ein Wohnmobil!« Hilfe, was hatte ich da gesagt? Eigentlich wollte ich mein Erspartes doch für meine eigene persönliche Altersversorgung verwenden! Falls ich im Alter wieder allein sein sollte. Mein geliebter Spanier brauchte nur einen kurzen Augenblick, um die Tragweite meiner Worte zu erfassen und mit einer innigen Umarmung zuzustimmen.

Höchstgrenzen und Mindestanforderungen

In den Monaten danach erhellte der kalte Schein von Notebook, Computer und Tablet vom frühen Morgen bis zum späten Abend unsere ratlosen Gesichter. Es dauerte lange, bis wir auch *geistig* klarer sahen. Wir waren ja beide Neulinge auf dem weiten Feld der Wohnmobile und wussten nichts von der Vielzahl der Marken und Modelle auf dem Markt, abgesehen von der einen Mietwoche, die auch schon wieder fast fünf Jahre zurücklag. Wir hatten keinen blassen Schimmer, auf welches Abenteuer wir uns da eingelassen hatten.

Ich lernte den Unterschied zwischen integrierten und teilintegrierten Wohnmobilen und denen mit Alkoven: Bei den integrierten Modellen kommen Fahrerkabine und Wohnbereich ab Fabrik aus einem Guss. Diese Fahrzeuge sind vorn platt wie ein Autobus, während teilintegrierte Wohnmobile eine Motorschnauze haben. Bei ihnen wird der Aufbau vom Wohnmobil-Hersteller an die Fahrerkabine verschiedener Automobil-Hersteller montiert. Bei gleicher Außenlänge wirkt der Integrierte durch den nahtlosen Übergang innen geräumiger, ist aber bei gleicher Ausstattung im Schnitt 10 000 Euro teurer. Alkovenmodelle haben einen Aufbau *über* dem

Fahrerhaus mit einem fest eingebauten Bett. Dadurch gewinnt man Platz im übrigen Wohnraum, der oft über eine Ecksitzgruppe im Heck verfügt. Ins Bett kann man aber nur über ein Treppchen gelangen.

Wir waren uns sehr schnell einig, dass wir in unserem Alter nicht mehr über eine Leiter ins Bett klettern wollten (und schon gar nicht uns nachts im Dunkeln hinunterhangeln) und dass uns der Aufpreis für ein integriertes Modell zu hoch war. Ein teilintegriertes Wohnmobil sollte es sein.

Am Anfang stocherten wir wahllos in Google & Co. herum. Wir waren verblüfft über die vielen Fabrikate und Modelle und wie sehr sich die Erfahrungsberichte in den Foren zum Teil widersprachen. Nach unzähligen »Hast du den schon gesehen?« und »Sind die eigentlich alle weiß, gibt es gar keinen in Farbe?« oder »Brauchen wir unbedingt einen Fernseher?« kristallisierten sich nach und nach Mindestanforderungen an Bequemlichkeit und Nutzen und Höchstgrenzen für Maße und Gewicht heraus. Nicht zu vergessen die alleralleroberste Schmerzgrenze für den Geldbeutel. Für den Preis mancher Modelle kann man eine schicke Eigentumswohnung in guter Wohnlage kaufen oder sogar ein kleines Haus, wobei ich noch nicht von den absoluten Superluxusmodellen rede.

Unsere Mindestanforderungen:
– Längsbetten in Fahrtrichtung, egal ob zwei Einzelbetten oder ein Doppelbett. Keiner von uns wollte

24

über den anderen robben, um ins oder aus dem Bett zu kommen. Oder umgekehrt sich möglichst klein und platt machen, damit der andere heraus kann. Diese Erfahrung hatten wir schon zur Genüge in dem gemieteten Wohnmobil gemacht.

— Das schließt Alkoven aus, in denen man über der Fahrerkabine quer zur Fahrtrichtung schläft, und kürzere Modelle, die über ein im Heck quer eingebautes Bett verfügen. Auch Alkoven mit zwei Einzelbetten längs zur Fahrtrichtung wollte ich nicht; ich fürchtete die geringe Höhe über der Schlafstatt. An allabendliches Bettenbauen aus Polsterbänken dachten wir gar nicht erst; aus *dem* Alter sind wir nun wirklich raus, vor allem nach einem oder zwei Gin Tonic.

— Toilette und Dusche sollten getrennt sein. Wir wollten kein sogenanntes Großraumbad, in dem nach jeder Dusche Boden *und* Badezimmermöbel komplett trockengewischt werden müssen, damit man unbesorgt wieder auf die Toilette gehen oder sich die Zähne am Waschbecken putzen kann. Es gibt allerdings auch immer mehr Bäder, in denen sich bei Bedarf die Dusche vom Rest abtrennen lässt.

— Ein großer Kühlschrank *musste* sein, der auch Platz bietet für jede Menge Getränkeflaschen. Und dazu ein kleiner Gefrierschrank für Vorräte.

— Eine Garage (das ist der Stauraum unter dem hinteren Teil der Betten, mit Tür von außen, meist eine auf jeder Seite) für unsere Klappräder, mit zusätzlichem Platz für Campingmöbel und Grill plus Werkzeug und Gummistiefel und Einkaufstüten und was man sonst noch braucht – oder zu brauchen *glaubt* – für die Reise.

– Wichtig war uns eine Möglichkeit, Schlaf- und Wohnbereich zu trennen, im besten Fall mit einer Schiebetür. Trotz des unbedingten Wunsches nach Zusammensein hatten wir doch einige Bedenken bezüglich eines Zusammen*lebens* auf nur 14 Quadratmetern.

Unsere Höchstgrenzen:

– Sechseinhalb, maximal sieben Meter Länge. Wir erinnerten uns noch zu gut an die Anspannung, mit der jener schwedische Riese durch die engen Straßen der Innenstadt gesteuert worden war.

– Nicht mehr als dreieinhalb Tonnen Gewicht. Ein vor 1999 in Deutschland gemachter Führerschein berechtigt zum Steuern von Fahrzeugen bis zu siebeneinhalb Tonnen; der spanische jedoch seit jeher nur bis dreieinhalb.

– Höchstens 60 000, allerhöchstens 65 000 Euro. Mit allem Drum und Dran. Nicht zu glauben, wie naiv wir waren.

Auf die Messe, fertig, los!

Unsere Freunde Regina und Wolfgang genießen seit Jahren Profistatus auf dem Freizeitsektor. Sie haben sich ihr Wissen über Wohnmobile mit Pannen und Fehlentscheidungen in drei Jahrzehnten hart erarbeitet. Heute sind sie angekommen im Premiumbereich und fahren eine Concorde, die neu eine Viertelmillion kostet.

Vor über 30 Jahren kaufte Wolfgang als junger Selbstständiger sein erstes gebrauchtes Wohnmobil, weil er nicht so oft von seiner Frau getrennt sein wollte bei den vielen beruflichen Reisen quer durch Deutschland. Seine Geschäftspartner entspannten sich bei den Besprechungen im Wohnbereich und genossen Reginas Kochkünste. Das Wohnmobil als Konferenzort überzeugte sie wohl auch von dem kreativen Geist seines Besitzers, denn die Wohnmobile vergrößerten sich im Gleichklang mit dem Wachstum der Firma.

Als die beiden von unserem Vorhaben hörten, luden sie uns sofort zu sich nach Hause in Düsseldorf ein. Das Wochenende der Wahl war der alljährliche Caravan-Salon, die größte Messe weltweit für Wohnwagen und Wohnmobile. Internetrecherche sei ja gut und schön,

»Anfassen und drauftreten müsst ihr aber!«, meinten sie. Wie recht sie hatten!

Regina und Wolfgang kaufen ihre Fahrzeuge nur aus zweiter Hand. Sie suchen nach ein oder zwei Jahre alten Modellen, die ihre Vorbesitzer sich im Überschwang angeschafft haben, nur um nach der dritten Reise und nicht einmal 10 000 gefahrenen Kilometern festzustellen, dass ihnen Flugzeuge und Hotels doch lieber sind. Oder der Erstbesitzer hätte vielleicht besser *vorher* seine Gattin fragen sollen, ob sie auf Geschirrspüler und regelmäßigen Besuch in *ihrem* Beauty-Studio verzichten kann und will. Die laut Wolfgang unvermeidlichen Kinderkrankheiten seien bei der Übergabe schon auskuriert, ein großer Vorteil neben der Ersparnis von mindestens 20 Prozent des Neupreises.

Für uns wird das erste Wohnmobil wahrscheinlich auch das letzte sein, deshalb soll es lieber ein Neuwagen werden mit zwei Jahren Garantie.

Die Auswahl an Modellen auf dem Messegelände ist schlicht zu viel des Guten, zum Davonlaufen. Wir sind unendlich dankbar für die kompetente Führung durch unseren Freund, der uns dennoch genügend Freiraum lässt für mehr als nur ein spontanes »Lass uns mal in den da reinschauen« oder »Meinst du, die lassen beim Preis mit sich handeln?«. Tun sie nicht, jedenfalls nicht nach unserer Erfahrung und nicht in diesen Tagen. Die Branche boomt, weshalb es keinen triftigen Grund gibt, einem kaufwilligen Neukunden für ein Mittelklassemodell ein Angebot zu machen, das über den Messenachlass hinausgeht.

28

Wir bestaunen ein nach Kundenwunsch gefertigtes Modell im Busformat mit Mercedes-SLK-Cabrio im Bauch. Auf Knopfdruck gleitet der kleine Flitzer auf der Beifahrerseite zwischen den Achsen heraus und senkt sich fahrbereit auf den Boden. In dieser Kategorie, in der es immerhin um eine Million Euro und mehr geht, ist die Besichtigung nicht für jedermann vorgesehen; das Einzelstück ist tatortmäßig abgesichert.

Wir zwängen uns zu dritt in Camper von wenig mehr als fünf Metern Länge, die kaum einen Wunsch offenlassen – außer dem einen nach mehr Platz. Die Besucher der einen wie der anderen Kategorie unterscheiden sich deutlich, vor allem im Alter. Einen Camper kann man durch die City steuern und direkt vor dem Museum parken oder ihn in abgelegene Waldwege lenken. In dieser Sparte ist das Interesse beim jüngeren Publikum deutlich größer. Und jünger bedeutet im Zusammenhang mit Wohnmobilen immer noch mindestens 40. Denn auch für einen Camper muss der Käufer wenigstens 50 000 Euro hinlegen, wenn das Fahrzeug einigermaßen ausgestattet sein soll.

Bei den Luxusriesen regiert Häuptling Silberlocke. Weit über 80-jährige Männer ziehen sich die Eingangstreppe hinauf, und wir fragen uns, wie um Himmels willen sie die Kontrolle über ihr fahrbares Heim behalten wollen. Auf unserer ersten Reise schon sollten wir Zeuge eines köstlichen Beispiels werden.

Bis jetzt ist alles noch Spaß. Ernst wird es erst, als wir uns an das Steuer von Modellen setzen, die in Größe,

29

Grundausstattung und Preis dem entsprechen, was wir uns vorgestellt haben. Deren technische Daten haben wir nach Tausenden von Klicks zu Hause auswendig gelernt, aber hier in diesen heiligen Hallen sind unsere Gehirne geschrumpft. Die Zahlen und Fakten sind nicht mehr abrufbar.

Natürlich sind wir nicht die Einzigen, die sich für die Mittelklasse interessieren. Manches Ausstellungsstück wirkt wie durchgeschüttelt, einmal auf den Rücken gelegt und wieder auf die Räder gestellt. Ganz anders die fast baugleichen Fahrzeuge anderer Marken. Auch in diesen Modellen hat eine ähnliche Anzahl von Neugierigen an Türgriff und Seitenwand Halt gesucht und sich mit schweißnassen Händen die ein, zwei oder auch drei Treppenstufen hochgezogen. Innen werden gnadenlos alle Klappen, Türen und Jalousien begrabbelt und vor und zurück geruckelt. Was sich nur irgendwie öffnen und schließen lässt, schwenkt garantiert jeder mindestens einmal durch die Luft (ich auch).

Aber diese Aufbauten samt Innenwelt sind immer noch intakt und manierlich anzuschauen, allerdings auch mindestens 10 000 Euro teurer als die schon auf der Messe ramponierten. Kein Fußboden-PVC hebt sich an den Kanten, keine Schrankklappe hängt schief in den Angeln oder knarzt beim Zuklappen. Auch der Kühlschrank schnappt nicht hörbar nach Luft, obwohl jeder Besucher mindestens einmal den nicht vorhandenen Inhalt überprüft.

Am Ende des Tages machen wir uns auf die Suche nach

der Cinderella-Toilette. Bis dahin hatte ich das intime Thema der menschlichen Ausscheidungen ignoriert beziehungsweise abgetan mit einem einseitig geschlossenen Pakt: Wenn du die Toilettenkassette leerst, erkläre ich mich freiwillig zuständig für die Küche. Mein praktischer Mann hat nichts dagegen, will dann aber auch das Feinste vom Feinen haben, das zurzeit in Sachen Toilette für Wohnmobile auf dem Markt ist: das Cinderella-Klo.

Diese Toilette verdankt ihren märchenhaften Namen ihrer Fähigkeit, Fäkalien in Asche zu verwandeln – diskret, hygienisch und biologisch abbaubar. Die Technik stammt aus Skandinavien, wo sie vor allem in Berghütten zu finden ist, die laut Hersteller aber auch in Wohnmobilen zur Anwendung kommt.

Hier in Düsseldorf schütteln alle befragten Profis den Kopf: Nein, davon haben sie noch nie gehört, und ganz bestimmt ist so etwas auch nicht auf der Messe ausgestellt. Was nicht stimmt, aber das merken wir erst später, als wir im Hinausgehen auf dem Messeplan einen entsprechenden Stand entdecken. Das Thema sollte sich später durch den Preis erledigen: Mit Einbau kostet die Cinderella-Toilette beim billigsten Anbieter immer noch weit mehr als 5000 Euro! Entschieden zu viel Geld für ein Klo auf Reisen.

Am zweiten Tag unseres Messebesuches beschränken wir uns auf die am Vortag getroffene engere Auswahl. Wir prüfen die Polstermöbel mit der Kraft von Faust und Gesäß. Wir machen es uns bequem auf Einzel- oder

Doppelmatratzen. Wir testen, ob wir im Bett aufrecht sitzen können (ich mag nicht im Liegen lesen) und neben dem Bett aufrecht stehen. Zum ersten Mal, seit wir uns kennen, freut sich Gabriel, dass er nur wenig größer ist als ich!

Er vergleicht die technischen Daten von Motorkraft, Achslast und Batterieleistung, während ich überprüfe, ob das Badezimmer ausreichend Stellfläche bietet für Tiegel, Tuben und Slipeinlagen. Am liebsten hinter einer verschließbaren Schranktür. In der Küche inspiziere ich die Aufteilung der Schubladen und Schränke und zum wiederholten Mal das Aufnahmevermögen von Kühlschrank und Gefrierfach.

Bis zum Nachmittag treffen wir uns auf einem gemeinsamen Nenner in Gestalt eines teilintegrierten Wohnmobils, das auf den vielversprechenden Namen Magic Edition hört. Dabei geraten wir an einen Verkäufer, mit dem uns sogleich eine wechselseitige Sympathie verbindet.

Wir hatten ja keine Ahnung, wie so eine riesige Verkaufsmesse funktioniert. Ohne nachzudenken, sind wir davon ausgegangen, dass jeder Hersteller seine Modelle mit eigenen Angestellten präsentiert. Weit gefehlt. Carthago, Euromobil, Hymer und wie sie alle heißen, schaffen ihre Fahrzeuge von der Fabrik nach Düsseldorf und auch einiges an Personal. Den größten Teil der Verkäufer stellen die großen Händler der verschiedenen Marken aus ganz Deutschland.

In unserem Fall ist dies Herr Barthels, der uns durch die

ausgestellten Modelle »seiner« Marke führt. Ein kräftiger Mann mit warmer Stimme, geschätzt Mitte 50, die Haare über der Stirn sind schon deutlich gelichtet. Der offene Hemdkragen gibt den Blick frei auf einen Silberanhänger, der lässig an einer schwarzen Kordel baumelt. Vermutlich zieht Herr Barthels eine Lederjacke jedem Anzug vor, fährt Motorrad und trinkt gern Rotwein.

An der Innenseite der Eingangstür *unseres* Modells sind Stautaschen aus kräftigem Gewebe angebracht; beim Verlassen des Fahrzeugs zupfe ich daran und kann mir einen vorlauten Kommentar nicht verkneifen: »Da waren sie in der Fabrik wohl etwas sparsam und haben die Teppichreste verarbeitet.«

Herr Barthels grinst: »Sie gefallen mir! Kommen Sie, wir drei trinken einen Kaffee zusammen.«

Zwei Stunden später, nach einem anstrengenden Frage-und-Antwort-Spiel und weil Herr Barthels heute Geburtstag hat, gehen wir von Kaffee auf Sekt über. Bis dahin bin ich von einem ausschließlich *informativen* Messebesuch ausgegangen. Doch wieder einmal kommt es anders. Als wir so friedlich beisammensitzen vor unseren Gläsern und Tassen, wendet Gabriel sich plötz-lich über den Tisch hinweg an mich: »Unterschreib du den Vertrag, ich habe meinen Ausweis in der Wohnung vergessen.«

So kommt es, dass ich arme Künstlerin ein Wohnmobil im Wert von rund 75 000 Euro kaufe, zu denen sich später in Spanien noch über 6000 Euro Steuern gesellen werden! Ich, die ich mich in den letzten 15 Jahren meines Berufslebens mehr schlecht als recht als freiberufliche Malerin durchgeschlagen habe. Ausgerechnet ich unterschreibe einen Kaufvertrag über eine derart hohe Summe!

Nach dem letzten Schluck Sekt frage ich, wo wir denn unser Wohnmobil abholen können. Die Antwort haut uns beide um: Kurz vor der dänischen Grenze! In einem kleinen Dorf ganz nah bei Flensburg befindet sich die Firma, bei der Herr Barthels angestellt ist. Von Mallorca aus sind das 2000 reine Fahrkilometer, nicht eingerechnet das Mittelmeer zwischen Barcelona und Palma.

Na gut, sagen wir uns, die Abholung wird eben gleichzeitig unsere erste Reise werden. Unsere erste Abenteuerreise.

Zu Beginn dieses denkwürdigen Kaufgespräches lernt Gabriel ganz fix, was das kleine deutsche Wörtchen »ab« bedeutet: Zu dem angezeigten Messe-Sonderpreis »ab ...« addierten sich Solaranlage und Satellitenschüssel, Radio und Fernseher, Jalousien vor den Fenstern der Fahrerkabine und Dunstabzugshaube in der Küche. Nicht zu vergessen das Winterpaket für die Reisen ins kühle Deutschland und die Klimaanlage für Südeuropa. Eine Markise sollte uns und unsere Campingmöbel vor der Sonne schützen. Wenigstens der Fahrradträger außen am Heck war bereits im Messe-Angebotspreis enthalten, ausgerechnet den aber brauchten wir nicht. Genauso wenig wie die Außendusche, die wir nach zwei- bis dreieinhalb Jahren und mehr als 20000 Kilometern noch kein einziges Mal benutzt haben. Der Gasanschluss außen hingegen hat sich schon mehrfach bewährt für den Grill.

Später entschieden wir uns noch für ein höheres zulässiges Gesamtgewicht und einen stärkeren Motor, aber da waren wir schon längst wieder daheim. Unser Freund Wolfgang gab uns einen guten Rat, den wir mit nach Hause nahmen: »Alles, was sich später nicht mehr einbauen oder ändern lässt, solltet ihr euch heute gut überlegen.«

Eine verhältnismäßig kleine Anzahlung von 1000 Euro genügte. Danach folgten fast neun Monate bis zur Auslieferung! Neun Monate, in denen unsere Gefühle Achterbahn fuhren wie bei einer Schwangerschaft. Ende September 2015 bestellten wir unser Wohnmobil von zu Hause aus endgültig und unwiderruflich. Erst Ende Mai 2016 konnten wir es abholen.

Dazwischen lagen gefühlt Hunderte Telefonate, WhatsApp-Nachrichten und gezählte 75 E-Mails zwischen uns und Herrn Barthels. Sollten wir lieber doch nicht auflasten und stattdessen das serienmäßige Hubbett mit seinen 100 Kilo weglassen? Den Fahrradträger, der im Messepaket enthalten war und den wir nicht brauchten, am Heck befestigen oder in die Garage legen lassen? Jedes Mal, wenn ich mir auf dem Bildschirm die Garagentür anschaute, schwankte ich zwischen Skepsis und Panik, dass unsere Klappräder nicht hineinpassen würden. Brauchten wir für den Wunschgrill einen Gasanschluss mit 30 oder mit 50 Millibar? Backofen oder Dunstabzugshaube, was ist unterwegs wichtiger? Fragen über Fragen, die in unseren Köpfen Purzelbäume schlugen.

Erschöpft vom Messetrubel in der Garage unserer Wahl

Zwischen Euphorie und Übelkeit

Jede werdende Mutter weiß, wie endlos sich neun Monate dehnen können und wie kurzweilig sie gleichzeitig sind. Wir hatten mehr als ausreichend Zeit, um die Abholung gebührend vorzubereiten – aber auch, um uns verrückt zu machen. Hatten wir aus Überzeugung gehandelt oder nur einer verschwommenen Vision von Glück nachgegeben? Waren wir etwa einem Moment der totalen Vernebelung aufgesessen? Auf einer Insel wohnen und ein teures Wohnmobil kaufen, wie soll das gehen? Und wo soll das Fahrzeug auf Mallorca stehen? Hatten wir noch alle Tassen im Schrank, so viel Geld auszugeben für etwas, das vom ersten Tag an seinen Wert verliert?

Gabriel recherchierte im Internet und fand heraus, dass wir unsere Vorliebe für ein eigenes Wohnmobil mit mindestens 500 anderen Besitzern auf Mallorca teilten. Das war beruhigend. Die Suche nach einem geeigneten und preiswerten Standplatz in der Nähe löste er auf mallorquinische Art: viel darüber reden, bis ein Freund zuhört, der eine Freundin hat, die eine Schwägerin hat, deren Vater … und so weiter. Wir hatten großes Glück.

Ich musste mich zwingen, nicht an das viele Geld zu

denken. Von dem Geld für das Wohnmobil könnten wir problemlos mindestens ein Jahrzehnt lang je vier Wochen Urlaub in einem 20-Sterne-Hotel machen. Mit Hin- und Rückflug in der Business-Class. Und überhaupt: So viel Geld auszugeben nur fürs Vergnügen! Ich musste aufpassen, dass kein schlechtes Gewissen Zugang zu meinem Herzen fand.

Was ist, wenn wir uns in uns selbst, in unserem Willen, in unseren Kräften, in uns als Paar getäuscht haben und uns nach der ersten Reise nicht trauen, uns das einzugestehen? Wir hatten unsere Neuerwerbung noch gar nicht, aber schon rechneten wir den Wertverlust aus beim Wiederverkauf nach einem, nach zwei oder nach drei Jahren.

An anderen Tagen malten wir uns die Zukunft aus wie ein Roadmovie aus den Siebzigerjahren. Noch nie in meinem langen Leben hatte ich ein so großes Gefährt gesteuert. Das hinderte mich nicht daran, mich schon jetzt als Queen of the Road zu sehen. Dabei wussten wir nur zu gut, dass die Zeiten der großen Freiheit (wenn es sie denn jemals gab) erst einmal vorbei waren. Nicht nur wir schätzen immer mehr Länder als zu unsicher ein, um sie auf eigene Faust zu bereisen.

Auf der Suche nach Bestätigung nervten wir Freunde und Familie mit den Fotos von »unserem« Wohnmobil auf dem Tablet. Die Mallorquiner haben eine liebenswerte Eigenschaft: Skepsis oder Ablehnung behalten sie gern für sich, umso überschwänglicher zeigen sie ihre Begeisterung. So kamen endlich auch wir zu dem

Schluss, dass wir mit Glück und bei halbwegs guter Gesundheit noch mindestens zehn Jahre gemeinsame Reisen im Wohnmobil würden genießen können. Danach sehen wir weiter. Wenn ich eines von den Spaniern gelernt habe, dann dieses: hier und heute und mit lieben Menschen das Leben genießen. Morgen ist sowieso nur ein Vielleicht.

Zu guter Letzt entschieden wir uns für die Auflastung des maximal zulässigen Höchstgewichts von 3,5 auf 3,85 Tonnen. Offiziell enthalten sind im Fahrzeuggewicht bei Auslieferung: ein Fahrer mit 75 Kilogramm Körpergewicht (ich verrate jetzt *nicht* das von Gabriel), 20 Liter Frischwasser (und das bei einem Tank, der in unserem Fall 125 Liter fasst) und alle dazugekauften Extras wie Solaranlage oder Satellitenschüssel. Damit ist man schnell bei 3100 Kilogramm und mehr, ohne Kleidung, Essen und Getränke. Und ohne Fahrräder, Campingmöbel, Grill und Werkzeug. Nicht zu vergessen: ohne Beifahrer (also ohne meine 63 Kilo) und ohne die Möglichkeit, zwei weitere Fahrgäste mitnehmen zu können. Für all das blieben ohne Auflastung nur noch 400 Kilogramm oder weniger.

Die Erhöhung um 350 Kilogramm ist nur eine Formsache, ein Eintrag in die Fahrzeugpapiere ohne technische Änderung am Fahrzeug. Aber diese Auflastung erlaubt uns bei allem, was wir für notwendig oder wünschenswert halten, nicht jedes Pfund auf die Waagschale legen zu müssen. Verlockend fand ich auch die Möglichkeit, zwei weitere Fahrgäste mitnehmen zu können.

Die beiden zusätzlichen Sicherheitsgurte an der Sitzbank kamen schon bei unserer zweiten Reise zum Einsatz, als wir in Frankreich die Kinder von Freunden durch die Gegend kutschierten. Sie waren *so* stolz, als wir sie mit dem Wohnmobil von der Schule abholten. Ich will auch nicht auf den Kauf einer schönen Keramik irgendwo auf der Reise verzichten müssen, nur weil wir mit unserem Gewicht schon am Limit sind.

Als Gabriel mit Jungenstolz seinen neuen Führerschein bis 7,5 Tonnen in der Hand hielt, zeigte unser Konto wieder 1000 Euro weniger an.

Nun hatten wir aber nicht nur ein riesengroßes Auto gekauft. Im Aufbau befand sich eine Miniwohnung mit Schlaf- und Wohnzimmer, Küche und Badezimmer. Alle Schränke, Schubladen und sonstigen Staufächer waren gnadenlos leer. Auch die Garage. Ich hatte keine Ahnung, wie wir Geschirr, Möbel, Bettzeug und tausend andere Sachen von Mallorca in den Norden Deutschlands schaffen sollten. Vieles davon würden wir ja gleich am ersten Tag und vor allem in der ersten Nacht benötigen.

Es wurde März, bis ich mich wieder damit beschäftigen wollte, konnte und auch musste. Wieder wusste Herr Barthels Rat. Die Wohnmobil-Branche wächst und mit ihr die Zulieferindustrie. Berger, Movera und Reimo, um nur die wohl größten zu nennen, bieten so ziemlich alles an, was für das Leben in Wohnwagen oder Wohnmobil nützlich, dekorativ oder auch nur spaßig sein kann. Wir sollten alles zu ihm in die Firma schicken lassen. Das brauchte er mir nicht zweimal sagen.

40

Wir bestellten munter drauflos. Gabriel Kabelrolle und Gasgrill, ich bruchsicheres Melamin-Geschirr und Gläser. Im Zweifelsfall siegte mein Sinn für das Praktische über die Ästhetik. Schweren Herzens verzichtete ich auf echte Gläser für Gin Tonic und Sekt (sie kamen später hinzu); Weingläser und schlichte Becher aus Plastik mussten für Wasser bis Champagner herhalten. Campingtisch und Stühle brauchten wir, und auch ein Wäschetrocknergestell zum Einhaken in den Fensterrahmen konnte nicht schaden.

Noch mal purzelten fast 1000 Euro vom Konto.

Einziehdecken und Bettwäsche, Bademäntel und Handtücher orderte ich bei einem Versandhaus, bei dem schon meine Mutter gekauft hatte, und ließ die Sachen in das noch unbekannte Dorf bei Flensburg schicken. Meine Mutter knickte Eselsohren in die dünnen Blätter der Kataloge, machte Kreuzchen und Haken und schrieb mit Druckbuchstaben Artikelbezeichnungen und ellenlange Nummern auf die Bestellzettel. Danach vereinbarte sie Ratenzahlung. Wir verschoben die Artikel virtuell in den Warenkorb und zahlten vorab mit Visakarte.

Ich stellte mir vor, wie Herr Barthels langsam zugemauert wurde von unseren Paketen. Ende April, Anfang Mai kam fast täglich eine E-Mail von ihm: Ihr Bettzeug ist eingetroffen, oder: Die Handtücher sind da. Diese kurzen E-Mails verwandelten unsere Spannung in Vorfreude.

Buenos días in Moinlanden

Endlich! Endlich war es so weit, der Termin für die Übergabe unseres Traummobils stand fest. In einem kleinen Dorf in der Nähe von Flensburg konnten wir unser Riesenbaby am 24. Mai 2016 abholen. Über die Webseite des Händlers flattern Laufbänder mit »Ihr Händler im Norden« und »Ihr Partner im Norden«; Dänen können die Seite auf ihre Muttersprache umstellen. Die Nationalflaggen aus Schweden und Norwegen verweisen auf weitere Sprachoptionen. Aber Spanisch? Vermutlich waren wir die ersten Kunden aus Südeuropa.

Flugzeug und Bahn waren in heillose Verspätungen verstrickt, nicht eine Verbindung klappte. Todmüde kamen wir an dem kleinen Bahnhof an, wo Herr Barthels uns auch spät nach seinem Feierabend noch abholte und in ein Hotel im Dorf brachte. Und tatsächlich, er trug eine Lederjacke!

Am nächsten Morgen regnet es und hört den ganzen Tag nicht wieder auf. In dieser Nässe steht unser Prachtstück so massiv und unumstößlich auf dem Asphalt im Hof des Betriebes, dass uns angst und bange wird. Oft hatte ich mir das Hochgefühl ausgemalt, wenn ich das weiße Gefährt zum ersten Mal leibhaftig vor mir sehen würde. Aber jetzt ist es Ehrfurcht, die mich packt. Die Ehre überlasse ich wem auch immer, mir bleibt im Augenblick nur die Furcht. Wie zum Teufel sollen wir *das* jemals bezwingen?

Der Kasten ist so *riesig*! Zum Glück nicht nur von außen. Auf der Messe hatten wir uns nie allein in einem Fahrzeug aufhalten können, stets quetschten und schoben sich andere Besucher mit hinein. Jetzt bewegen nur wir zwei uns frei zwischen Fahrerkabine und Bett und haben bei Weitem nicht mehr dieses Gefühl der Enge wie in Düsseldorf. Alles kommt uns groß und großzügig vor.

Wir erschnuppern das Neue im Raum und äugen in die Schrankfächer: Blitzblank sauber gähnt ihre Leere uns an. Die Klappen und Türen öffnen und schließen sich wie frisch geölt. Gabriel besetzt seinen Platz hinter dem Steuer und tastet mit Zartgefühl die Armaturen ab, während ich es mir auf einer Polsterbank bequem mache. Mit beiden Händen streichle ich den Stoff und schaue zur Tür: Die dort angebrachten Staufächer sind keineswegs aus Teppichresten gefertigt, sondern aus dem Stoff der Polstermöbel.

Viel Zeit zum Streicheln bleibt mir nicht. Wir müssen noch am Vormittag nach Flensburg zur Zulassungsstelle, wofür man uns einen Firmenwagen zur Verfügung stellt. Im Wartesaal spuckt der Automat für uns die Nummer 79 aus, während auf der elektronischen Anzeige noch die 25 leuchtet wie eine rote Ampel. Noch 54 vor uns! Nach zweieinhalb Stunden verlassen wir das

Gebäude mit zwei grünen Nummernschildern für die Ausfuhr des Fahrzeugs nach Spanien.

Auf dem Hinweg haben wir linker Hand einen großen Supermarkt ausgekundschaftet, den wir jetzt ansteuern. Wir schlagen hemmungslos zu. Wir brauchen ja eine komplette Grundausstattung von Salzstreuer und Pfeffermühle über Brot und Butter bis hin zu Wein- und Bierflaschen. Taschentücher und Küchenpapier, abgepackter Aufschnitt und Brühwürfel sowie Gefrorenes für die schnelle Küche – alles wandert in unseren Einkaufswagen. Und ein Kaffeekocher natürlich, eine französische Glaskanne mit Mechanismus zum Runterpressen des Kaffeesatzes. Ohne Kaffee bin ich morgens kein Mensch.

Mit Stunden Verspätung parken wir das vollgepackte Auto auf dem Firmengelände neben unserem funkelnagelneuen Wohnmobil. Die Halle ist gefüllt mit Neukunden und solchen, die ihr Fahrzeug vor dem Sommer in Schuss bringen wollen. In dieser Branche liegt die Hochsaison im Frühjahr. Wir nutzen die Zeit zum Verstauen unserer Einkäufe. Hurra, der Kühlschrank läuft schon auf Hochtouren! Von der Außenwand windet sich ein Stromkabel unter dem Wagen hindurch bis zu einer Steckdose in der Werkstatt. Auch hören wir es gluckern: Ein Techniker füllt von außen den Wassertank unter der Sitzbank am Tisch.

Herr Barthels erwartet uns genau so, wie ich es mir

44

vorgestellt hatte: Die Tüten und Pakete mit unseren von Mallorca aus bestellten Habseligkeiten hat er auf dem Fußboden um seinen Schreibtisch drapiert. Bevor wir Betten beziehen und Campingmöbel und Grill in der Garage unterbringen können, will er uns in die Handhabung von Technik und Technologie einweisen.

Der Mann hat Geduld und investiert mehr als zwei Stunden, um uns Neulinge auch nur ansatzweise in die Geheimnisse von Fahrerkabine und Wohnraum einzuweihen. Über und neben der Wohnraumtür leuchten die elektronischen Anzeigen von Frischwasser und Abwasser, das Grauwasser heißt; hier können wir die Aufladung von Motor- und Wohnraumbatterie überprüfen und Heizung und Warmwasser einstellen.

All die Finessen von Gas, Wasser und Strom, wann wo und wie was aufgefüllt werden kann oder muss, über welches Leuchten der Knöpfe wir uns freuen sollen und welches Blinken von Übel ist – von all diesen Dingen weiß Gabriel schon eine ganze Menge, aber es fehlen ihm die Sprachkenntnisse für die Feinheiten. Ich wiederum verfüge zwar über die Sprache, habe aber nicht den Hauch von Verständnis für eine Welt, die sich aus Druck und Widerstand und Gradzahlen zusammensetzt. Es erschließt sich mir schon im Deutschen vieles nicht, wie soll ich es dann auf Spanisch übersetzen? Heute sind wir zu erschöpft zum Nachfragen oder gar Streiten. In stiller Übereinkunft tun wir beide so, als ob alles ganz easy sei. Bloß nicht noch mehr hören und sehen.

Wir packen die Pakete und Tüten aus und verteilen unseren neuen Zweithaushalt noch ungeordnet auf Garage, Bett und Gang. Danach erklimmen wir über eine hohe Stufe die Fahrerkabine. Ich muss mich zusammenreißen, um mich nicht am Türrahmen hochzuziehen, so erschöpft bin ich mittlerweile. Und mordshungrig. Es ist nach 18 Uhr, als wir den Firmenhof verlassen. Herr Barthels fährt voran und wir brav hinterher unter Aufbietung der allerletzten noch verbliebenen Fähigkeiten zur Konzentration.

Die erste Fahrt im eigenen Wohnmobil! Sie dauert nur wenige Hundert Meter und führt im Schneckentempo zur nächsten Tankstelle. Dort beklagt sich Gabriel, dass der Motor so gar keinen Saft von sich gebe, kaum auf das Gaspedal reagiere. Ob das daran liegen könne, dass er noch nicht eingefahren sei? Egal, mit vollem Tank schleichen wir wieder hinter Herrn Barthels her. Auch bis zum nächstgelegenen Campingplatz ist der Weg nicht weit.

Wir sind heilfroh, dass wir bei der Ankunft nicht allein sind. Herr Barthels weist Gabriel ein. Der parkt unsere Neuerwerbung rückwärts ein, als sei es eine seiner täglichen Übungen! Wir sind beide stolz wie Oskar: er auf seine Fähigkeiten, ich auf meinen Mann.

Erste Nächte

Bei der Verabschiedung wirkt Herr Barthels fast so erschöpft wie wir. »Morgen fahren Sie einfach wieder auf den Hof, dann regeln wir in aller Ruhe den Papierkram.« Gott sei Dank, Papierkram ist wirklich das Letzte, an das wir jetzt denken mögen.

Bevor er sich auf den Weg in seinen Feierabend macht, zeigt Herr Barthels uns noch, wie die beiden Stecker des Stromkabels in die Säule auf dem Platz und in das Wohnmobil gesteckt werden. Das muss einem Dummerchen wie mir tatsächlich gezeigt werden! Zuerst klappt man die Schutzkappe des Steckers auf und rastet danach den Anschluss so in die Steckdose ein, dass die Klappe locker darauf zu liegen kommt. Als Nächstes kontrolliert er den sicheren Anschluss der Aluminium-Gasflasche. Zu guter Letzt holt er aus seinem Wagen ein altes Handtuch und lässt sich halb kniend, halb liegend darauf nieder. Die Heckstützen müssten noch heruntergefahren werden. Welche Heckstützen?

»Damit Sie eine ruhige Nacht haben, Sie wollen sich doch nicht wie auf einem Boot fühlen.« Da kennt er mich schlecht, für mich gibt es nichts Besseres zum Einschlafen als das sanfte Wiegen eines Bootes in ruhigem

47

Wasser. Die Stützen sind zu beiden Seiten fest unter dem Heck angebracht und werden mit einer Kurbel heruntergelassen.

Eine dichte Wolkendecke hängt schwer über dem Platz in einheitlichem Grau, ohne jede Schattierung von hell und dunkel. Das Gras ist feucht und quietscht unter jedem Schritt. Die Nässe verdunkelt den Sand auf den Wegen und lässt die Steine darauf hell schimmern. Aber immerhin regnet es nicht mehr, es nieselt noch nicht einmal. Es ist schon weit nach sieben, aber immer noch hell.

Wenige Meter neben dem Eingang zum Campingplatz haben wir an der Straße ein Restaurant gesehen und brauchen nicht eine Silbe darüber auszutauschen, dass wir heute ganz gewiss nicht mehr die Küche im Wohnmobil einweihen werden. Noch nicht einmal für eine Schnitte Brot. Wir räumen unsere Kleidung ein; das geht fix, viel ist es nicht. Jeder hat auf seiner Bettseite einen schmalen Schrank zum Aufhängen. Die drei Staufächer über dem Kopfende des Bettes füllen wir mit allem, was gefaltet oder gerollt werden kann (zwei Fächer für mich und eines für Gabriel).

Gemeinsam beziehen wir das Bett. Für das Wohnmobil haben wir ein französisches Bett ausgewählt, das hier Queensbett heißt; einen Meter fünfzig breit und zwei Meter lang. Das Fußende der Matratze ist abgerundet für einen leichteren Zugang zu Toilette und Dusche; am Kopfende ist ein Teil abgetrennt und herausnehmbar.

Wieder freue ich mich, dass mein Auserwählter körperlich kein Hüne ist. Das knapp zwanzig Zentimeter breite Stück verschwindet sofort in der Garage. Wir lernen, wie viel Einfluss ein paar Zentimeter mehr oder weniger auf Wohlbefinden und Bewegungsfreiheit haben. Der Verlust von 20 Zentimeter Bettlänge schmerzt in unserem Fall überhaupt nicht, aber der entsprechende Raumgewinn zwischen Bett und Toilette auf meiner Seite und Bett und Dusche auf der von Gabriel befreit uns von Turnübungen schon beim Verlassen der Schlafstatt.

Jetzt noch schnell die Badezimmerutensilien verstauen, Hände waschen und mit dem Kamm durchs Haar – das muss genügen für heute und für dieses Restaurant.

Seit dem Frühstück im Hotel haben wir nur ein paar Kekse gegessen und sind jetzt derart ausgehungert, dass uns selbst das Studium der kurzen Speisekarte schon wie Zeitverschwendung vorkommt. Uns beiden ist nach Fleisch, und das möglichst sofort. Der gemischte Salat vorweg macht Appetit auf mehr, die Steaks auf unseren vorgewärmten Tellern sind zart und saftig, die Bratkartoffeln würzig und knusprig. Der Rotwein: Na ja, es gibt Schlimmeres.

Außer uns sitzt nur noch ein weiteres Paar an einem Tisch in der Nähe, einige Jahre jünger als wir. Neugier ist mein zweiter Vorname, aber heute interessiert mich nur noch gutes Essen und guter Schlaf.

Obwohl ich der Unterhaltung am Nebentisch nicht folge (ehrlich nicht!), ist der Schweizer Dialekt unüberhörbar. Die beiden sind geschniegelt und gebügelt, vor

49

allem sie in ihrem eleganten Kostüm mit Bleistiftrock und kurzer taillierter Jacke. Die blondierten Locken sitzen perfekt; mit spitz gefeilten und rot lackierten Nägeln handhabt die Dame elegant Besteck und Weinglas. Letzteres so ausgiebig, dass auch noch eine zweite Flasche schmeckt.

Wir können kaum glauben, dass dieses Paar in feinem Zwirn auch auf dem Campingplatz nächtigt. Als sie das Lokal verlassen, klemmt er sich die Flasche mit dem Rest Wein unter den Arm und nimmt sie mit. Das macht man wohl kaum, wenn der häusliche Weinkeller auf einen wartet. Bevor sie das Lokal verlassen, reserviert das Paar noch seinen Tisch für den kommenden Abend. Vorsichtshalber tun wir es ihnen gleich. Wer weiß, was der morgige Tag uns noch bringt, und hier wissen wir jetzt, woran wir sind.

Die Nacht ist frisch, aber nicht kalt. Immer noch liegt ein fahles Licht über dem Campingplatz, sodass wir ohne Schwierigkeit unser neues rollendes Zuhause wiederfinden. Gabriel setzt eine Taschenlampe auf den Einkaufszettel in seinem Kopf.

Ab jetzt hat alles Premiere: das erste Mal den Schlüssel ins Türschloss stecken (Gabriel) und von innen wieder abschließen (ich). Unsere elektrische Zahnbürste funktioniert einwandfrei und auch die Chemietoilette birgt keine Schrecken in sich. Wir ziehen die Rollos vor Seitenfenster und Dachluken und schieben den Sichtschutz vor die Fenster der Fahrerkabine. »Immer sanft und achtsam«, wie von Herrn Barthels gefordert.

Wohin mit den ausgezogenen Kleidungsstücken? Für heute werfen wir sie einfach in hohem Bogen vom Schlafzimmer aus auf die Sitzbänke im Wohnbereich. Kurze Wege haben ihre Vorteile.

Mit welchem Schalter können wir vom Bett aus das letzte Licht löschen? Es gibt derer sogar drei: einen für die Deckenbeleuchtung und je einen für die beiden Leselampen. Das nenne ich Luxus! »Es un lujo«, sind dann auch meine letzten Worte, bevor wir Arm in Arm einschlafen. Und durchschlafen!

Wahrscheinlich hat Gabriel auch in dieser ersten Nacht in unserem Wohnmobil geschnarcht, aber davon habe ich nichts mitbekommen. Sage und schreibe fast neun Stunden am Stück habe ich tief und fest geschlafen. Ich musste noch nicht einmal auf die Toilette und auch nicht die Nase putzen oder einen Bonbon gegen das Kratzen im Hals lutschen. Ich hätte auch gar nicht gewusst, wo danach suchen.

Ein Traum von einer Nacht, obwohl ich mich an keinen Traum erinnere, weder an einen schönen noch an einen Albtraum. Ich bin so froh, dass ausgerechnet die erste Nacht in unserem Reiseheim eine so gute Nacht war. Das ist vielversprechend! Auch Gabriel hat sehr gut und ohne Störung geschlafen. Obwohl das bei ihm völlig normal ist, nehmen wir es als gutes Omen für die Zukunft.

Weil es unser erster Morgen im Wohnmobil ist, müssen wir unbedingt beide die Funktionstüchtigkeit der Duschkabine ausprobieren. Ich darf zuerst und bin entzückt, dass über die Dachluke genügend Tageslicht einfällt, auch bei geschlossener Faltwand. In der Dusche wie auch über der Toilette sind LED-Spots angebracht, aber Tageslicht ist mir lieber. Damit kommt in dem engen Raum nicht das Gefühl auf, eingesperrt zu sein. Der Wasserdruck ist längst nicht so wie zu Hause, aber er ist gleichmäßig. Auch die Temperatur lässt sich gut regeln, von kalt bis kochend heiß. Und toll: Das Fahrzeug steht längs und quer vollkommen waagerecht, sodass das Wasser schnurstracks in die beiden Abflussöffnungen fließt. Später lernen wir, dass es nicht wirklich tragisch ist, wenn das Fahrzeug mal *etwas* in Schieflage gerät. Dann weisen wir dem Wasser mit den Füßen den Weg.

Beim Abtrocknen und Anziehen gratuliere ich uns ein weiteres Mal, dass wir gestern Abend noch die Matratzenverlängerung entfernt haben. Und erst recht zur Schiebetür zwischen Schlaf- und Wohnbereich! Diese Möglichkeit, beide Räume voneinander abzutrennen, war am Ende ausschlaggebend für die Wahl dieses Modells und bewährt sich schon am ersten Morgen.

Das morgendliche Zurechtmachen vor dem Waschbecken mit Eincremen und Nachziehen der Augenbrauen empfinde ich als sehr intim. Dabei möchte ich von Gabriel ebenso wenig betrachtet werden wie *nach* dem Duschen. Also die Schiebetür zuziehen, und das Dreieck zwischen Bett, Dusche und Toilette dient als Raum zum Trocknen, Anziehen und Fertigmachen ohne Zuschauer (vor allem, nachdem wir später einen Badezimmerläufer für diesen Bereich gekauft haben). Auch Gabriel weiß diese Möglichkeit zu schätzen.

52

Heute Morgen erweist sich der Spiegel über dem Waschbecken mehr als ausreichend. (Einen Vergrößerungsspiegel zum Schminken gibt es noch nicht.) *So viel* will ich am frühen Morgen von mir auch gar nicht sehen. Sonst komme ich womöglich doch noch auf die Idee, meine Oberarme in einem Fitnessstudio mit Hanteln zu bearbeiten. Nichts liegt mir ferner. Ich will meine Rente weder als Best-Ager-Model aufbessern (es hat mich auch noch keine Agentur darauf angesprochen) noch eine späte Karriere als YouTuberin starten.

Jetzt brauche ich nur noch eine Tasse Kaffee und der Tag wird gut. Die Milch ist im Kühlschrank, aber wo habe ich gestern bloß den Kaffee verstaut? Die Puppenstubenküche hat Vorteile, nichts können wir so verstecken, dass wir es nicht binnen Kurzem wiederfinden.

»Autsch!« Ich stolpere die Stufe von der Küche zum Wohnbereich hoch und falle schmerzhaft auf die Knie. Der Kaffee schwappt über den Fußboden und versickert – aber wohin? Auf allen vieren entdecke ich eine Ritze, die bei näherem Hinsehen um die herausnehmbare Stufe läuft. So führt mein Missgeschick zur Entdeckung von noch mehr Stauraum und der Morgen bleibt gut.

Gabriel beginnt sein Reisetagebuch. Auf der ersten Seite hält er den Ausgangs-Kilometerstand mit null fest und vermerkt den Stand am Ende des gestrigen Tages. Donnerwetter, ganze fünf Kilometer!

Bei den Ausgaben für den ersten Tag schnellen die Zahlen in ganz andere Höhen:

53

– Supermarkt	128 €
– Tankstelle	70 €
– Zulassungsstelle	71 €
– Campingplatz	23 €
– Restaurant	50 €
Total	342 €

Als wir unser Heim verlassen, freue ich mich, weil ich meine Vorurteile gegenüber Campingplätzen gleich voll bestätigt finde. Der Wohnwagen gegenüber zeugt von einem Dauercamper: Ein niedriger weißer Lattenzaun schottet die Parzelle ab. Ich zähle nach: An jeder zehnten Latte baumelt ein kleiner Blumentopf, leuchtend gelb lackiert. Über der Kunsterde wackeln bunte Plastikblumen mit ihren Blüten. Zugegeben, das sieht in dieser Menge ganz lustig aus, aber auch sehr penibel. Das ständige Gewackel würde mich nervös machen, zumal es mit Geräusch verbunden ist. Und wozu der Grenzzaun gut sein soll, ist mir ein Rätsel. Es fehlen nur noch Gartenzwerge.

Neben uns rollen neue Nachbarn heran, ein Wohnwagengespann mit holländischem Kennzeichen. Obwohl der große Wohnwagen noch ziemlich schräg in der Parzelle steht, koppelt der Fahrer ihn vom Auto ab. Dann drückt die Beifahrerin ihm einen stabförmigen Gegenstand in die Hand, der sich bei näherem Hinsehen als Fernbedienung erweist. »Mira« (guck mal), ruft Gabriel mir zu, und wir staunen nicht schlecht, als der Mann mithilfe seiner Fernbedienung so lange Rangiermanöver ausführt, bis der Wohnwagen kerzengerade an Ort und Stelle steht. Ein letzter Knopfdruck, und die vier Stützen werden lautlos ausgefahren, womöglich dirigiert von einer inneren Wasserwaage. Und aus dem Heckfenster des Autos grüßt dazu eine Klopapierrolle unterm Häkelmützchen in modischem Türkis.

Wackelblumen und Häkelhülle – wo sind wir bloß gelandet? Fast alle hier tragen grüne Clogs, und vor jeder Aufbautür liegt eine ebenso grüne, stachelige Plastikmatte zum Abtreten der Füße. Das ist überaus praktisch, aber vielleicht auch ein bisschen eintönig für die vielberufene große Freiheit der Wohnmobilisten.

Wir verbringen den Tag ohne Druck und ohne Eile, sorgen für Ordnung in unseren Köpfen und den Schränken und bereiten unser erstes Mittagessen vor: Kartoffelsalat vom Supermarkt mit Würstchen. Heute finden wir es köstlich. Herr Barthels fragt per SMS an, wann wir kommen. Er wolle heute mal wieder etwas früher Feierabend machen. Das kommt uns gerade recht, wir haben immer noch so gar keine Lust auf »Arbeit« und verschieben »Papierkram« und Bezahlung auf den morgigen Tag.

Eine ausgiebige Siesta, noch ein wenig den Inhalt der Staufächer sortieren und ein kurzer Gang die Straße auf und ab: Das genügt uns heute vollkommen als Tagesprogramm. Und schon ist es wieder Zeit für den Restaurantbesuch.

Unsere Schweizer sind auch schon da, und wieder sind sie wie aus dem Ei gepellt. Tagsüber habe ich die Frau schon in den Waschräumen angetroffen, wo sie mit Hingabe abwechselnd Waschmaschine und Trockner füllte und leerte. Dabei trug sie Jeans und eine bequeme Tunika. Sie wird mir für immer ein leuchtendes Beispiel dafür bleiben, dass eine Frau auch auf Reisen mit dem Wohnmobil bei jeder Gelegenheit passend angezogen sein kann. Ich nehme mir vor, wenigstens *ein* Ausgeh-Outfit im Schrank zu haben für den Fall der Fälle. Auch wenn sich die Gelegenheit vielleicht nur einmal in acht Wochen ergibt, wenn überhaupt. Bereit sein ist alles.

Heute entwickelt sich ein angeregtes Gespräch von Tisch zu Tisch. Die Schweizer fahren einen Wochner, ein älteres Modell auf hohem Chassis, mit dem sie schon mehrfach die USA und sogar den Iran durchquert haben. Jetzt sind sie unterwegs nach Island, wo sie einige Monate bleiben wollen. Auf diesem Campingplatz kurz vor der dänischen Grenze machen sie ein paar Tage Station, um Wäsche zu waschen und Lebensmittelvorräte aufzustocken.

»Wovon ernähren Sie sich denn in Island?«, frage ich nach.

»Hauptsächlich von fangfrischem Fisch, den wir selbst aus dem Wasser holen«, antwortet er.

Seine Frau bestätigt das mit einem Lächeln und nickt dazu. Wie unsere Freunde Wolfgang und Regina hat auch dieses Paar seine Firma verkauft und genießt in vollen Zügen die zeitliche und finanzielle Unabhängigkeit.

Ich bin neugierig und frage weiter: »Haben Sie Ihr

eigenes Wohnmobil in die USA verschifft oder dort eines gemietet?«

Er betont: »Wir reisen immer mit dem eigenen!«

Und lacht: »Und mit eigenem Wein aus meinem Keller! Zum Wohl!«

Wir prosten uns zu, und ich übersetze kurz für Gabriel. Auch heute Abend bestellen sie eine zweite Flasche Wein, die sie wieder halbvoll mitnehmen. Der Weinvorrat im Wochner ist entweder schon aufgebraucht oder wird für Island geschont. Gabriels Frage nach Kindern beantwortet die Frau: »ein Sohn, fast 40« und wechselt das Thema so schnell wie die plötzlich traurigen Gesichtszüge.

Sind die langen Reisen womöglich eine Flucht? Aber selbst wenn: Es ist allemal besser, sich auf den Weg zu machen, als zu Hause traurig die Wände anzustarren. Reisen mit dem Wohnmobil erfordert tägliche Entscheidungen und bringt kleinere oder größere, sehr konkrete Herausforderungen mit sich, denen wir uns stellen müssen: Wo übernachten wir heute? Müssen wir Frischwasser auffüllen oder können wir frei stehen? Brauchen wir einen Stellplatz mit Waschmaschine und Trockner? Solche alltäglichen Fragen lenken von der angeknacksten Seele ab und bringen einen auf andere Gedanken.

2. Teil

Hauptsache, heil nach Hause

Start über Stolpersteine

Am Abreisemorgen gratulieren wir uns, dass wir nicht in aller Herrgottsfrühe aufbrechen müssen. Noch im Bett rollt Gabriel die Verdunkelung des Dachfensters über uns zusammen, und wir schauen dem Himmel beim Aufwachen zu. Über uns lugt die Sonne durch die Wolken und schiebt sie sanft zur Seite. Allein dieser Anblick erwärmt das Herz. Dazu zwitschern die Vögel munter in den Bäumen und Büschen um uns herum, damit wir ja nicht auf die Idee kommen, wieder einzuschlafen. Ich finde es himmlisch, auf diese Weise aus der Nacht in den Tag geholt zu werden.

Etliche Camper sind bei diesen milden Temperaturen schon um halb zehn auf den Beinen und zu unserem Glück auch draußen. Für Norddeutschland ist es mit 15 Grad am Morgen geradezu warm, viele frühstücken auf den »Terrassen« vor ihrem mobilen Zuhause. Wir fahren von unserem Grasplatz herunter auf den Sandweg in Richtung Ausfahrt. Kurz vor dem Tor winken uns von beiden Seiten einige Camper zu, aber es sind keine fröhlichen Abschiedsgrüße, die aus ihren Mienen sprechen. Mit schnellen Schritten eilen sie herbei, in ihren Gesichtern lesen wir Besorgnis.

Einige fuchteln hektisch in Richtung Heck unseres Fahrzeugs.

Jetzt hören auch wir das Schleifgeräusch, das die ausgefahrenen Heckstützen auf dem Kiesweg verursachen, und Gabriel bremst sofort.

Wir haben das Stromkabel eingerollt und verstaut und die Garage auf beiden Seiten abgeschlossen, und wir haben die Eintrittsstufe eingefahren und die Tür von innen verriegelt. Gabriel hat ein erstes Mal die Toilettenkassette geleert und die Klappe sicher wieder verschlossen. Wir haben daran gedacht, wirklich jede Schranktür zu sichern und nichts herumflattern zu lassen nach dem Motto: Was am Boden liegt, kann nicht mehr fallen – und dann vergessen wir die Heckstützen!

Ich bedanke mich überschwänglich bei den aufmerksamen Campern, während Gabriel die Stützen hochkurbelt.

»Vielen, vielen Dank, dass Sie alle so aufmerksam waren! Damit wären wir wohl nicht weit gekommen.«

»Nicht nur das«, sagt ein Familienvater, während seine Frau die Kinder ermahnt, ihre Schadenfreude nicht gar zu offenherzig zu zeigen, »bei der hohen Schwelle an der Ausfahrt hätten die abknickenden Stützen euch den Unterboden aufgerissen.«

So langsam wird mir der Auflauf um uns herum peinlich, erst recht bei der nächsten Frage:

»Ja, habt ihr denn gar nichts *gehört*?«

Das ist ja wie in Spanien hier, jeder duzt jeden.

»Doch, schon, ein wenig jedenfalls. Aber wir sind blutige Anfänger und haben uns so darauf konzentriert, alles richtig zu machen, dass wir das Schleifen zu spät gehört haben.«

Ein anderer will mehr wissen:

»Is' wohl noch ganz neu, euer Womo?«

Es ist das erste Mal, dass ich diese Abkürzung höre.

»Ja, und es ist auch unser allererstes.«

Wieder ein anderer erkennt unser Nummernschild als Ausfuhrkennzeichen: »Wo soll's denn hingehen?«

»Nach Spanien.«

Einer der Umstehenden verschwindet kurz und kehrt mit zwei ausgefransten Handtüchern zurück. Eines bietet er Gabriel an, das andere dient ihm selbst als Unterlage bei der Inspektion der Heckstützen von unten.

»Muy bien«, lobt er lächelnd Gabriels Meisterleistung.

»Muchas gracias!« Gabriel freut sich immer, wenn er in Deutschland spanische Wörter hört. Auch wenn man an der Aussprache sofort merkt, dass es sich um einige wenige Urlaubsüberbleibsel handelt. Der hilfsbereite Mann in kurzer Hose und mit kurzen Ärmeln wünscht uns noch eine gute Reise und rollt seine Handtücher sorgfältig wieder zusammen, bis sie nur noch eine Frottee-Wurst von wenigen Zentimetern Durchmesser sind. Lässig legt er die Hand zum Gruß an die Wollmütze (!), bevor er sich wieder aufs heimische Terrain zurückzieht.

Dieser freundliche und hilfsbereite Mensch, der keine Zeit mit unnötigen Kommentaren vertrödelt, ist der Besitzer des eingezäunten Wohnwagens mit den Wackelblumen! Es ist wohl dringend an der Zeit, dass ich meine Vorurteile auf ihren Wahrheitsgehalt überprüfe.

Aber jetzt müssen wir erst einmal weg von hier.

Gabriel schickt artig ein deutsches »Danke« in die Runde und »Muchas gracias a todos«. Endlich können wir wieder auf unsere Plätze klettern. Als wir über die angekündigte Schwelle in der Ausfahrt holpern, fallen uns die Pyrenäen und Alpen gleichzeitig vom Herzen: Das war gerade noch einmal gut gegangen! Nicht auszudenken, was passiert wäre, wenn …

Wie vorgestern kommen wir auf dem kurzen Weg zu Herrn Barthels nur schleichend voran. Der Motor muss wirklich noch eingefahren werden, was kein Wunder ist bei Kilometerstand fünf. Heute ist der Schreibtisch unseres freundlichen Beraters nicht mehr zugebaut mit Päckchen und Paketen. Heute türmen sich Aktenordner und Hochglanzbroschüren darauf und eine Kunststoff-Aktentasche. Gebrauchsanweisungen und Garantiekarten, Servicehefte und ein Handbuch im Format eines Versandhauskataloges zu Zeiten der Hochkonjunktur: Das »Manual« für unser Wohnmobil, wie gewünscht auf Spanisch.

Sollen wir das wirklich alles lesen, bevor wir weiterfahren? Erst einmal konzentriere ich mich auf die Erklärungen von Herrn Barthels zu jeder Broschüre, übersetze für Gabriel und quittiere den Erhalt. Alles zusammen füllt das Schrankfach über der Fahrertür lückenlos aus. Die Frau des Firmeninhabers quittiert die Restzahlung der »Kleinigkeiten« wie Aluminium-Gasflasche, Verbandskasten, Chemie und spezielles Papier für die Toilette, das restlos biologisch abbaubar ist. Bei

64

dem Preis von über einem Euro pro Rolle hoffe ich doch sehr, dass das auch stimmt.

Vor der Abfahrt muss ich leider noch zwei Dinge reklamieren:

Die seitliche Holzwand der Sitzbank am Tisch lässt sich zum Gang hin aufklappen und von einem weiteren Brett stützen. Darauf legt man ein zusätzliches Polster und verlängert so die Sitzfläche der Bank zum bequemen Hochlegen der Beine. Jedes Mal, wenn ich mich in den vergangenen beiden Tagen an den Tisch setzte, löste sich die Klappe ohne Vorwarnung aus ihrer Verankerung und schepperte auf den Boden.

»Lässt sich diese Klappe nicht noch besser sichern?«, frage ich.

Der junge Techniker, der vorgestern den Wassertank gefüllt und uns gezeigt hatte, wie man die Gasflasche befestigt und öffnet, meint: »Da ist nur eine Schraube locker, das haben wir gleich.« Schon kniet er davor und dreht fleißig am Schraubenzieher. Seine Bemühung bleibt ohne dauerhafte Wirkung, aber in einer anderen Werkstatt haben wir Wochen später Erfolg.

Der Abschied von Herrn Barthels ist herzlich. Er winkt uns noch auf der Straße nach, als wir uns auf den Weg machen in Richtung Ostsee. Er rät uns, die nächsten Tage im Umkreis von 50 Kilometern zu bleiben: »Man weiß ja nie!«

Als Erstes steuern wir wieder den Supermarkt in Flensburg an, immer noch im Schritttempo. Zum Glück stehen nur wenige Autos auf dem großen Parkplatz; unser Wohnmobil blockiert vier Plätze am Stück. Immer noch fehlt so vieles: Putzmittel und Tücher, Schwämme und Bürsten, Teebeutel und eine Miniauswahl an Gewürzen. Ich bin sicher, dass wir mit unseren Einkäufen nicht übertreiben, aber wieder füllt sich der Einkaufswagen bis zum Rand.

Nach dem Start fällt Gabriel ein kleiner leuchtender Punkt am Armaturenbrett auf. Er schlägt im Handbuch des FIAT-Motors nach und wird fündig. Beim allerersten Anlassen des Motors vor zwei Tagen hat er versehentlich einen Knopf gedrückt, mit dem eine automatische Motorbremse ausgelöst wurde. Motor und Gabriel brummen befreit, als wir uns auf der Landstraße in den fließenden Verkehr einreihen können, statt ihn zu behindern. Juchhu, wir sind unterwegs!

Allerdings ohne genauen Plan für die Stationen unserer Rückreise. Fest steht nur, dass es von Norden nach Süden geht und dass Ausfuhrkennzeichen und auch die Versicherung in vier Wochen ihre Gültigkeit verlieren. Gabriels Freund Fernando hat uns seinen Stellplatzführer für Europa aus dem Jahr 2014 geborgt; optimistisch gehen wir davon aus, dass die meisten Angaben noch gültig sind.

Als ersten Übernachtungsplatz habe ich den Wohnmobilpark Damp an der Ostsee ausgewählt. Wir sind glücklich, dass das neue Navigationsgerät unser Ziel akzeptiert und uns auf dem direkten Weg dorthin lotst. (Das wird in Zukunft nicht immer so sein.) Die dichte Wolkendecke der letzten Tage ist aufgerissen, die Wolken sind heller geworden und aufgelockert und gestatten vereinzelten Sonnenstrahlen, zwischen ihnen hervorzu-

66

blinzeln. Von meinem hohen Beifahrersitz aus genieße ich die Fahrt durch das flache Land im Norden. Gabriel begeistert das satte, frische Grün der Wiesen.

Die Rapsfelder stehen in voller Blüte, riesige Rechtecke in knalligem Gelb. Es gibt sie noch, die Knicks als Schutz vor dem ewigen Wind. Hohe Büsche reihen sich zwischen den Feldern zu einer dichten Hecke aneinander, aus dunklem Grün sprießen die neuen Triebe hell zum Licht. Und immer wieder Farbtupfer aus weißen, gelben und roten Blüten.

Gabriel versucht, die Namen auf den Ortsschildern und Wegweisern richtig auszusprechen: Sörup und Sterup, Kappeln an der Schlei und Brodersby. Das Schild für die Abzweigung nach Süderbrarup ist ein Zungenbrecher für ihn; seine Versuche enden in unser beider Lachen. Nach circa 60 Kilometern fahren wir auf dem Wohnmobilpark ein, und es entwickelt sich eine Prozedur, die schnell zur Routine werden wird.

Wir suchen eine geeignete Stelle zum kurzzeitigen Parken, auf vielen Plätzen steht dafür schon *vor* der Einfahrt eine Fläche zur Verfügung. Ich steige aus und frage an der Rezeption, wohin wir uns stellen können und was es kostet. Meist zahle ich gleich im Voraus. Dann suche ich den uns zugewiesenen Platz und weise Gabriel ein. Wir beglückwünschen uns, nachdem Gabriel elegant eingeparkt hat und mit den Vorderrädern ohne Probleme rückwärts auf die neuen Keile gerollt ist. Die hat Herr Barthels uns zum Abschied geschenkt: »Sie wollen doch nicht in Schieflage geraten!«

Echte Oldies

An der Ostseeküste weht am frühen Nachmittag ein frischer Wind, der die Wolkendecke in allen Schattierungen von Weiß bis Dunkelgrau kräftig durcheinanderschüttelt. Gleichzeitig kämpft sich die Sonne immer erfolgreicher durch, bis ihr nur noch vereinzelte Wattebäusche im Weg sind.

Unser erster Wohnmobilstellplatz, ohne Wohnwagen und Zelte, ist großzügig parzelliert. Die Fahrzeuge stehen auf ebenen, festen Sandflächen rechts und links von dem breiten Fahrweg, und zu jeder Parzelle gehört eine Grasfläche. Die Betreiber haben Bäumchen gepflanzt und die jungen Stämme mit einer Holzumzäunung vor nagenden Tieren geschützt. Roh gezimmerte Tische und Bänke vervollständigen die durchdachte Gestaltung.

Manche der Übernachtungsgäste haben es sich in ihren Campingmöbeln auf den Grünstreifen neben ihrem Wohnmobil bequem gemacht. Sie lesen in einem Buch oder einer Zeitung oder schauen entspannt ins Weite. Am Rand des Platzes hat eine Gruppe jüngerer Leute zwischen zwei Eisenstangen eine bunt gestreifte Plane als Windschutz gespannt und plaudert dahinter im Stehen. Unter der Plane schauen ihre Füße in Jesuslatschen oder Turnschuhen hervor, und auch ein Paar Gummistiefel zeigt sich. Keine grünen Clogs! Darüber die Köpfe mit teils abgewandten, teils lachenden Gesichtern; manche haben die Kapuze ihrer Windjacke hochgezogen. Der Stoff der Plane knattert und bauscht sich im Wind und droht die Stangen aus dem Boden zu reißen.

Die Gruppe kennt sich wohl schon länger, ist vielleicht gemeinsam angereist, jeder in seinem Wohnmobil, und plant jetzt den Abend oder den morgigen Tag oder vielleicht die Weiterreise. Einige wärmen ihre Hände an Bechern mit dampfendem Kaffee oder Tee (oder Glühwein?), andere erfrischen sich mit einem kühlen Bier aus der Flasche. Gerade als ich Gabriel frage, worauf *er* denn Lust hat (eine dumme Frage, denn ich weiß ja, dass er ein Bier bevorzugt), fährt ein großes Wohnmobil in die Nachbarparzelle ein. Ein integrierter Carthago C-Liner, also gehobene Mittelklasse, gesteuert von einem Mann, den ich auf Mitte 80 schätze. Niemand auf dem Beifahrersitz.

Der alte Mann stellt den Motor ab, öffnet langsam die Tür und hangelt sich an Griff und Rahmen die zwei Stufen runter (vermutlich Hüftbeschwerden nach langem Sitzen; das kenne ich zur Genüge). Im Gehen sucht er sein Schlüsselbund nach dem passenden Schlüssel ab. Für das untere der beiden Schlösser an der Garagentür muss er sich bücken. Das fällt ihm sichtlich schwer, und noch mühsamer richtet er sich wieder auf. Aus der Garage zieht er seine gelben Keile für den Höhenaus-

69

gleich. Er legt sie bedächtig *vor* die Vorderräder und schiebt sie ein paar Male vor und wieder zurück und hin und her, bis sie in einer perfekten Parallele zueinander den Reifen die Richtung vorgeben.

Ich weiß nicht, ob der schmale Mann mit dem vollen weißen Haar sich deshalb so viel Zeit lässt, weil er sich seines Publikums bewusst ist. Nicht nur Gabriel und ich verfolgen mit Interesse sein Einparkmanöver. Auf den Grünflächen werden Bücher zusammengeklappt und in den Schoß gelegt, mit dem Zeigefinger dazwischen, weil ihre Leser nur eine kurze Unterbrechung erwarten. Eine Zeitung raschelt, und die Seiten flattern im Wind bei dem vergeblichen Versuch, sie auf einem kleinen Tisch ordentlich zusammenzulegen. Zwei Bierflaschen stoßen aneinander, als ob die beiden Männer, die den dunklen Klang erzeugen, schon um den Reiz des kommenden Schauspiels wissen. Oder haben sie vielleicht eine Wette abgeschlossen?

Unser Protagonist würdigt seine Umgebung keines Blickes. Er zieht sich wieder hoch auf den Fahrersitz und lässt den Motor an. Mit einem heftigen Ruck, als ob der Fahrer abrupt den Fuß von der Kupplung genommen und gleichzeitig kräftig Gas gegeben hat, setzt sich der Wagen in Bewegung. Die Vorderreifen nehmen den Anstieg der Keile so schwungvoll, dass sie – ja, dass sie auf der anderen Seite, wo die Plastikkeile in einem rechten Winkel steil abfallen, schwer wieder auf den harten Boden plumpsen. Zu hart für die Federung. Aus der Gruppe der jungen Leute hinter dem Windschutz dre-

70

hen sich zuerst nur einige Köpfe zu uns und dann, als sie merken, dass ihnen niemand mehr zuhört, auch die übrigen.

Der alte Mann fängt an mir leidzutun. Die Szene erinnert mich an unseren missglückten Abgang heute Morgen auf dem Campingplatz in Jarplund, als alle anderen das Unheil kommen sahen, nur wir nicht.

Jetzt legt er den Rückwärtsgang ein und versucht allen Ernstes, aus dem Stand zurück auf die 15 bis 20 Zentimeter hohe Kante der Keile zu fahren. Ein unmögliches Unterfangen! Die Nachbarn legen Bücher und Zeitungen gänzlich aus der Hand und nähern sich dem Carthago. Als die breiten Reifen die beiden Keile knirschend vor sich herschieben, eilen die jungen Männer aus der Gruppe im Laufschritt herbei und fuchteln mit den Armen. Der alte Mann, dem allmählich klar wird, dass die ganze Aufmerksamkeit ihm gilt, wird immer konfuser und wechselt vom Rückwärtsgang in den ersten, nimmt den Fuß von der Kupplung und tritt gleichzeitig so heftig auf das Gaspedal, dass das schwere Wohnmobil zwei Meter nach vorn schnellt – und ein junges Bäumchen mitsamt seiner hölzernen Umzäunung umlegt.

»Halt, stopp, hören Sie endlich auf, verdammt noch mal!«

Die wütende Stimme gehört dem Planer und Leiter des Stellplatzes (einem echten Professor), der wohl Angst hat, dass noch mehr der vor Kurzem erst gepflanzten Bäume diesem Einparkmanöver zum Opfer fallen. Einige der Männer verwandeln sich jetzt von Schaulustigen zu Helfern und signalisieren dem Fahrer mit einer Drehung der rechten Hand nach links, den Motor abzuschalten. Dieser tut wie ihm geheißen, und Gabriel und ein anderer Helfer klauben die verqueren Keile unter dem Fahrzeug hervor. (Ich bewundere meinen Mann immer wieder dafür, wie er sich auch ohne Sprachkenntnisse in knifflige Situationen einbringt.) Eine erneute Drehung der Hand, diesmal nach rechts, und der Alte lässt den Motor wieder an. Jetzt richten sich die Handflächen auf und schieben die Luft von sich weg, langsam und die Bewegung mehrfach wiederholend, woraufhin der Fahrer das Wohnmobil genauso langsam zurücksetzt. Als jemand kräftig an die Fahrertür klopft, bringt er den Wagen zum Stehen. Bevor jedoch die Keile wieder untergeschoben werden können und das Manöver gemeinsam zu einem guten Ende gebracht werden kann, hält der Nachmittag noch eine weitere Überraschung für uns bereit: Unser Senior reist gar nicht allein!

Ganz langsam, Zentimeter für Zentimeter, öffnet sich die Aufbautür, und eine alte Dame mit verrutschter Frisur und Kleidung hat ihren Auftritt vor dem Dunkel des Wohnraums. Die Türöffnung wird zur Bühne, als sie ihrer Klage Luft macht: »Mein Mann hält an, und ich gehe aufs Klo, und er fährt einfach wieder los und sagt mir nicht einmal Bescheid! Und dann auch noch dieses Hin und Her! Ich weiß gar nicht, was das alles soll.« Wir doch auch nicht.

Gabriel und ich versprechen uns in die Hand, dass einer es dem anderen sagt, wenn er den Zeitpunkt fürs

72

Aufhören gekommen sieht. Ich hoffe inständig, dass wir diesen Moment nicht verpassen.

Die Nachmittagssonne begleitet uns bei unserem Spaziergang über den Stellplatz, der weit über die Zone mit den eingeteilten Parzellen hinausreicht. Eine ausgedehnte Wiese, saftig grün und ohne irgendwelche Einteilung, lädt dazu ein, sein Wohnmobil hinzustellen, wo immer man mag – vorausgesetzt, man benötigt keinen Stromanschluss. Der Anblick der wenigen Fahrzeuge dort erweckt unseren Neid, und wir beschließen, es ihnen beim nächsten Mal gleichzutun. Und ein Fernglas mitzunehmen, weil eine Unmenge an Kaninchen über die Wiese hoppelt, die wir gern näher beobachten würden.

An den Stellplatz schließt sich ein Restaurant an, von dessen Terrasse aus man das Treiben auf einer Wasserski-Übungsanlage verfolgen kann. Die Sportler werden nicht von einem Boot gezogen, sondern halten sich am Seil einer umlaufenden Bahn fest. Auch hier wird dem Scheiternden weitaus mehr Aufmerksamkeit zuteil als dem Erfolgreichen. Um wie viel interessanter ist doch der, der immer wieder ins Wasser platscht, als derjenige, der flott eine Runde nach der anderen dreht.

Der Ort Damp gefällt uns nicht. Viel weiß gestrichener Beton, viele Ärzte, viel Physiotherapie und Wassergymnastik. Bestimmt werden wir hier gut aufgehoben sein, wenn einer von uns eines Tages eine Hüftprothese bekommt oder ein künstliches Kniegelenk. Vielleicht

73

können wir die Reha dann vom Wohnmobil aus angehen. Aber *noch* ist es nicht so weit, und wir beschließen, nur eine Nacht zu bleiben. Als wie zurückkommen, sitzen unsere neuen alten Nachbarn dick eingemummelt beim Abendbrot auf ihren Campingmöbeln. Sie grüßen freundlich und sehen auch nicht mehr ganz so alt aus wie noch vor ein paar Stunden.

Wir sind an andere Temperaturen gewöhnt und essen drinnen. Es gibt Matjes mit Pellkartoffeln, köstlich. Gabriel macht währenddessen Kassensturz mit wiederum erschreckender Tagesausgabe:

- »Kleinkram« Hr. Barthels   290 €
- Supermarkt   147 €
- Übernachtung   16 €
  Total   453 €

So kann und darf das nicht weitergehen mit unseren Finanzen; Ich hoffe sehr, dass unsere Grundausstattung mittlerweile vollständig ist! Dabei erweist sich meine Fähigkeit zum Selbstbetrug als immer noch ungebrochen: Bei dem kleinsten Betrag auf der Liste, dem für die Übernachtung, lege ich Gabriel gegenüber Wert auf die Feststellung, dass darin Strom und Trinkwasserauffüllung enthalten sind!

Küche mit Matjes, der Hersteller nennt sie
»Gourmet-Center«

Endlich Urlaub

Am nächsten Morgen gehen wir noch einmal kurz an die Promenade, um auf das Meer zu schauen. Die Sicht ist klar, kaum noch Wind, und die Sonne wärmt in immer längeren Abschnitten Land und Wasser und uns. Guter Stimmung brechen wir auf zur Durchquerung Schleswig-Holsteins in Richtung Nordsee.

Wieder versucht Gabriel sich an der Aussprache der Ortsnamen, was ihm in dieser Gegend leichter fällt. Zwischen Eckernförde und Schleswig haben sich die »… by's« versammelt: Gammelby, Fleckeby und Güby liegen direkt auf unserer Tour, Rieseby, Windeby und Osterby mehr oder weniger daneben. Ich weiß nicht, woher diese Namen kommen, aber immerhin, dass ihre Endsilben »bü« ausgesprochen werden und irgendwie dänisch klingen. Viel ist das nicht. Bei Wikipedia lese ich nach, dass es Dörfer mit dieser Endung auch in Dänemark und anderen Regionen Skandinaviens gibt und sogar in der Normandie. »By« stammt tatsächlich aus dem Dänischen, bedeutet ursprünglich Hof, auch Bauernhof, woraus sich die Bedeutung Ort oder Dorf entwickelte.

Später werden wir froh sein, dass unser Navigationsgerät in den ersten Tagen der Heimreise einwandfrei funktioniert und keine Anzeichen von Verwirrung zeigt. Vor allem ich freue mich darüber, die ich doch viel lieber aus dem Fenster schaue und auf die Musik höre, anstatt mich auf Bildschirm und Automatikstimme aus dem GPS zu konzentrieren. *Das* ist schließlich die Aufgabe des Beifahrers oder Copiloten, zu dem Gabriel mich für diese Reise ernannt hat. Zu einem späteren Zeitpunkt wird uns klar werden, dass das Mitführen von Atlas und Kartenmaterial nicht nur sinnvoll, sondern unerlässlich ist.

Wohnmobilfahrer grüßen sich. Sie heben die Hand oder nicken, einige lächeln freundlich. Andere verweigern sich. Wir nicht, wir sind Neulinge und möchten anerkannt werden, was dazu führt, dass wir mitunter beide winken. Aber das gibt sich schnell, wenn viele Wohnmobile unterwegs sind, sonst kann man sich vor lauter Kopfnicken und Handheben nicht auf den Verkehr konzentrieren. Auf unseren späteren Reisen, wenn ich selbst fahre und andere Fahrerinnen uns entgegenkommen, grüßen wir Frauen uns mit großer Freude.

Aber noch ist es nicht so weit. Noch sind wir die unschuldigen Anfänger, die in ihrer Unwissenheit ihr Anfängerglück voll ausschöpfen. Das Navi führt uns wie gewünscht nach Sankt Peter-Ording auf den Camping- und Wohnmobilstellplatz Olsdorf. In unserem Stellplatzführer wird er als Fünf-Sterne-Platz geführt. *Das* möchte ich gern sehen, womit ein Campingplatz sich fünf Sterne verdient. Zwei Nächte wollen wir bleiben und die Nordsee erleben mit Flut und Ebbe.

Es ist der 27. Mai 2016. Vor allem ist es Freitag, und

77

bestimmt hat die vorhergesagte Aussicht auf anhaltend schönes Wochenendwetter halb Hamburg, Bremen und Niedersachsen nach Schulschluss auf die Autobahn getrieben. Die Uhr zeigt schon kurz nach drei. In Spanien sind die Familien um diese Zeit um den Mittagstisch versammelt, während man in Deutschland an Kaffee und Kuchen denkt und sein Nachtquartier gesichert wissen will.

Wir erhalten an der Rezeption den letzten freien Stellplatz, müssen aber morgen früh auf einen anderen umziehen. Und tatsächlich hängt die freundliche Dame sofort ein Schild draußen vor die Tür, dass Nachfragen nach einer Übernachtung ohne Reservierung nutzlos sind.

Wir fahren ein kurzes Stück durch ein Areal, in dem sich zu beiden Seiten kleine Stellplätze ohne sichtbare Abtrennung aneinanderreihen. Als wir unsere Parzelle gefunden haben, verstehen wir, warum sie ab morgen reserviert ist. Gabriel vermerkt die Stellplatznummer in seinem Tagebuch, falls wir in der Zukunft einige Tage hier verbringen wollen. Die großzügig bemessene Grasfläche auf festem Boden bildet ein kleines Eckgrundstück für sich und wird von einer hohen Hecke umsäumt.

Die Einfahrt lässt sich nicht schräg, sondern nur schnurgerade passieren, was das Rangieren danach erschwert. Wie in Damp heben sich auch hier schnell die Köpfe der direkten Nachbarn, heute sind wieder wir die Protagonisten. Ein freundliches Paar um die 50 schaut über die Hecke. Sie helfen uns, bis Gabriel unser Wohnmobil an idealer Stelle zum Stehen bringt. Ich gehe kurz zu ihnen und bedanke mich mit dem Sprüchlein, das ich auf dieser Reise noch oft aufsagen werde: »Mein Mann und ich sind blutige Anfänger auf diesem Gebiet, das ist unser erstes Wohnmobil.« Unsere Nachbarn sitzen schon wieder vor den Resten ihres Mittagessens und frisch gefüllten Weingläsern. Wie sympathisch: Wir sind hier nicht die Einzigen, die mittags Wein trinken.

Auf diesem Platz schließen wir unser Wohnmobil nicht an den Strom an. Jetzt soll das Solarmodul auf dem Dach endlich einmal zeigen, was es kann; wir wollen wissen, ob es die erhoffte Leistung bringt. Das gilt auch für den Grill. Bei der Erkundung des Dorfes kaufen wir Fleisch, frisches Brot und Salat und reservieren für morgen Leihfahrräder. Unverhofft stellt sich bei uns beiden so etwas wie Urlaubsgefühl ein, obwohl ich immer wieder gern betone: »Wir machen keinen Urlaub, wir sind auf Reisen.« Dann ist das jetzt eben ein Urlaubsgefühl auf Reisen.

Der für meinen Geschmack viel zu große Gasgrill funktioniert fantastisch, und Fleisch, Brot und grüner Spargel kommen sich auf der Platte nicht in die Quere. Wir genießen das Abendessen im Wohnmobil in vollen Zügen. Ich finde das praktisch: draußen kochen und drinnen essen. Unsere sympathischen Nachbarn ziehen sich warme Jacken an und verbringen den Abend in ihrem »Garten«.

Heute wollen wir unser Wohnmobil endlich taufen. Lange haben wir nach einem Namen gesucht und von

79

Traummobil (zu allgemein und zu langweilig) über die Namen der Enkelkinder (zu gefährlich für den Familienfrieden, falls noch mehr Enkel geboren werden) bis hin zu Rosinante (zu eitel und schon zu oft kopiert) alles wieder verworfen, was uns auf Deutsch oder Spanisch eingefallen war. Heute Morgen aber passiert es, Gabriel lässt sich unwillkürlich von dem Aufdruck »Magic Edition« zu einer »Maggie« inspirieren – und dabei soll es jetzt bleiben.

Fast genau ein Jahr ist vergangen, seit in Palma das Wohnmobil aus Schweden an uns vorbeikroch. Heute Abend zünden wir eine Kerze an und genießen den ersten Gin Tonic der Reise: Prost, Maggie, und allzeit gute Fahrt!

Am nächsten Morgen müssen wir leider unser lauschiges Gartengrundstück verlassen. Aber bei einer kurzen Besichtigung zeigt sich auch die neue Parzelle groß und von einer Hecke geschützt. Wieder ist es ein Endstück. Als wir zurückkommen, um Maggie abzuholen, sitzen unsere Nachbarn am Frühstückstisch vor dampfendem Kaffee.

»Guten Morgen und buenos días«, begrüßen sie uns lächelnd.

»Habt ihr gut geschlafen oder waren wir zu laut gestern Abend?«

Sie hatten noch länger draußen gesessen und sich leise unterhalten, auch mal gelacht, aber nichts daran war störend.

80

»Nein, alles bestens. Wir haben wunderbar geschlafen nach einem Gin Tonic als Schlaftrunk.«

Der Nachbar lacht und sagt: »Bevor ihr umzieht, solltet ihr vielleicht noch den Grauwasserabfluss schließen.«

Erschrocken bückt sich Gabriel und schaut nach. Tatsächlich, nachdem wir gestern noch in Damp Frischwasser getankt und das schmutzige Wasser abgelassen hatten, haben wir vergessen, das Abflussrohr unter dem Fahrzeug wieder zu schließen. Eine kleine Pfütze zeugt immer noch davon, der größte Teil des Wassers ist wohl schon versickert. Peinlich, peinlich!

»Immer wenn ihr abgewaschen oder geduscht habt, hat es schön geplätschert. Wir sagen euch das auch nur, weil es auf jedem Campingplatz Leute gibt, die so was gleich an der Rezeption melden. Das kann schon mal mit einem Platzverweis enden.«

Ich glaube unbesehen, dass es auch auf Wohnmobilstellplätzen selbst ernannte Ordnungshüter gibt, Leute, die ungefragt die Platzordnung runterbeten und einen in die Nutzung der Mülltonnen einweisen. Umso dankbarer sind wir für dieses lockere Nachbarpaar, unterwegs mit einem Camper auf Mercedes-Basis.

»Vielen, vielen Dank! Wirklich schade, dass unsere Nachbarschaft schon zu Ende ist.«

Was für Anfänger wir doch sind! Jetzt sind wir schon mit ausgefahrenen Heckstützen gestartet und haben vergessen, das Grauwasserrohr zu schließen. Was kommt als Nächstes? Dass wir mit angeschlossenem Stromkabel losfahren oder hochgestellter Satellitenschüssel? Wenigstens *die* fährt sich automatisch runter, wenn der Motor angelassen wird.

Wir brauchen drei Anläufe, um unsere reservierten Fahrräder abzuholen, weil trotz Öffnungszeit ab neun Uhr das Büro bis um halb elf verschlossen bleibt und auch sonst nirgendwo auf dem Hof jemand zu finden ist. Gabriels Vertrauen in die deutsche Zuverlässigkeit erhält einen kleinen Knacks. Aber dann machen wir doch noch eine wunderschöne Radtour zum Leuchtturm, insgesamt 45 Kilometer. Es ist Samstag, die Sonne lacht, und die Verkehrsdichte auf dem Deich ist entsprechend hoch, aber je weiter wir kommen, desto weniger Radfahrer strampeln gegen den Wind an. Ein Strandabschnitt ist voller Wohnmobile; gegen Gebühr darf man hier tagsüber stehen. Später erzählt mir meine Cousine, dass sie mit ihrer Familie oft hierher zum Surfen fährt.

Am Leuchtturm angekommen suchen wir vergeblich nach einer Cafeteria oder zumindest einem Kiosk. Wir haben Durst und Hunger, aber hier können wir beides nicht stillen. Enttäuscht strampeln wir wieder zurück bei starkem Gegenwind. Zwölf Kilometer vor Sankt Peter-Ording folgen wir einer Abzweigung mit Hinweis auf ein Restaurant mit großem Garten, genau das Richtige für zwei durstige und hungrige Radfahrer.

Gestärkt geben wir die Fahrräder wieder ab und kehren zu Fuß auf den Platz zurück, wo Maggie auf uns wartet. Wir sind körperlich geschafft, aber glücklich, und vergessen am Abend das zu tun, was wir uns vorgenommen haben: eine Checkliste schreiben für all die Dinge, die wir beachten müssen, bevor Gabriel den Motor anlässt.

Womo-Latein

Vor der Abfahrt am nächsten Vormittag heißt es: Vertrauen ist gut, Kontrolle ist besser! Ich verstaue jede Kleinigkeit, die lose herumliegt, und drücke jeden Metallknopf an den Schubladen und Schranktüren ein, damit sie während der Fahrt nicht aufspringen. Ich schiebe die Faltwände von Dusche und Toilette zusammen und fixiere sie mit dem großen Druckknopf an der Wand, genauso wie die Schiebetür zwischen Schlafzimmer und Küche. Gabriel überprüft außen die Garagentüren und Klappen von Gasfach, Toilettenkassette und Wassertank und natürlich das Abwasserrohr. Zum Schluss fahren wir von innen die Stufe vor der Aufbautür elektrisch ein: Es kann losgehen. Die Nachbarn der ersten Nacht winken fröhlich zum Abschied, und wir freuen uns über unseren gelungenen Abgang.

Heute wollen wir in der Nähe meiner Mutter in Bargteheide übernachten, machen aber einen Umweg zu meiner Cousine Nanna in Uetersen. Die Fahrt über die A23 führt uns über die Autobahn-Hochbrücke Hohenhörn, die den 100 Meter breiten Nordostseekanal überspannt. Über 40 Meter unter uns fließt er träge von Kiel nach Brunsbüttel und erspart Öltankern und Containerschiffen den langen Weg um Dänemark herum.

Heute am Sonntag ist kein Lastwagen unterwegs, aber etliche Wohnmobile und Wohnwagengespanne mit Nummernschildern von Hamburg bis Köln bringen ihre Besitzer nach ein paar sonnigen Tagen an der Nordsee wieder nach Hause. Vielleicht sind es nicht mehr als in früheren Jahren, aber jetzt, da wir selbst stolze Besitzer einer rollenden Ferienwohnung sind, betrachten wir sie mit den Augen Gleichgesinnter. Dabei gilt unser Respekt den Fahrern von Gespannen mit mindestens zwölf geschätzten Metern Gesamtlänge: fünf bis sechs Meter Pkw plus sieben oder mehr Meter Wohnwagen sind eine Menge Holz zu fahren und erst recht zu manövrieren.

Bevor wir uns um den großen Familientisch im Haus meiner Cousine in Uetersen versammeln, besichtigen wir wechselseitig unsere Wohnmobile. Voll wird es in der Hütte! Das Alkovenfahrzeug der vierköpfigen Familie leistet schon seit fast 20 Jahren seine Dienste, erst ohne, dann mit den beiden Söhnen. Sie nutzen das Bett über der Fahrerkabine nur in Ausnahmefällen als solches, lieber verstauen sie im Alkoven »allen möglichen Krempel«. Zum ersten Mal sehe ich Stockbetten in einem Wohnmobil, in denen die Jungs im Heck übereinander schlafen. Die Eltern bauen sich jeden Abend ihr geräumiges Doppelbett aus den Sitzbänken. Auf der für ein Wohnmobil großen Duschplatte häuft sich das gesammelte Schuhwerk einschließlich Surfschuhe und Gummistiefel; von der Decke der Duschkabine baumelt ein Gestänge zum Trocknen der Wäsche. Geduscht wird hier nie.

Gabriel und ich bewundern die Verarbeitung von echtem Holz, das wegen seines Gewichtes bei den neuen Modellen keine Verwendung mehr findet. Aber es erfreut das Auge, auch nach so vielen Jahren noch. Holz altert auf schöne Art und Weise, wenn es gepflegt wird; Plastik altert schäbig, da nützt die beste Pflege nichts. Dieses Wohnmobil dürfte sein zulässiges Höchstgewicht um mindestens eine Tonne überschritten haben, zumal auf dem Dach ein großer Metallkasten für die Surfbretter montiert ist und ein weiterer am Heck für die Klappmöbel. Ich kann mir nicht helfen, aber beim Anblick so eines langen Kastens auf dem Dach muss ich immer an einen Sarg denken, und mein krimigeschultes Unterbewusstsein fragt mich, welche Leiche da wohl in unbekannte Gefilde transportiert wird.

Bevor wir zum familiären Kaffeetrinken ins Haus umziehen, setzen wir uns ohne die beiden Söhne in *unserem* Wohnzimmer bei einem Aperitif zusammen.

Meine Cousine will es wissen: »Wie kommt ihr denn so mit eurem Womo zurecht?«

Ich beschließe, ehrlich zu sein, und gebe unsere Pannen zum Besten:

»Gabriel fährt hervorragend, seit er festgestellt hat, dass das kleine rote Lämpchen auf die eingeschaltete Motorbremse hinweist. Und bisher hatten wir das Glück, von aufmerksamen Nachbarn auf unsere Versäumnisse hingewiesen zu werden, sonst hätten wir schon keine

86

Heckstützen mehr und wir würden auf unserem Weg eine Grauwasserspur hinterlassen. Aber sonst ist alles easy.« Mein Lächeln gerät zum Grinsen.

Nannas Ehemann Frank schaltet sich ein: »Das ist doch noch gar nichts!«

Und jetzt lernen wir, dass es bei den Wohnmobilisten auch so etwas wie Jägerlatein gibt. Das Erzählen lustiger oder aufregender Geschichten, die von Mal zu Mal ein bisschen mehr ausgeschmückt werden. Wahr sind sie trotzdem.

Frank hat einiges zu bieten:

»Freunde von uns haben einen Wohnwagen. Als sie einmal in Südfrankreich auf einer Landstraße am Meer entlangfuhren, mit einer Brise vom Wasser her, machen ihnen entgegenkommende Fahrer Blinkzeichen oder hupen oder gestikulieren wild herum und lachen sich schlapp. Und dann sieht Peter im Rückspiegel einen Büstenhalter seiner Frau im Wind flattern. Sie hatten ein Seitenfenster nur ganz wenig aufgestellt und vergessen, es vor der Abfahrt wieder zu schließen. Der BH war nach draußen geflutscht und hatte sich in einem der Scharniere verfangen. Der flatterte im Wind wie auf Kundenfang! Stellt euch vor: Der war *rot*!«

(Erst auf unserer dritten Reise werden wir den echten Lovemobils begegnen.)

Frank hat noch mehr auf Lager:

»Ein anderer Freund von uns hat mal sein Womo an eine Freundin verliehen. Und die wollte doch allen Ernstes damit in eine Tiefgarage rein! Das Womo wie-

87

der herauszuholen, hat einen halben Tag gedauert und einen Haufen Geld verschlungen. Ganz zu schweigen von den Reparaturkosten!«

Bin ich auch so eine Kandidatin? Immerhin muss Gabriel mich beim Einweisen immer wieder darauf hinweisen, dass ich die Augen auch nach oben richte, damit auch ja keine Baumäste am Dach kratzen können oder hohe Verkehrszeichen die Seitenwände beschädigen.

Von einer langjährigen Freundin und WG-Mitbewohnerin in Studentenzeiten kann auch ich etwas beisteuern:

»Renate und ihr Mann kauften sich einen Wohnwagen, so ein kleines, eiförmiges Modell. Bei ihrem ersten Urlaub auf Fehmarn waren sie ganz stolz, als sie das Teil rückwärts auf seinen Platz manövriert hatten, und koppelten ihn vom Wagen ab. Sie schließt die Tür auf, die ziemlich genau in der Mitte liegt, steigt rein und zieht ihren Mann begeistert hinter sich her. Dann machen beide gleichzeitig einen Schritt in Richtung Heck, wo das Bett ist – und mit Karacho kippt der ganze Wohnwagen nach hinten über. Und als sie vor lauter Schreck in die andere Richtung fliehen, kracht es noch einmal und der Wohnwagen liegt auf der Schnauze.«

Den beiden war das Gegenteil von uns passiert: Sie hatten vergessen, die Stützen vorn und hinten auszufahren.

»Unpraktisch ist es auch, wenn man vergisst, all die Sachen im Alkoven zu sichern, und dann einen Berg hochfährt ...«, steuert Nanna bei mit einem Seiten-

88

blick auf Frank. Der übergeht die Bemerkung elegant und fragt Gabriel, wie *ich* mich denn beim Einweisen anstellen würde. Bisher hatte ich meinen Mann für loyal gehalten, aber als er, statt zu antworten, nur schallend lacht, kommen mir doch Zweifel.

Wie gut, dass wir keinen blassen Schimmer davon haben, was noch alles an Pannen, Irrtümern und Missgeschicken auf uns zukommen sollte. Auf jeden Fall sind wir beruhigt, dass wir nicht die Einzigen sind mit Anfängerpech. Vielmehr scheint es sogar zum guten Ton zu gehören, dass ab und an etwas schiefgeht. Was könnte man sonst zum Womo-Latein beisteuern?

Nanna würde am liebsten auch sofort mit ihrem Wohnmobil aufbrechen. Zum Abschied muss ich ihr versprechen, auf keinen Fall den Mont-Saint-Michel zu verpassen, wenn wir in der Normandie sind. Er sei zwar völlig überfüllt, aber trotz allem »sooo schön!«.

Attraktion im Altersheim

Alle Welt redet von dem Reiz, irgendwo außerhalb von Campingplatz oder Stellplatz zu übernachten; »frei stehen« nennt man das im Womo-Jargon. Unbedingt ausprobieren wollen wir das auch.

Am späten Nachmittag erreichen wir das kleine Dorf Tremsbüttel vor Bargteheide und stellen Maggie auf dem einzigen öffentlichen Parkplatz ab. Der Platz ist asphaltiert und von allen Seiten einsehbar, nur wenige Autos stehen darauf. Hier wollen wir unsere erste Nacht auf einem öffentlichen Parkplatz verbringen.

Lieber wäre mir der Parkplatz des Schlosshotels Tremsbüttel gewesen, in dem vor fast genau 50 Jahren die Beatles nächtigten. Einige Zeitungsredakteure tauften damals das unbekannte kleine Dorf in Tremsbeatle um. Ich war 14 und erinnere mich, dass der Kreis Stormarn mächtig stolz war, weil die Band zwar zwei Konzerte in Hamburg gab, aber ruhige Nächte in dem kleinen Dorf bevorzugte.

Die Jugend der umliegenden Dörfer versammelte sich vor dem Hotel, um einen Blick auf die Pilzköpfe zu erhaschen, die manierlich gekämmt und in gut sitzenden Jacketts vom Balkon grüßten. Damals gehörte das

Zertrümmern der Zimmereinrichtung noch nicht zum guten Ton eines berühmten Rock- oder Pop-Musikers. Selbst die wilden Rolling Stones wurden in den Sechzigern gern als Übernachtungsgäste gesehen.

Abends besucht uns meine Schwägerin. Das heißt, nein, *uns* besucht sie keineswegs, sie kommt nur wegen Maggie. Auch sie hatte vor Jahren mit ihrem damaligen Partner ein Wohnmobil für eine Woche gemietet und schwärmt seitdem von dieser Art Urlaub. In ihren Augen sehe ich einen Schimmer, den wir noch oft wahrnehmen werden, wenn wir von unseren Reiseplänen erzählen. Es ist der Glanz der Sehnsucht, der Sehnsucht nach Aufbruch, nach Reisen, wohin auch immer, nach Planlosigkeit und nach nur weg von wo ich bin. Nur wer glaubt, (noch) eine Zukunft zu haben, fährt leichten Herzens weg. Jeder zurückgelegte Kilometer winkt wie ein Versprechen auf etwas Neues, Unerwartetes. Wir glauben wieder, wie in der Kindheit Unbekanntes entdecken zu können, und hoffen auf Veränderung. Wenn schon nicht in uns selbst, dann wenigstens von unserer Art, das Leben zu sehen.

Meine Schwägerin jedenfalls ist begeistert von unserer Anschaffung und gesteht uns beim Abschied ihren Neid. Es ist ein wohlwollender, kein missgünstiger Neid.

Unsere erste Nacht, in der wir frei stehen, verläuft ruhig und friedlich. Gabriel schläft tief und fest wie immer, nur ich liege länger wach und achte auf die Geräusche um uns herum. Selten fährt ein Auto vorbei und noch seltener biegt eines auf den Parkplatz ein.

Erst am Morgen suchen Angestellte des Gemeindezentrums und Kindergartens einen Parkplatz, vielleicht sind es auch Zimmermädchen oder Kellner des Hotels. Ein Blick aus dem Fenster beruhigt mich: Es ist mehr als genug Platz für alle da, wir können noch in aller Ruhe frühstücken. Manch einer betrachtet unsere Maggie im Vorbeigehen ein wenig länger, aber niemand bleibt stehen oder umrundet unser Zuhause.

In Bargteheide erweist es sich als schwierig bis unmöglich, einen geeigneten Parkplatz zu finden. Sämtliche Straßen sind beidseitig zugeparkt. Wie so oft auf dieser Fahrt nach Hause bedauern wir, dass wir noch keine Fahrräder dabeihaben. Dann hätten wir in Tremsbüttel bleiben können und wären die wenigen Kilometer zum Seniorendorf geradelt. Als wir zum dritten Mal an der großen Anlage vorbeifahren, verschiebt der Hausmeister gerade die Müllcontainer. Meine Mutter lobt seine Hilfsbereitschaft und Freundlichkeit in den höchsten Tönen, und auch wir plaudern immer wieder gern mit dem Mann aus Ecuador. Vor allem Gabriel freut sich natürlich, dass er mit jemandem spanisch sprechen kann; für ihn sind die Besuche bei meiner Mutter vor allem langweilig.

Jetzt zahlt sich die lockere Verbundenheit der beiden so unterschiedlichen Männer aus. José, ein Mann von Mitte oder Ende 30 mit der typischen honigbraunen Haut und dem rabenschwarzen, kräftigen Haar der Indio-Nachfahren, winkt uns sofort herein, als er sieht, wer am Steuer dieses weißen Ungetüms von einem Fahrzeug sitzt. Auf dem Platz vor dem Haupthaus, in dem meine Mutter wohnt, mündet die Einfahrt in einen Wendekreis für Lieferwagen, Ambulanzen und – ja, auch Leichenwagen. Der innere Kreis hat genau den passenden Durchmesser für Maggie, ohne dass sie ein- und ausfahrende Autos behindert. Diese Stellfläche ist ausnahmsweise sogar frei. Vor dem Zubettgehen schreibt Gabriel in sein Logbuch: »Genial!«

Wie recht er hat! Nach diesem Frühjahr werden wir den Platz jedes Mal nutzen, wenn wir meine Mutter besuchen. Die Bewohner und das Personal kennen uns schon, und wir öffnen mit Freuden jedem die Tür, der Maggies Innenleben in Augenschein nehmen will.

Meine Mutter hat nicht mehr die Kraft für die hohe Eintrittsstufe. Aber eine andere hochbetagte Bewohnerin lässt sich durch nichts davon abhalten. »Ich bin immer noch volljährig!«, triumphiert die alte Dame. Frau Patzke ist bei unserem ersten Besuch mit dem Wohnmobil stolze 95 Jahre alt, noch immer bemerkenswert klar im Kopf und körperlich ohne sichtbare Gebrechen. Auch sie hat einen Stock, der bei ihr wie ein Ziergegenstand wirkt. Sie stützt sich nicht darauf, sie trägt ihn bei sich. Wie immer begrüßt sie mich herzlich.

»Das ist gut, Anna, dass ich Sie treffe.« Mit ihrem Stock zeigt Frau Patzke auf die offen stehende Tür unserer Maggie.

»Kann ich mir den mal von innen anschauen?«

Und schon setzt sie einen Fuß auf die Trittstufe, krallt

93

die Hand um den Haltegriff und hält mir ihren Stock hin.

»Halten Sie den mal.«

Ich denke an meine Mutter, die es nicht geschafft hat, und versuche, drohendes Unglück zu verhindern.

»Frau Patzke, ich weiß nicht, ob das so eine gute Idee ist. Wenn Sie hinfallen oder sonst etwas passiert, trage ich die Verantwortung.«

Jetzt drückt sie mir den Stock resolut in die Hand, greift nach dem Türrahmen, zieht sich mit einem Schwung hoch und kontert:

»Unsinn, die Verantwortung für mich habe immer noch ich. Ich bin immer noch volljährig!«

Und schon stakst sie durch Maggie und bestaunt die Küche.

»Das ist ja toll, das ist ja eine richtige Kitchenette.«

Ich bin erleichtert, dass der Türrahmen dem Zug ihres Körpergewichts nicht nachgegeben hat, und verfolge mit Spannung, wie Frau Patzke, begleitet von meinen Warnungen, unsere kleine Wohnung inspiziert:

»Vorsicht, da ist eine Stufe!« oder »Stoßen Sie sich *bitte* nicht am Tisch!«

Es geht alles gut, und Gabriel, der die Szene durch das Fenster der Halle beobachtet hat, eilt herbei und reicht unserem Besuch galant die Hand. Ich bin heilfroh, als sie wieder vor mir auf festem Boden steht und sich, nun doch etwas erschöpft, triumphierend mit beiden Händen auf ihren Stock stützen kann.

Ich nutze die Gelegenheit und wasche im Apartment

meiner Mutter unsere Schmutzwäsche, die auf dem Balkon bei Wind und Sonne bis zu unserer Abreise am nächsten Vormittag trocken sein wird. Den folgenden Morgen nutzen wir für einen ausgiebigen Einkauf für meine Mutter und Kleinigkeiten für uns.

Maggie und ein Wagen des Pflegedienstes im Wendekreis des Seniorendorfes

Mauer im Kopf

Im Jahr 1961 beginnt die DDR, die innerdeutsche Grenze auf ihrer Seite zu verminen, in Berlin wird die Mauer gebaut, und ich bekomme meinen ersten und einzigen Petticoat. Meine Generation wuchs mit der Teilung Deutschlands auf; die Tatsache zweier deutscher Staaten war Teil unseres Alltags. Zwar spürten mein fast zwei Jahre älterer Bruder und ich die Besorgnis unserer Eltern, aber viel interessanter war das erste Auto in der Familie, ein gebrauchter VW-Käfer, mit dem wir sonntags an die Ostsee fuhren.

Zehn Jahre später war ich schon in Österreich gewesen und hatte die Ferien in Dänemark verbracht. Als junge Studentin bereiste ich Frankreich, später Holland und Italien. All diese Länder standen mir näher und kannte ich besser als den anderen deutschen Staat, die Deutsche Demokratische Republik. Meine Ausbildung zur Arzthelferin absolvierte ich im Harz; nie wäre ich auf die Idee gekommen, vom *westlichen* Teil des Harzes zu sprechen. Für mich gab es nur diesen einen Harz.

Meine Mutter hatte Verwandte »in der Ostzone«, einen Cousin mit seiner Familie, der nach der Flucht aus Ostpreußen in Wernigerode in Sachsen-Anhalt

Unterkunft gefunden hatte. Jedes Jahr in der Advents-
zeit schickte sie ihnen ein Päckchen mit Kaffee, Schokolade, Strumpfhosen und Sachen, an die ich mich nicht
erinnere. Zu Weihnachten zündeten meine Eltern Ker-
zen auf der Fensterbank an. Die Gardinen wurden etwas
zur Seite geschoben und die Rollos auf dreiviertel Höhe
belassen, damit die Flämmchen von der Straße aus gut
zu sehen waren. Wiesen die Fenster Richtung Osten?
Auch das weiß ich nicht mehr.

Meine Mutter versuchte, mich zu einem Briefwech-
sel mit der Tochter des Hauses »drüben« zu bewegen,
die wie ich in der Pubertät war. Ich hatte sie noch nie
gesehen und interessierte mich nicht die Bohne für sie.
Einen Brieffreund in England zu haben, *das* hätte ich
schick gefunden.

Anfang der Siebzigerjahre: Das waren meine wilden
Jahre zwischen Wohngemeinschaft und Studium, glühenden politischen Auseinandersetzungen und lauen
Nächten am Strand mit Haschisch und Rotwein. Ich lief
den roten Fahnen hinterher und schaute dort, wo sie
vor den Rathäusern bereits fest installiert waren, nicht
so genau hin. (Mein Vater meinte damals, seine Tochter
würde jeder Fahne folgen, wenn deren Träger nur halbwegs schneidig daherkäme.)

Mit 21 fuhr ich mit der Ente meines Freundes, aber
ohne ihn, von Kiel aus zu einer Freundin in Westberlin,
im Stadtteil Kreuzberg. Ich erinnere mich noch, dass ich
nur auf einer vorgeschriebenen Strecke fahren durfte,
der sogenannten Transitstrecke. Schon als junge Frau

verfügte ich über ein herausragendes Talent darin, vom Wege abzukommen, und ich hoffte inständig auf eine lückenlose Beschilderung des Weges, der sogar ich ohne Umwege folgen konnte.

Ich musste einen Reisepass mit mir führen, um von einem Deutschland in das andere fahren zu dürfen, und erhielt am Zoll ein Transitvisum mit Eintrag der Uhrzeit. Als ich es geschafft hatte und heil an der Grenze vor Westberlin landete, zogen die Beamten das Papier wieder ein und überprüften anhand der eingetragenen Uhrzeit, ob ich nicht womöglich einen kleinen Abstecher in unerlaubte Gefilde gemacht hatte.

Noch in Kiel tankte ich die Ente voll, um auf keinen Fall auf dem Gebiet der Deutschen Demokratischen Republik anhalten zu müssen. Ich wusste ja nicht, dass das Tanken auf der Transitstrecke nicht nur erlaubt war, sondern sogar gern gesehen wurde: bezahlten die Menschen aus der Bundesrepublik Deutschland doch mit der guten alten Westmark.

Diese Fahrt ist fast 45 Jahre her. Seit drei Jahren wohnt Gabriels Sohn in Leipzig; mit ihm und seiner Freundin wollen wir uns treffen. Heute gibt es keine Grenzkontrollen mehr und keine Schikanen, kein gefährliches Niemandsland zwischen den Grenzzäunen und keine Volkspolizisten mit geschultertem Gewehr. Ich schaue schweigend aus dem Fenster, Gabriel fasst seinen ersten Eindruck in Worte: »Welch ein Unterschied!«

Schon wenige Kilometer nach Überqueren der nicht

mehr vorhandenen Grenze, als wir durch das erste Dorf holpern, fällt uns die Ungleichheit von Ost- und Westdeutschland ins Auge. Fast 30 Jahre nach der Wende fahren wir an leerstehenden Häusern vorbei, deren bröckelnde Fassaden schutzlos Wind und Wetter ausgeliefert sind. Den Besitzern der bewohnten Gebäude mangelt es entweder an Geld, Zeit oder Lust, um die Fassaden zu streichen: Eintöniges Grau herrscht vor. In den wenigsten Vorgärten blüht etwas anderes als Unkraut. Dazwischen ab und an ein neuer Klinkerbungalow oder ein weiß getünchtes Haus mit Raffgardinen und Blumen in den Fenstern auf gepflegtem Grundstück.

So geht es weiter durch ein Dorf nach dem anderen, und auch die kleineren Städte hinterlassen einen trostlosen Eindruck. Als ob der Zustand mancher Häuser oder ganzer Straßenzüge die enttäuschte Hoffnung der Menschen widerspiegelt, denen auch fast 30 Jahre nach der Wiedervereinigung weder die Treuhand noch die Westwährung und schon gar nicht der Euro ein besseres Leben beschert haben.

Unser heutiges Ziel ist Zerbst in Sachsen-Anhalt, wo es laut Stellplatzführer einen kleinen Wohnmobilstellplatz im Stadtzentrum geben soll. Von dort sind es nur noch 200 Kilometer bis Dresden.

Der Stellplatz erweist sich als ein eingezäuntes Rechteck inmitten eines riesigen Hinterhofareals. Keiner der drei Plätze ist belegt. Die Stadt hat sich Mühe gegeben: Das Abstellen des Wohnmobils ist kostenlos, nur für

Strom und Wasser muss man ein wenig zahlen. Es gibt sogar einen fest installierten Picknicktisch mit Bänken, die Entsorgung von Grauwasser und Toilettenkassette ist unkompliziert. In der »Volksschwimmhalle« gleich nebenan dürfen während der Öffnungszeiten die Toiletten benutzt werden.

Beim abendlichen Spaziergang treffen wir auf alte Häuserzeilen und einen sehr schönen Park mit über viele Jahrzehnte gewachsenem Baumbestand. Das riesige Barockschloss wurde kurz vor Kriegsende bombardiert und ist leider immer noch eine Ruine. Vor allem aber reiht sich auf unserem Spaziergang ein renovierter DDR-Plattenbau an den anderen. Gabriel fasziniert die Technik, mit der nachträglich Balkons vor die Fassaden gesetzt wurden. Er macht sich einen Sport daraus, auf Anhieb zu erkennen, an welchen Häusern die Balkons gleich mitgebaut wurden und wo erst nach Jahren hinzugefügt. Das ist die überwiegende Mehrzahl.

Die Warenauslage und Dekoration mancher Verkaufsläden erinnert Gabriel an das Spanien der Siebzigerjahre. Noch schmuckloser und dürftiger als in einigen Schaufenstern hier habe *ich* nur die Auslagen auf Kuba gesehen. Es gibt aber auch hochmoderne und mit viel Kenntnis und Fantasie dekorierte Geschäfte, in denen alles angeboten wird, was das Herz begehrt und nur der gut gefüllte Geldbeutel gestattet.

Wir fragen uns, ob das Überangebot im Westen wirklich so viel besser war und ist. Wie oft suche ich im Supermarkt verzweifelt ein kilometerlanges Regal ab

nach einer ganz normalen Milch von einer ganz normalen Kuh, von mir aus auch ein bisschen entfettet. Stattdessen sollen mich Mandelmilch mit Zimt und Zitrone
und Sojamilch ohne Gluten zum Kauf anregen. Fehlt nur
noch entkoffeinierte Muttermilch aus dem Ziegeneuter.
Am liebsten sind mir auch die Geschäfte, die nicht mehr
als drei Jeans-Fabrikate im Angebot haben: Die, die am
besten passt, nehme ich dann.

Für mich ist es eine unruhige Nacht, die erste mit
konkreten Gedanken an einen möglichen Überfall.
Vielleicht liegt es daran, dass wir hier alleine stehen und
dass von allen Seiten aus den Häuserblocks auf uns her-
abgeschaut werden kann. Oder an dem Gelächter und
Gerangel einer Gruppe Jugendlicher in der Nähe. Es
passiert nichts, irgendwann schlafe auch ich ein, und
morgens wundere ich mich über mich selbst.

Die Jugendlichen waren Schüler aus dem angrenzen-
den Gymnasium, die sich die Zeit vertrieben mit harm-
losen Spielchen. Und wer etwas aus einem Wohnmobil
stehlen will, passt bestimmt einen Moment ab, in dem
die Besitzer abwesend sind. Ich habe auch noch nie
gehört oder gelesen, dass bewaffnet in ein Wohnmobil
eingedrungen wurde, um die Bewohner an Leib oder
Seele zu schädigen. Trotzdem beschließen wir den Einbau zusätzlicher Sicherheitsvorkehrungen, sollten wir
eines Tages heil zu Hause ankommen.

Und noch etwas beschließen wir: Eine unserer nächsten Deutschland-Reisen wird uns durch die neuen Bun-
desländer von Süden nach Norden führen und durch die

alten wieder zurück – meinetwegen auch umgekehrt. Es gibt noch so vieles, das ich von meinem eigenen Land kennenlernen möchte, und Gabriel interessiert sich zunehmend für Deutschland und seine Geschichte. Kein Wunder, erst heiratet er eine deutsche Frau und zwei Jahre später geht sein Sohn nach Deutschland.

Die heutige Etappe soll uns zu Gabriels Sohn führen. Nicht nach Leipzig, wo er wohnt, sondern nach Dresden, von wo aus er mit seiner Freundin zu einer viertägigen Fahrradtour aufbrechen will.

Wieder einmal hören wir etwas klappern. Eher ein Klirren, ein leises, stetiges Kling-Kling. Auf jeden Fall hört es sich metallisch an. Ich verrenke mir den Hals, kann aber weder eine herausgerutschte Schublade noch ein geöffnetes Fenster ausmachen. Der Bildschirm ist eingerastet, und auch hinten aus der Dusche, wo wir manchmal das schmutzige Geschirr in einer Plastikschüssel zwischenlagern, kommt kein Geräusch.

Aber das Klimpern lässt nicht nach. Ich werde nervös. Völlig zu Recht, wie sich bald herausstellt. Ein eher zufälliger Blick in den Seitenspiegel lässt mich vor Schreck die Hand vor den Mund schlagen: Mein Schlüsselbund steckt *außen* in der Aufbautür! Am Schlüsselring baumelt das gesamte Zweitschlüsselpaket und klickt immer wieder gegen die Tür: klingelingeling. Bitte, bitte, lieber Schlüssel: Bleib stecken bis zur nächsten Haltemöglichkeit! Ich habe Glück, er tut mir den Gefallen.

102

Noch vor der Messe in Düsseldorf hatte ich mit meinem Liebsten einen Deal ausgehandelt: Wenn wir tatsächlich ein Wohnmobil kaufen, werden wir trotzdem bei Städtereisen in einem Hotel logieren. Ich konnte mir nicht vorstellen, auf den letzten Bus oder die letzte Straßenbahn zum Stellplatz angewiesen zu sein, und ich wollte auch *nach* dem Abendessen noch zu einem Stadtbummel aufbrechen können.

Mein Hang zur Selbsttäuschung gibt selbst im Angesicht des Rentenalters nicht klein bei. Wie so oft belehrt mich auch in Bezug auf Städtereisen die Wirklichkeit eines Besseren: Mitten im Zentrum von Dresden, gleich neben der Altstadt, bleiben wir zwei Nächte auf dem großen Wohnmobilstellplatz »Am Blüherpark«. Frauenkirche und Zwinger, Hygiene-Museum und Brühlsche Terrasse, alles ist in wenigen Minuten zu Fuß zu erreichen. Und was die spätabendlichen Ausgänge oder gar Teilnahme am Nachtleben angeht: Wann eigentlich begann die Lust auf nächtliches Amüsement sich schleichend aus meinem Leben zu verabschieden?

Der Platz ist groß genug für 50 Wohnmobile, die sich ihre Stellflächen auf dem nicht parzellierten Asphalt selbst aussuchen. Er ist voll, und die Orientierung fällt uns nicht leicht. Zweimal kurven wir vergeblich auf dem Gelände herum, bis wir eine geeignete Fläche finden und Gabriel rückwärts einparkt. Ich würde gern sagen mit meiner Hilfe, aber noch stelle ich mich beim Einweisen höchst ungeschickt an (seiner Meinung nach): Ich winke wild und unkoordiniert und mache dann zu abrupt das

103

Zeichen zum Anhalten. Oder ich stehe so, dass er mich im Rückspiegel nicht sehen kann. Gabriel wiederum ignoriert meine Handzeichen oft (finde ich), und ich muss immer wieder nach vorn gehen, um ihm etwas zu erklären, weil er das Seitenfenster nicht herunterlässt und deshalb meine Rufe nicht hören kann. Wir sind beruhigt zu hören, dass auch andere Paare sich fetzen, weil der Mann nicht zuhören und die Frau nicht einweisen kann.

Heute habe ich Glück und übersehe *nicht* den großen Baum mit seinen langen Ästen, auf den Gabriel zielstrebig zusteuert. Der Ansatz der Zweige ist so hoch, dass sie das Dach über dem Heck unserer Maggie nicht berühren, geschweige denn daran kratzen. Dafür kratzt an meinem Selbstbewusstsein, dass ich auf unserer ersten Reise nur Beifahrerin und Einweiserin bin und nicht ans Steuer darf.

Zwei Nächte bleiben wir in Dresden. Wir besichtigen den Zwinger und die Frauenkirche und sind angemessen beeindruckt von den Gebäuden der Brühlschen Terrassen und der Semperoper. Wir bummeln mit Gabriels Sohn und dessen Freundin gemächlich durch die Stadt und genießen Sonne und Wärme auf der Terrasse vom Brauhaus Watzke, wo wir mit dem jungen Paar Haxen essen und ein gepflegtes Bier trinken. Ich verbringe zwei Stunden mit der Suche nach dem Deutschen Hygiene-Museum, nur um wenige Minuten vor seiner Schließung festzustellen, dass es sich in unmittelbarer Nachbarschaft zu unserem Stellplatz befindet.

Was uns aber am meisten beeindruckt und im Gedächtnis Wurzeln schlägt, sind die zehn Minuten, die wir bei strömendem Regen unter einem Torbogen Schutz finden. Ein frühes Sommergewitter, so überraschend und heftig, dass den Kellnern keine Zeit bleibt, die Tische auf den Terrassen abzudecken. Personal und Gäste fliehen zusammen in die Gasträume und verschwimmen hinter den Fensterscheiben. Die Wassermassen prasseln mit Wucht herunter, platschen auf die Pflastersteine, springen von dort wieder in die Luft und stürzen sich auf die bloßen Beine der Kinder.

Als die Wolken mit diesem Heidengepolter aufbrechen, stehen wir inmitten einer Reisegruppe aus Schweden und verfolgen gebannt, wie das nahe Elbufer binnen zwei, drei Minuten hinter dem Regenvorhang verschwindet. Die Brücke führt nur noch in eine undurchdringliche graue Wand. Ein gewitzter Ticketverkäufer nutzt die Gunst der Stunde und verkauft den Schweden mindestens ein Dutzend Stadtführungen. Nach kaum zehn Minuten ist der Spuk vorbei, der Ticketero reibt sich die Hände, und wir können unseren Stadtrundgang bei strahlendem Sonnenschein auf patschnassen Straßen fortsetzen.

Traurige Tage

Am 3. Juni verlassen wir Dresden, zehn Tage sind wir schon unterwegs. Wir wollen so schnell wie möglich zu unserem Freund Bernat in der Normandie. Auf dem weiten Weg nach Frankreich machen wir Station auf den Campingplätzen »Zur Mühle« in Zirndorf (Bayern) und »Ohmbachsee« in Schönenberg-Kübelberg (Rheinland-Pfalz). Beide Plätze sind großzügig angelegt mit viel Grün und allen Bequemlichkeiten einschließlich Restaurant. Grün sind auch hier die Clogs an den Füßen und die Plastikmatten vor den Eingängen. Seit ich jeden Tag mindestens eine Handfegerschaufel Erde und Grashalme wieder nach draußen befördere, erwäge auch ich den Erwerb zumindest so eines Fußabtritts. Ist ja doch praktisch.

Gabriel ist nicht mehr aufzuhalten und brettert die 583 Kilometer von Schöneberg bis nach Marcilly-sur-Eure in einem Rutsch durch. Die Grenze überqueren wir westlich von Saarbrücken. Beim Aussteigen – oder besser beim Hinunterhangeln vom Beifahrersitz bin ich heilfroh, dass mich niemand sieht. Ich bin von Kopf bis Fuß verspannt und spüre jedes Gelenk und jeden Wirbel einzeln. Meine rechte Hüfte protestiert so energisch, dass ich ihrem Leid mit einem lauten »Auauaua« Ausdruck verschaffen muss. Das war heute entschieden zu viel!

Der Luxusplatz »Domaine de Marcilly« versöhnt mich und verwöhnt uns mit Parzellen von 200 Quadratmetern an aufwärts, jede einzelne mit Wasser und Stromanschluss. Und als I-Tüpfelchen bestückt mit Holztisch und Bänken zum Draußenessen. Was wir auch sofort tun. Dichte Hecken schützen uns vor neugierigen Blicken. Auf der Parzelle zur Rechten speisen Engländer stilvoll von Porzellantellern auf weißer (!) Stofftischdecke. Das Sanitärgebäude ist so lala …

Die Landflucht in der Normandie ist enorm. Auf den 100 Kilometern zwischen Marcilly-sur-Eure und dem 500-Seelen-Dorf Essay passieren wir noch mehr verlassene und halbverfallene Häuser als in der ehemaligen DDR. Mancher Ort bietet sich an als authentische Kulisse für einen Film aus Vorkriegszeiten.

Drei Nächte wollen wir bei unserem mallorquinischen Freund Bernat in dem Dörfchen Essay bleiben. Morgen tritt er seine Stelle als Landarzt an und hat für uns von der Ortsvorsteherin höchstpersönlich die Erlaubnis eingeholt, Maggie auf einem öffentlichen Platz im Dorf abstellen zu dürfen.

Wir freuen uns darauf, bei schönstem Sommerwetter drei Tage am Stück an einem Ort zu sein. Und Bernat freut sich über unsere Gesellschaft, weil seine Frau mit

107

den drei Kindern erst nach Abschluss des Schuljahres nachkommen wird. Das Haus, dessen Kern auf das 17. Jahrhundert zurückgeht, bietet sehr viel Platz, und Bernat hat schon ein Zimmer für uns vorbereitet. Aber wir bleiben heute und auch auf zukünftigen Reisen hart und ziehen es vor, im eigenen Bett zu schlafen. Dafür haben wir es ja schließlich angeschafft! Und außerdem: Wer kann uns schon ein Fenster *über* dem Bett bieten? Aber das Angebot zum Wäschewaschen nehme ich gern an und bügle Bernats Hemden gleich mit.

Man muss es erlebt haben, wie die beiden mallorquinischen Männer vom gemeinsamen Einkauf zurückkommen. Verschiedene Käsesorten, Salami und andere Wurst am Stück und vor allem Meeresfrüchte, einschließlich Austern (für mich igittigitt). Und mit welcher Konzentration und Begeisterung sie sich an die Zubereitung machen: Sie putzen Muscheln und garen sie kurz in Dampf, knacken Garnelen und bereiten aus den Schalen einen Sud für den morgigen Reis, schleifen Messer und hacken scharfe Peperoni. Bernats Küche ist noch improvisiert, aber selbstverständlich findet sich darin ein Austernmesser! Wir schlemmen wie Gott in Frankreich und müssen uns und vor allem Bernat dazu zwingen, vor Mitternacht ins Bett zu gehen. Schließlich ist morgen sein erster Arbeitstag, und den soll er ausgeschlafen antreten.

Tagsüber wärmen uns mehr als 25 Grad im Schatten, was in dieser Region ungewöhnlich ist für Anfang Juni, aber die Nächte warten mit erfrischender Kühle auf.

108

Unsere Maggie ist innen wohltemperiert, und wir schlafen mal wieder tief und fest, beschützt von der Nachtbeleuchtung auf dem Platz. Bernat hat uns einen Schlüssel für das Haus überlassen und vor allem seinen Laptop mit einwandfrei funktionierendem WLAN.

Mobiler Pizzabäcker unter dem Gekreuzigten in Essay

Für die Mittagszeit haben wir uns zum Resteessen im Haus verabredet, doch wer nicht kommt, ist der Hausherr. So viele Patienten schon am ersten Tag? Wir trauen uns nicht anzurufen, lieber schicken wir mit knurrendem Magen ein Foto vom gedeckten Tisch. Bernat antwortet per Whatsapp ungewohnt knapp:

»Kommt in die Praxis.«

Das klingt nicht gut. Wir machen uns sofort auf den Weg in die nur ein paar Hundert Meter entfernte Praxis.

Erst nach energischem Klopfen öffnet Bernat die Tür zu seinem Sprechzimmer – seine verweinten Augen sind ein Schock für uns. Ausgerechnet am Morgen seines ersten Arbeitstages muss er am Telefon erfahren, dass im fernen Palma sein Bruder gestorben ist.

Stunden voller Trauer und Zweifel vergehen, bis am nächsten Vormittag ein hiesiger Lokalpolitiker Bernat abholt und nach Paris zum Flughafen bringt. Wir leisten ihm bis dahin Gesellschaft, lenken ihn ab, so gut wir können, und erkunden zusammen die Umgebung.

Gabriel bucht die Nachtfähre von Barcelona nach Palma für den 15. Juni.

Wieder einmal ist es ein Start mit Hindernissen: Der Sichtschutz vor der Frontscheibe lässt sich beim besten Willen nicht öffnen. Wir haben uns während der drei Tage in Essay nur nachts im Wohnmobil aufgehalten und deshalb die beiden Teile nicht zur Seite geschoben. Die Metallschienen, mit denen sie in der Mitte der Frontscheibe magnetisch geschlossen werden, sind jetzt offenbar zusammengeschmolzen.

Ich sehe uns schon hierbleiben, aber wir haben den Schlüssel zum Haus bereits in die Tiefen des Briefkastens geworfen. Gabriel flucht, was das Zeug hält und das Spanische hergibt, aber es ist nichts zu machen. Schließlich schneidet er die Schienen langsam und vorsichtig mit einem scharfen Messer auseinander, bis sie sich zu beiden Seiten in ihre Halterung schieben lassen.

Am Abend in Saint-Malo gelingt es meinem wun-

110

derbaren Ehemann, die beiden Schienen mit Draht provisorisch zu verbinden. Erst jetzt fragen wir uns, wo eigentlich der serienmäßige Vorhang zwischen Essplatz und Fahrerkabine ist. Die dafür vorgesehene Schiene ist zwar eingebaut, aber das war's dann auch. Eintrag ins Logbuch: Darf bei Kauf eines Extras das serienmäßige Pendant sang- und klanglos weggelassen werden?

Auf dem Weg nach Saint-Malo steuert Gabriel zielstrebig den Mont-Saint-Michel an – nur um trotz meines heftigen Protestes auf dem vollen Parkplatz genauso zielstrebig wieder kehrtzumachen. Ich habe die gestrige Unterhaltung zwischen ihm und Bernat nicht mitbekommen, wonach ein Besuch nur morgens um sieben Uhr Sinn macht, weil man sich zu keiner anderen Tageszeit einigermaßen frei auf dem Klosterberg bewegen kann. Gabriel will sich auf dem Parkplatz lediglich von der Richtigkeit dieser Aussage überzeugen, hat aber versäumt, mich an seinen Gedanken teilhaben zu lassen. Ich bin beleidigt und verschließe ihm nun auch meine innere Welt. Wir schaffen es, uns fast eine Stunde lang anzuschweigen; wahrscheinlich hat das traurige Ende unseres Besuches bei Bernat auch an unseren Nerven gezerrt.

Nach Hause

Auf der Fahrt nach Spanien lassen wir unsere Maggie weitere 1000 Kilometer durch Frankreich laufen. Dabei vermeiden wir Autobahnen mit Mautgebühren und genießen auf gut ausgebauten Landstraßen die Landschaft im strahlenden Frühsommer. Ich berausche mich an der überbordenden Blumenpracht in herausgeputzten Dörfern. Blaue und gelbe Iris in Kübeln auf dem Gehsteig recken sich der Sonne entgegen, und früh blühende Rosen in ausgedienten Futtertrögen weisen den Weg in die Ausfahrten eines Kreisverkehrs. Rund um Laternenpfähle schwingen sich hoch oben unter den Leuchten Hängegeranien im Wind und winken mit ihren ersten Blüten. Männertreu und Petunien wachsen in Balkonkästen vor den Fenstern der Rathäuser (Mairie).

Von der Normandie geht es in die Bretagne. Unsere erste Station ist die an drei Seiten von Wasser umspülte Küstenstadt Saint-Malo, eine Touristenattraktion wegen ihres großen historischen Stadtkerns hinter hohen Mauern. Der Unterschied zwischen Ebbe und Flut soll an dieser Stelle bis zu zehn Meter und mehr betragen. Derlei Informationen haben wir noch nicht gelesen, als wir in der Bucht stehen und gebannt verfolgen, wie das Wasser sich mit unglaublicher Geschwindigkeit zurückzieht. Eben noch schwappten die ankernden Boote in tiefem Wasser hin und her, nur wenig später braucht es ein halbes Dutzend starker Männer, um sie aus dem Schlamm zu ziehen. Gabriel kann sich gar nicht sattsehen an dem Naturschauspiel und möchte am liebsten hier festwachsen, bis das Wasser zurückkommt. Wir übernachten auf dem Wohnmobilstellplatz der Gemeinde, wo für wenig Geld großzügige Parzellen auf festem Grund geboten werden.

Tags darauf steuern wir nach 490 Kilometern den Campingplatz »Robinson« in Bourges an und freuen uns über unser Doppelgrundstück. Heute wollen wir endlich unsere neuen Campingmöbel einweihen.

Die beiden Stühle und der Hocker sind kein Problem und bekommen Bestnoten nach dem ersten Probesitzen. Danach nehme ich mir den Aluminiumtisch vor und zerre seine Einzelteile einschließlich der zusammengerollten Platte aus der engen Tasche. Im Katalog wurde sie als besonders platzsparend angepriesen, und fürwahr: Innen ist nicht ein Millimeter Bewegungsspielraum. Das Puzzlespiel vor mir auf dem Boden gibt mir mehr Rätsel auf als die Playmobil-Monster unserer Enkelkinder. Wir versuchen es zu zweit und schaffen es, dem Möbel Schrammen zu verpassen, noch bevor es erstmalig auf seinen vier Beinen steht. Darauf versenke ich meinen Arm noch einmal bis zum Hals in die Tasche und siehe da: Gaaanz am Ende klaube ich eine verknitterte Anleitung hervor: Ein Kinderspiel, in fünf Minuten haben wir einen Esstisch für draußen. Wann werde ich lernen, Gebrauchsanweisungen *vor* Gebrauch zu lesen?

Am nächsten Tag, auf dem Weg in die Auvergne mit ihren Vulkanbergen und nachdem Gabriel stolz ein kurzes Stück über die Rennstrecke von Le Mans gefahren ist, bekommt auch Maggie ihre ersten Schrammen ab.

Schuld daran bin ich beziehungsweise meine mangelnde Kommunikation mit dem Navi. Wir sind immer noch kein wirklich eingespieltes Paar, auf manche seiner Tücken falle ich nach wie vor herein. Ich verlasse mich mehr auf die freundlich vorgetragenen Anweisungen, als gut ist. Heute hätte ich daran denken müssen, dass die Einfahrt in einen Supermarkt *nicht* als Ausfahrt aus dem Kreisverkehr mitgezählt wird – prompt nehmen wir die falsche. Wir merken es sofort, und Gabriel biegt bei der ersten Möglichkeit rechts ab, danach geht es gleich wieder rechts in eine einspurige Straße, und wir freuen uns, dass wir wieder zurück in Richtung Kreisverkehr steuern.

Das sehen wir durchaus richtig, nur haben die Straßenbauer diese schmale Straße, auf der wir unmöglich wenden können, durch eine noch schmalere Brücke mit der Hauptstraße verbunden. Maggie kann die Brücke nur durch Umkurven eines scharfen rechten Winkels erklimmen. Zu allem Überfluss können wir auch beim schlechtesten Willen nicht das Schild übersehen, das dreieinhalb Tonnen als Höchstbelastung für das Brückchen angibt.

114

Im ersten Gang tastet Gabriel sich Zentimeter für Zentimeter auf die Überführung. Wir machen es den Schweden in Palma nach und recken die Köpfe nach draußen, um auch das Hinterteil von Maggie heil auf die Brücke zu bekommen. Noch ein paar Mal vor und zurück, dann kriegt Gabriel auch das hin. Jetzt geht es schnurgerade und so haarscharf zwischen den Geländern hindurch, dass kaum ein Blatt Papier zwischen sie und unser Fahrzeug passt. Der Abgang von der Brücke ist, verglichen mit der Auffahrt, ein Kinderspiel. Wir sind erleichtert und begeistert, ich gratuliere Gabriel zu dieser Leistung, und wir klatschen uns wie die Jungs auf dem Sportplatz auf die Handflächen – bis wir harte Kratzgeräusche hören.

Im Überschwang der Gefühle übersehen wir den kleinen Baum am Ende der Brücke, an dessen Ast Maggie jetzt entlangschrammt.

Der Kotflügel hinten rechts hat sich halb abgelöst und eine stattliche Anzahl von Kratzern abbekommen. Heute erweist es sich als Vorteil, dass unser mobiles Ferienhaus Außenwände aus leichtem Plastik hat: Gabriel kann, nur mit einem Schraubenzieher bewaffnet, den Kotflügel wieder an seinem Platz fixieren; mit den Schrammen werden wir uns zu Hause beschäftigen. Mir fällt der Film »Lohn der Angst« ein mit Yves Montand in der Hauptrolle: Nachdem der Held alle Gefahren und Abenteuer beim Dynamit-Transport heil überstanden hat, fährt er auf der Rückfahrt mit den Taschen voller Geld vor lauter Begeisterung Schlangenlinien, nur aus Jux und Dollerei – und stirbt, weil der Lastwagen vom

Weg abkommt und die Böschung hinunterpoltert. Mit Schrecken denke ich an unsere Unterversicherung auf dieser Heimfahrt.

Wir belohnen uns für die ausgestandene Aufregung mit einer Nacht unter hohen Bäumen auf dem Campingplatz »Le Belvédère« in Neuvéglise in den Vulkanbergen der Auvergne. Aber unsere Nerven werden weiter strapaziert: Der Platz wurde auf fast 1000 Meter Höhe über dem Meeresspiegel terrassenförmig angelegt, aber eher nicht für Wohnmobile vom Format unserer Maggie. Nur mit vorsichtigen Rangiermanövern findet sie ihren Platz. Wie wir hier wieder heil wegkommen, darüber machen wir uns morgen Gedanken.

Unser Stromkabel lässt sich nicht mit dem Stecker in der Säule verbinden (Gabriel vervollständigt seine Einkaufsliste im Kopf); der Chef ist so freundlich, uns einen Adapter zu leihen. Er verrät uns auch, dass in der Bar 30 Minuten WLAN kostenlos sind, woraufhin wir es uns sofort dort bequem machen und bei Bier und Kaffee E-Mails und WhatsApps abrufen, bis die Handys rauchen.

Ein ausgiebiger Spaziergang hinunter zum Fluss erfrischt uns auf dem Hinweg und sorgt durch den Aufstieg zurück für einen guten Nachtschlaf. Männer und Frauen mit Startnummern auf Brust und Rücken folgen in ihren schmalen Kanus dem Wasserlauf, nur einer erkämpft sich mühselig seinen Weg *gegen* den Strom. Er paddelt mit solch grimmiger Hartnäckigkeit, dass er mit Sicherheit morgen mit einem brettharten Nacken aufwachen wird.

116

Die Heimat lockt, Spanien ist nicht mehr weit. Wir passieren die Grenze südlich von Perpignan und genießen die deutlich höheren Temperaturen. Aber nicht deshalb trifft mich der Schlag.

Vor zwei Monaten wurde in Frankreich ein Gesetz verabschiedet, das Prostitution unter Strafe stellt. Dieses Gesetz kriminalisiert aber nicht die Prostituierten, wohl aber die Freier. Ich weiß nicht, ob die Frauen, die wir am Straßenrand sehen, schon seit Jahren hier ihrem Gewerbe nachgehen oder ob die französischen Freier erst neuerdings auf die spanische Seite ausweichen. Die meisten der Frauen sind schutzlos der Sonne ausgeliefert, nur wenige stehen unter einem Sonnenschirm, noch weniger haben einen Stuhl, auf den sie sich setzen können. Ich frage mich, ob die dunkle Haut der meisten Frauen von der Sonne kommt oder die natürliche Hautfarbe von Frauen aus Südamerika ist. Und ich frage mich noch etwas: Wer setzt diese jungen Frauen hier aus und sammelt sie irgendwann wieder ein, um ihnen das Geld abzunehmen? Wo schlafen sie?

Weiter südlich hinter diesem kilometerlangen Straßenstrich findet der willige, wahrscheinlich nicht selten französische Freier im Industriegebiet von La Jonquera ein Großbordell, das 2010 als größtes Bordell Europas eingeweiht wurde. Schon von Weitem leuchtet der Schriftzug »Paradise« von der Mauer des Gebäudes, offiziell ein Hotel mit »Night Club« und »Show Girls«.

Reisen bildet, wie oft habe ich diese Worte gehört und gelesen und für richtig befunden. Auf das Bild der jungen Frauen im Staub am Straßenrand hätte ich gern verzichtet. Auch Gabriel nimmt dieser Anblick sichtlich mit. Er wird erst wieder munter an der ersten spanischen Tankstelle. Die eigene Sprache ist Heimat.

Wir fahren nach Besalú, einem gut erhaltenen mittelalterlichen Städtchen, das vor allem vom Tourismus lebt. Wir haben Glück und finden direkt neben der alten Stadtmauer einen großen Parkplatz mit festem Sand und Gras, auf dem schon zwei Wohnmobile stehen. Am Morgen zählen wir acht Kollegen von Maggie, das beruhigt und vermittelt ein Gefühl von Sicherheit.

Natürlich absolvieren auch wir einen Rundgang durch die Stadt und über die berühmte mittelalterliche Brücke, aber viel wichtiger ist etwas ganz anderes: Bevor wir zum nächsten Etappenziel aufbrechen, mache ich auf dem geleerten Parkplatz meine ersten Fahrversuche! Ich frage nicht, ich nehme den Schlüssel, setze mich auf den Fahrersitz und verkünde: »Gabriel, heute bin ich dran!«

Einige Male anfahren und bremsen, wenige Runden über den Platz drehen und im unbegrenzten Nichts einparken – mehr ist es nicht, was ich veranstalte. Aber es gefällt mir, es gefällt mir sogar gut, und ich bin mir ganz sicher: Maggie und ich werden gute Freunde bleiben, auch wenn ich sie lenke. Auch Gabriel ist es wichtig, dass wir beide das Fahrzeug beherrschen. Er kann eines unverhofften Tages ausfallen, und was dann? In einheinhalb Jahren werden wir uns glücklich schätzen, dass wir *beide* unser Wohnmobil fahren können.

Unser heutiges Etappenziel haben wir schnell erreicht,

Olot am Fuß der spanischen Pyrenäen. Hier wollen wir die letzten beiden Tage und Nächte auf dem spanischen Festland verbringen. Der Campingplatz »La Fageda« liegt am Rande eines Naturparks und ist wunderschön mit blühenden Wiesen und altem und jungem Baumbestand. Vor allem ist er heute so gut wie leergefegt, es ist Montag, und die Saison hat noch nicht begonnen. Wir können uns ein ruhiges Plätzchen aussuchen und teilen uns eine große Wiese mit zwei Zelten. Je ein holländisches Paar um die 50 wohnt darin.

Die Nationalität ist aber auch schon das Einzige, was sie verbindet. Das eine Paar sitzt bei Wind und Wetter (es ist kühler geworden und auch regnerisch) draußen auf seinen Campingstühlen und liest und liest und liest, nur unterbrochen von den Mahlzeiten. Die Zutaten dafür holen sie aus dem Kofferraum ihres Autos. Das andere Paar spielt eine Art Federball (schwierig bei dem Wind) oder wirft sich die Frisbeescheibe zu und fährt mindestens zweimal am Tag mit dem Auto vom Platz. Vielleicht sind die einen Verlagslektoren und die anderen Restaurant-Tester?

Eine weitere Holländerin, auf gutem Weg in unser Alter, drahtig, kernig und braungebrannt mit Stoppelhaarschnitt, parkt ihren VW-Bus so, dass sie den kürzesten Weg zum Sanitärgebäude hat. (Aha!) Aus dem vollgestopften Camper zerrt sie ein Mountainbike und startet in ihrem Profi-Outfit in die Berge.

Am zweiten Tag klart das Wetter auf. Wir spazieren in die Stadt und kaufen Fleisch und Gemüse für den Grill,

119

nicht zu vergessen spanischen Rotwein. Als wir uns satt und zufrieden unter der Markise zurücklehnen, gefällt mir mein Leben, und ich bestelle bei meinem persönlichen Barkeeper noch einen Gin Tonic für die Nacht. Ich beneide die Camper mit Baby und Hund am anderen Platzende nicht um ihre Happy-Family, das Pärchen gegenüber in seinem umgebauten Lieferwagen nicht um seine Jugend und die holländische Bikerin schon gar nicht um ihre Unabhängigkeit. Wir zwei sind die Ältesten auf dem Platz und diejenigen, die in ihrem Wohnmobil am bequemsten reisen. Das finden wir gut und angemessen und prosten uns zu.

Kein Vorteil ohne Nachteil, das gilt auch für diesen Campingplatz mit Naturwiese, Restaurant und Swimmingpool. Das Füllen des Wassertanks geht problemlos, nicht so das Ablassen des Grauwassers. Nachdem wir den Gully endlich gefunden haben, ist es unmöglich, direkt darüberzufahren. Uns fehlt ein Schlauch zum Ablassen des Wassers (Einkaufsliste im Kopf). Mit schlechtem Gewissen lassen wir das Wasser auf Erdreich und Unkraut plätschern in der Hoffnung, dass dies für lange Zeit unsere einzige bewusste Umweltschädigung bleibt. Bis heute (Frühjahr 2018) haben wir nicht mehr gesündigt.

In Barcelona bin ich glücklich, dass Gabriel sich in dieser Metropole so gut auskennt. Er findet den Terminal ohne Probleme und parkt direkt davor im Halteverbot. Es gibt keine andere Möglichkeit, also schalten wir auf spani-

120

sche Art die Warnblinkanlage ein. Die online reservierten Tickets liegen schon bereit zum Abholen, sodass wir nach nur wenigen Minuten wieder starten können. Die Anlegestelle unserer Fähre finden wir wegen der verwirrenden Beschilderung erst nach einigem Hin und Her. Als wir sie erreichen, ist es immer noch zu früh. Das Schiff verlässt Barcelona erst in vier Stunden.

Unsere Maggie ist das einzige Wohnmobil auf der Mole und wird verstohlen oder offen bestaunt. Wir sonnen uns in den bewundernden Blicken und nutzen die Wartezeit zum Verzehr der verderblichen Reste. Die übrigen Reisenden vertreten sich die Beine und können ihren Hunger bestenfalls mit einer Stulle stillen. Nach unserem ausgiebigen Abendessen bleibt mir noch genügend Zeit, um die Betten abzuziehen und die Schmutzwäsche in einen Kopfkissenbezug zu stopfen, während Gabriel sich um die diversen elektronischen Geräte kümmert. Er packt Pässe und Handys ein, dazu sein E-Book und meinen Krimi und verstaut alles in seinem kleinen Rucksack neben warmen Socken, Schal und Taschentüchern.

Die Fahrerkabine und die Aufbauten unserer Maggie lasten auf einem tiefergelegten Fahrgestell. Dadurch wird das Wohnmobil nicht zu hoch (wie unseres mit »nur« 2,85 Meter), falls der Hersteller den gewonnenen Raum nicht nutzt für den Einbau eines doppelten Bodens mit Fußbodenheizung und mehr Stauraum (haben wir beides nicht). Mit seinem tieferen Schwerpunkt soll das große und schwere Fahrzeug auch leichter zu beherrschen sein.

Der Nachteil des tiefergelegten Chassis liegt auf der Hand beziehungsweise auf der Straße in Gestalt von Steinen und Geröll oder auch Bordsteinkanten. Vorsicht ist auch geboten bei plötzlichem Anstieg oder Gefälle von Straßen – oder bei Schiffsrampen. Wir haben vor diesem Moment gezittert, aber es geht alles glatt. Gabriel und Maggie meistern ihre erste Verschiffung gemeinsam und in aller Ruhe, genauso wie das Gefälle beim Herunterklappern acht Stunden später in Palma.

Stationen der ersten Reise

DEUTSCHLAND
- Campingplatz »Jarplund« bei Flensburg
- Wohnmobilpark »Damp« an der Ostsee
- Campingplatz »Olsdorf« in Sankt Peter-Ording an der Nordsee
- Parkplatz in Tremsbüttel bei Bargteheide
- Privat in Bargteheide
- Kommunaler Stellplatz in Zerbst, Sachsen-Anhalt
- Stellplatz »Am Bleiherpark« in Dresden
- Campingplatz »Zur Mühle« in Zirndorf bei Nürnberg
- Campingplatz »Ohmbachsee« in Schöneberg-Kübelberg in der Westpfalz

FRANKREICH
- Campingplatz »Le Domaine de Marcilly« in der Normandie
- Dorfplatz in Essay, Normandie
- »Aire de Camping-Cars« in Saint-Malo, Bretagne
- Campingplatz »Robinson« in Bourges im Zentrum von Frankreich
- Campingplatz »Le Belvédère« in Neuvéglise in der Auvergne

SPANIEN
– Parkplatz in Besalú, Provinz Girona
– Campingplatz »La Fageda« in Olot, Provinz Girona

Fähre von Barcelona nach Palma de Mallorca

Sommer auf Mallorca

Drei Monate bleiben wir an Land beziehungsweise auf der Insel, am 12. September soll es wieder losgehen. Bis dahin führen wir mit wachsender Begeisterung Gabriels Familie und viele Freunde durch unsere Ferienwohnung auf Rädern und unterziehen Maggie innen und außen einer Generalreinigung. Mit Wasser und Seife, weichem Tuch innen und kräftigem Strahl außen erobern wir unser Wohnmobil endgültig und nehmen es in Besitz. Gabriel sprüht ein weißes Wundermittel auf den beschädigten Kotflügel, das auch tatsächlich Wunder bewirkt und die Erinnerungsspuren an unsere Fahrt über die Brücke in Frankreich auslöscht.

Gabriel nutzt die Zeit und sichert Maggie mit einem zusätzlichen Schloss vor der Aufbautür. Die Türen der Fahrerkabine verbindet er innen über eine stabile Metallkette und verstellbare Karabinerhaken mit dem Untergestell der Sitze. Das ist eine gute mechanische Sicherung, die von uns schnell zu lösen oder festzustellen ist. Einen Feuerlöscher führen wir von Anfang an mit, jetzt hängt in der Küche zusätzlich eine Feuerdecke für einen möglichen Brand auf dem Gasherd. Eine spezielle Alarmanlage soll uns vor unbemerkt austretendem Gas schützen.

So viele Sicherheitsvorkehrungen – und wir bringen es fertig, erst alle anzuschließen und danach bei weit geöffneten Fenstern einzuschlafen!

Wir kaufen drei unterschiedliche Adapter für Stromanschlüsse aller Art und einen Schlauch zum Ablassen des Grauwassers, wenn der Gully mal wieder schwer zu erreichen ist. Eine Zwinge, mit der wir unseren Schlauch zum Wasseraufnehmen mit jedem Wasserhahn an verschiedenen Zapfstellen verbinden können, werden wir erst später in einem kleinen Eisenwarenladen in Portugal finden.

Offene Kästen aus Kunststoff in unterschiedlichen Größen helfen uns, den begrenzten Raum in den Staufächern optimal auszunutzen. Für Unterwäsche, Strümpfe und Schals kaufe ich Schubladenkästen; sie kommen in die beiden Garderobenschränke. Die Kleiderstangen darin sind hoch genug angebracht, dass am Bügel hängende Hemden und Jacken über den Kästen nicht einknicken. Gabriel sichert mit kurzen Teleskopstangen den Inhalt einiger Staufächer und den des Kühlschranks vor dem Herausfallen beim Öffnen der Türen.

Und erst die Garage! Dieses Kabuff im Wohnmobil mit dem hochtrabenden Namen ist eine Herausforderung für jeden Tüftler und Bastler. Wie um Himmels willen lassen sich Campingmöbel und Grill, zwei Klappräder für uns und ein fünftes Rad für Maggie, Putzeimer, Besen und Wäschetrockner, Werkzeugkasten und, und, und – wie lässt sich all der Krempel, den wir brauchen (oder zu brauchen glauben) sicher und doch leicht zugänglich unterbringen? Zum Glück hat Gabriel einen guten Freund, der auf seinem Boot schon einschlägige Erfahrungen in puncto Raumknappheit gemacht hat und uns gern hilft.

Den Fächern im Badezimmer rücke ich mit Zentimetermaß und Augenmaß zu Leibe und suche so lange, bis ich genau passende Plastikkästchen finde. In ihnen verstaue ich alles an Cremes, Rasierwasser und Zahnseide, was wir täglich brauchen. Wer allerdings ein komplettes Anti-Aging-Arsenal inklusive Gesichtsmasken, Ozonschleuder und Bauch-weg-Elektronik mitführen will, sollte sich vielleicht doch lieber gleich für ein größeres Wohnmobil entscheiden.

Seitdem wir Maggie in die Familie aufgenommen haben, stolpere ich ständig über Zeitungsartikel oder Reportagen im Fernsehen, die sich um Camper oder Leute mit Wohnmobil drehen. Zum Beispiel eine verwitwete Frau über 70, die sich einem Club angeschlossen hat. Mit über zehn Wohnmobilen fahren sie im Konvoi nach Polen, eine abenteuerliche Reise für alle. Vor allem aber für diese Frau, die statt Fahrrad oder Motorrad einen elektrischen Rollstuhl mit sich führt. Sie sagt im Interview fast wortwörtlich dasselbe wie ein Unternehmer im Ruhestand in einem anderen Video: »Wenn ich nicht mehr fahren kann, will ich auch nicht mehr leben.«

Am besten gefällt mir die Reportage über Franz, einen Zimmerer aus Bayern. Er löst gerade seine Werkstatt auf und baut einen Laster um zum Wohnmobil für sich und

127

seinen Hund. Zwei Freunde wollen ihn begleiten, dafür bereiten sie ein zweites Fahrzeug vor. Zusammen wollen sie bis nach Südafrika fahren. Einer der Freunde springt noch vor Ende der Dreharbeiten ab, und der zweite wiegt auch schon bedenklich den Kopf. Aber Franz ist groß und kräftig und wild entschlossen. Zur Not fährt er auch allein. Nach alter Zimmermanntradition will er unterwegs seine Dienste anbieten und so die lange Reise finanzieren. Auf der Walz eben.

Juchhu, endlich kann ich fahren üben! Sonntags sind die breiten Straßen im Industriegebiet verwaist, und ich habe freie Fahrt. Ruckelnd starte ich den Motor, würge ihn mehrfach ab und schleiche in weitem Bogen um die Kurven. Kein Zeuge bemitleidet mich für meine hoffnungslosen Parkversuche oder weicht mir voller Angst auf offener Straße aus. Am dritten Sonntag darf ich Maggie schon nach Hause auf ihre eingezäunte Wiese bringen, und wenig später steuere ich die 20 Kilometer zu einer Freundin. Noch bin ich weit entfernt von Routine, aber ein Anfang ist gemacht. Die Handbremse ist links angebracht, das ist gewöhnungsbedürftig. Auch mit der Gangschaltung stehe ich am Anfang etwas auf Kriegsfuß, und ich weiß nicht, was mehr knirscht: das Getriebe oder Gabriels Zähne. Aber da muss er durch. Meine Befürchtung, dass ich für das Lenken Körperkraft benötige, bestätigt sich zum Glück nicht. Maggie reagiert brav auf jeden Fingerzeig, mit ihren fast acht Metern Länge allerdings ausschweifender als ein Pkw.

128

3. Teil

Besuchstournee von Andalusien bis Bargteheide

On the Road Again

Gleiche Rechte und gleiche Pflichten für alle: Vor sechs Jahren, bei unserer Mietmobil-Reise im Mai, musste Gabriel während der Vorstellungstournee im Familien- und Freundeskreis Kuchenschlachten und Spargelorgien über sich ergehen lassen. Jetzt bin ich dran mit meinem Antrittsbesuch bei dem verbliebenen Rest von Gabriels Herkunftsfamilie im tiefen Andalusien.

Für die Fahrt nach Jaén planen wir einen kleinen Umweg zu meiner Mutter im hohen Norden ein. Der Weg ist das Ziel!

Das gilt auch heute für das Warten auf die Verladung von Maggie in den Bauch der Fähre. Das Schiff verlässt Palma am späten Vormittag und macht vor Einbruch der Dunkelheit im Hafen von Barcelona fest.

»Da verliert ihr ja einen ganzen Tag mit der Überfahrt«, kommentiert eine Freundin unseren Reisebeginn. Stimmt das?

Ich sage: »Nein, wir verlieren gar nichts, nicht eine einzige Stunde. Der Tag ist unser, egal wo und wie wir ihn erleben.«

Ein Tag kann gut oder schlecht verlaufen, aber es bleibt ein Tag, er kann gar nicht *verloren* gehen. Deshalb lohnt es sich, ihm so viel wie möglich abzugewinnen. Für Gabriel heißt das heute lesen, lesen und noch mal lesen; für mich bedeutet es eine Wanderung über die Decks und Leute angucken. People watching gehört zu meiner Lieblingsbeschäftigung, und wo kann ich ihr besser nachgehen als auf einem vollen Schiff?

Dahinten zum Beispiel, an dem großen Tisch die kernige spanische Männerrunde in Overalls, die am laufenden Band Sprüche klopft und dazu dem Nachbarn auf die Schulter und sich selbst auf die Schenkel. Oder am Nebentisch die Mutter, die sich taub stellt und stur auf einen Punkt in ihrem Buch starrt, bis ihr Begleiter, wohl der Vater, sich des schreienden Babys erbarmt, es aus dem Wagen holt und in den Armen schaukelt.

Reisen bringt Wandel ins Leben und ist schon allein deshalb fabelhaft. Nach den vielen Menschen auf dem Schiff genieße ich die Zweisamkeit mit Gabriel in der Fahrerkabine unseres Wohnmobils, das Vorbeirauschen der Häuser und Bäume am Wegesrand, Hässliches und Schönes im Wechsel.

Unterwegs sein mit dem Wohnmobil ist erst recht etwas Großartiges: Vom Schiff aufs Land, aus der Landschaft in die Stadt, einen Berg hinunter ins Tal, nach spanischem Wein einen französischen probieren – ein Eindruck löst den anderen ab, und immer dabei ist das eigene Bett. Von dort können wir sogar den Wolken bei ihrer Wanderung durch den Himmel zuschauen.

Sonnige Überfahrt von Palma nach Barcelona

Wir haben kein Ticket für die Rückfahrt reserviert, das offene Ende macht aus dem Beginn dieser Reise ein grandioses Ereignis. Aus den Lautsprechern klingen die melodischen Wellen des wohl bekanntesten Songs von Canned Heat: »On the Road Again«. Ich *liebe* dieses Lied und muss mich zwingen nicht mitzusingen. Wer meine Singstimme kennt, weiß, warum, und der Mann am Steuer muss schließlich geschont werden.

Als ich diesen Song später auf dem Stellplatz in Bremen lauter drehe und die Nachbarn frage, ob die Musik sie störe, bekomme ich von der jungen Frau zur Antwort: »Ganz und gar nicht, meine Eltern hören das auch immer noch gern.« Uff, da hat sie's mir aber gegeben, ohne böse Absicht. Nicht nur der Song ist ein Oldie, ich bin es auch.

135

Gabriel tröstet mich: »Freu dich, dass sie nicht von ihren *Groß*eltern gesprochen hat.«

Ohne wirklichen Grund zur Eile rauschen wir in nur zwei Tagen über Autobahnen und Landstraßen mit unzähligen Kreisverkehren durch Spanien und Frankreich. Wieder auf der Straße mit Gabriel fühle ich mich wie im Rausch, schwebend und grenzenlos.

In Spanien übernachten wir nur einmal und zwar gratis auf einem kommunalen Stellplatz in Quart bei Girona. Beim Start am nächsten Morgen setzen wir unsanft mit dem Auspuff auf. Zum Glück ist nichts kaputtgegangen. Das hätte noch gefehlt: Heil auf die Fähre und wieder runter, und dann macht uns so ein blöder Bordstein einen Strich durch die Rechnung!

Die zweite Nacht verbringen wir in Frankreich, auf dem weitläufigen Parkplatz des Vogelparks in Villars-les-Dombes. Hier herrscht reges Campingleben, vor allem Franzosen sind es, die um diese kostenlose Übernachtungsmöglichkeit wissen. Auch wir holen unsere Möbel raus und lassen den Abend im Freien ausklingen.

Nach dem Überqueren der französisch-deutschen Grenze wird es ernst für mich: Fahrerwechsel. An meinem ersten Tag fahre ich 150 Kilometer und muss mir Autobahn und Landstraßen mit unzähligen Verkehrsteilnehmern teilen. Es ist Mittwoch, auch viele Lastwagen sind unterwegs. Kurz vor unserem Tagesziel, Königschaffhausen am Kaiserstuhl, übernimmt Gabriel

136

wieder und steuert Maggie sicher durch die Dörfer und auf den Campingplatz.

Diese Fahrt heute ist eine ganz andere Geschichte als die Übungssonntage im Industriegebiet. Ich bin stolz und glücklich, dass alles gut geht. Nur die Härte meiner Nacken- und Rückenmuskulatur und das leichte Zittern meiner Hände sagen mir, dass bis zu dem Gefühl von Routine noch etliche Kilometer unter Maggies Rädern verfliegen werden. Gewöhnungsbedürftig ist vor allem, dass ich im Rückspiegel zwar unser Bett sehe, aber nichts von der Fahrbahn oder dem Verkehr hinter uns. Beim Überholen muss ich höllisch aufpassen, dass ich nicht zu schnell wieder einschere. Mehr als ein Fahrer hupt energisch, weil ich zu früh Maggies Hinterteil vor die Schnauze seines Trucks schwingen will. Acht Meter sind sooo viel länger, als ich dachte. Etliche Lastwagen überholen auch uns und erschrecken mich mit dem unerwarteten Druck ihres Fahrtwindes.

Der Wohnmobilgarten »Kirschenhof« in Königschaffhausen ist fast ausgebucht, als wir am Nachmittag ankommen. Noch scheint die Sonne, und wir tun es den anderen gleich, fahren die Markise aus und stellen die Möbel darunter. Den Tisch haben wir in null Komma nix aufgebaut, das sitzt jetzt. Kritisch wird es erst, als wir die Markise wieder einrollen wollen.

Die Stützstangen hochziehen und einrasten ist kein Problem. Erst als Gabriel den Haken der Kurbelstange oben in den Metallring einrastet und ich mit ausgestreckten Armen die Markise unterstütze, blamieren

137

wir uns mal wieder zur Freude aller. Nichts tut sich. Der Stoff will und will sich nicht einrollen. Auch ein Rollenwechsel bringt uns nicht weiter: Gabriel ist zwar stärker und ausdauernder als ich, aber ich übertreffe ihn leider *nicht* an Geschicklichkeit. Wie so oft kommt die Erlösung in Gestalt eines freundlichen Nachbarn. Der rollt unseren Sonnenschutz auf Anhieb im Handumdrehen ein, sodass ich mich nicht traue, ihn um eine Wiederholung in Zeitlupe zu bitten. Es muss einen Trick, einen alles entscheidenden Kniff geben – wir sind doch nicht blöd! Oder …?

Der zugezogene Himmel schützt uns am nächsten Tag vor der Möglichkeit einer erneuten Blamage; ein Sonnendach ist wahrlich nicht vonnöten. Statt der Campingmöbel ziehen wir unsere zusammengeklappten Fahrräder aus der Garage und machen uns mit Schwung und Anorak auf zu unserer ersten Radtour. Noch knirschen unsere Gelenke nicht lauter als der Sand unter den Reifen, und wir hoffen auf ein paar weitere elektroradlose Jahre.

Durch die Weinberge führt uns der Weg bis nach Breisach, von wo aus wir eine gute Strecke am Rhein entlang zurückfahren. Wie sehr haben wir unsere Fahrräder im Frühjahr vermisst – und wie fantastisch ist es jetzt, sie dabeizuhaben. Die kleinen Klappräder machen uns mit ihren acht Gängen beweglicher und flexibler, sie erweitern unseren Radius um viele Kilometer. Wir haben sie vor fünf oder sechs Jahren gekauft in dem Bewusstsein, dass es unsere letzten sein werden, und auf gute Ver-

138

arbeitung und Haltbarkeit geachtet. Natürlich sind es keine Mountainbikes, aber sie taugen auf Sandwegen genauso wie in der Stadt.

Wir strampeln fleißig und machen verdiente Rast in Sasbach, kurz bevor es zu regnen beginnt. Auf der Terrasse eines alteingesessenen Wirtshauses finden wir im Schutz der Markise einen letzten freien Tisch und bestellen hungrig etwas aus der regionalen Küche. Während meiner Zeit im südlichen Hochschwarzwald habe ich Wein vom Kaiserstuhl und die badische Küche kennen – und schätzen gelernt. Gabriel *muss* Spätburgunder Weißherbst zu Geschnetzeltem mit Spätzle probieren und ist alles andere als enttäuscht. Ich schon, hatte ich ihm doch von den Viertele-Gläsern vorgeschwärmt, aber der offene Wein kommt in normalen Weingläsern. Wir genießen Speis und Trank und lassen uns vom Tanzen der Regentropfen auf dem Stoff über uns nicht verdrießen. Als wir uns wieder auf die Räder schwingen, hat der leichte Schauer auch schon nachgelassen.

Auf dem restlichen Weg erfreuen wir uns an den blühenden Rosenstöcken am Ende jeder Rebenreihe. Sie sollen die Aufmerksamkeit von Insekten auf sich ziehen, bevor diese über die Weinreben herfallen. Wir fahren auch an Plantagen mit Spalierobst vorbei. Diese Form des Obstanbaus hat Gabriel noch nie gesehen. Wir probieren von dem Fallobst und stopfen unsere Anoraktaschen voll mit schmackhaften kleinen Äpfeln, die vom Baum gefallen sind und sich lange halten werden.

Auf Besuchstournee im Norden

Von Baden-Württemberg wollen wir weiter nach Bayern, doch vorher müssen wir eine Vertragswerkstatt in Freiburg ansteuern. Wir führen zwei Propangasflaschen mit uns, eine spanische und eine deutsche. Sobald die angeschlossene Flasche leer ist, springt über das sogenannte Duo-Control die Versorgung automatisch auf die volle Flasche über. Damit ist auch nachts oder bei Abwesenheit die andauernde Funktion des Kühlschranks oder der Heizung gesichert.

Wenn es denn funktioniert. Über unserer Aufbautür leuchtet seit gestern Abend ein rotes Lämpchen und will uns laut Betriebsanleitung sagen, dass von Hand umgestellt werden muss.

Leider erklärt ein missgelaunter Techniker das Duo-Control für kaputt. Er müsse es einschicken und ein neues bestellen, was einige Tage dauern würde (heute ist Freitag). Man sei zwar eine Vertragswerkstatt des Wohnmobilherstellers, aber nicht der Firma Truma, von der das Duo-Control stammt. Berufstätige Freunde erwarten uns an diesem Wochenende in der Nähe von München, weshalb wir so schnell wie möglich weiterfahren wollen.

Der Techniker kann uns aber weiterhelfen beziehungsweise aufklären über die Funktionsweise des Wasserboilers. Wir hatten am Morgen kurz hintereinander geduscht, der Zweite (leider ich) hatte nur noch lauwarmes bis kaltes Wasser. Der Boiler enthält zehn Liter Wasser, das regelmäßig aufgeheizt wird. Wenn die zehn Liter verbraucht sind, wird automatisch Wasser nachgefüllt, das erst wieder erhitzt werden muss. Er zeigt uns die Stelle an der Außenwand, an der wir das Aufheizgeräusch hören können. Vermutlich haben wir das alles in dem Bedienungswälzer schon gelesen, »aha« gedacht und wieder vergessen.

Den Weg nach Herrsching am Ammersee teilen wir unter uns auf, jeder fährt die Hälfte der 440 Kilometer. Ich bin immer noch verspannt, aber es geht schon besser als vor zwei Tagen. Keiner hupt! Auch Gabriel sitzt nicht mehr ganz so verkrampft neben mir. Unser Freund hatte uns einen großen Parkplatz am Bahnhof zum Übernachten empfohlen. Max ist der Erste in einer Reihe von vielen weiteren, die die Ausmaße unserer Maggie unterschätzen. Wir blockieren drei Pkw-Plätze, das geht gar nicht. Außerdem hat Max als Ansässiger noch nie das Schild mit der Parkplatzordnung durchgelesen: Darauf wird das Abstellen von Wohnmobilen über Nacht ausdrücklich und unmissverständlich verboten.

Der privat betriebene Stellplatz liegt auf dem Gelände eines ehemaligen Campingplatzes am südlichen Rand von Herrsching. Zu diesem Zeitpunkt handelte es sich um nichts weiter als eine vor allem im unteren Teil etwas

141

abschüssige Wiese über dem See. Ein Trampelpfad führte hinunter ans Ufer. Toilette und Dusche waren zumindest heute unzumutbar, Geschirr spülten wir gemeinsam im Freiluft-Waschbecken.

Der Betreiber des Platzes wohnte in einem Wohnmobil mit Vorzelt und kassierte die Gebühr von zehn Euro gegen Quittung in Form eines abgerissenen Schmierzettels. Am Sonntagvormittag hielt ich ihm einen Zwanziger zum Wechseln hin und wurde auf später vertröstet: »Wissen's, wir hom grod o'zapft und d'Würschtl san färtig.« Willkommen in Bayern! (Bis zu unserem erneuten Besuch im Mai 2019 ist eine wundersame Wandlung eingetreten: Der Stellplatz hat sich unter der Leitung und ständigen Anwesenheit des freundlichen Betreiberpaars zu einer gepflegten und sicheren Idylle gemausert, Waschgelegenheit und Toiletten sind erneuert und blitzen vor Sauberkeit.)

Wir schaffen es gerade wieder zurück in unser kuscheliges Heim, da setzt ein heftiger Regenschauer ein. Er dauert 24 Stunden.

Trotz des nicht nachlassenden Regens verbringen wir schöne Stunden mit unseren Freunden in ihrem Haus und in unserem fahrbaren Häuschen und fahren am Sonntag weiter in Richtung Norden. Der schwarze Stockschirm, den sie uns mitgeben, findet schnell seinen festen Platz hinter dem Beifahrersitz, gleich neben dem Feuerlöscher.

Nach einer Nacht in Fulda auf einem ansonsten wohnmobillosen städtischen Stellplatz, der wegen herum-

142

fliegenden Mülls und achtlos weggeworfener Flaschen wenig Vertrauen erweckt, stellen wir Maggie mit ihren Wehwehchen einmal mehr in einer Vertragswerkstatt vor, dieses Mal in Bad Salzuflen. Der freundliche und kompetente Techniker braucht keine fünf Minuten, um das Duo-Control wieder unter Kontrolle zu bringen – es war nur eine Schraube zu fest angezogen.

Ich bin entzückt von diesem Beispiel männlicher Tatkraft und möchte dem jungen Blondschopf weitere Gelegenheit zur Vorführung seines Könnens bieten. Dazu lasse ich mich auf die Bank vor dem Tisch plumpsen, woraufhin wie erwartet die Holzklappe an der Seite aufspringt und mit Schwung auf den Boden kracht. Der junge Mann enttäuscht mich nicht, zückt einen größeren Schraubenzieher – es war nur eine Schraube nicht fest genug angezogen. Ich bin noch mehr entzückt, denn die Klappe bleibt fortan oben.

Jetzt bin ich nicht mehr zu halten, und bevor dieser Sympathieträger deutscher Mechanikerzunft wieder entschwinden kann, zerre ich ihn ins Schlafzimmer, reiße die Tür meines Kleiderschranks auf und weise bedeutungsvoll auf das nicht vorhandene Licht in dem Lämpchen. Auf Gabriels Seite funktioniert die Lampe im Kleiderschrank ganz wunderbar, bei geöffneter Tür zeigen sich Hemden und Hosen in schmeichelnder LED-Beleuchtung.

Der Techniker weiß, was Frauen wünschen: Wenn schon, dann sollte die Beleuchtung im Schrank der Dame des Hauses funktionieren. Er hat noch viel mehr

Schraubenzieher auf Lager und hält mir triumphierend das kaputte Objekt vor die Nase: »Die schicken wir ein, und Sie bekommen eine komplett neue Lampe, das geht auf Garantie. Wir brauchen dafür nur eine deutsche Adresse.« Ein Mann – ein Wort: Meine Mutter wird das Päckchen bis zu unserem Geburtstagsbesuch im Dezember sicher verwahren. Dieser Mann hat sich ein Extra verdient und versteckt das spanische Bier diskret unter seiner Jacke. Wir dürfen auf dem Werkstattgelände noch Mittag essen und ziehen gut gelaunt weiter nach Vlotho in Nordrhein-Westfalen.

Renate und ihr Mann Franz sind diejenigen, die auf Fehmarn vergessen hatten, ihren Wohnwagen auf die Stützen zu stellen. Sie haben für uns in der Nähe ihres Hauses ein ruhiges Plätzchen in einer Sackgasse ausgekundschaftet und mit ihren Autos freigehalten. Die Nachbarn dort wissen Bescheid und sind einverstanden. Das ist wichtig, denn offiziell darf ein Wohnmobil unterwegs auf Deutschlands Straßen nur eine Nacht an derselben Stelle stehen. Dabei dürfen die Reisenden keinerlei Camperverhalten zeigen, noch nicht einmal eine Treppe vor die Aufbautür stellen. Etwas anderes ist es, wenn Wohnmobilbesitzer ihr Fahrzeug im Heimatort auf dem Parkstreifen vor ihrem Haus oder auch anderswo abstellen; das ist dann ein ganz normales Parken.

Renate als erfahrene Wohnwagen-Reisende bietet uns sofort ihre Waschmaschine an und den großen Garten mit Sonne und Wind zum Trocknen. Toll, ich liebe es, Wäsche an langen Leinen im Garten flattern zu sehen, und erst der Geruch danach! Wer als Reisender so sehr auf seine Unabhängigkeit Wert legt wie wir, sollte sich selbst und auf eigene Kosten um seine Wäsche kümmern. Ich bitte nie darum, irgendwo waschen zu dürfen, aber ein so herzliches und bestimmtes Angebot nehme ich gern an.

Die beiden Tage in Vlotho sind harmonisch und ausgefüllt. Mit Bewegung: eine Radtour an der Weser entlang bis Minden. Mit Kultur: Besuch des Marta-Museums in Herford. Und mit Geselligkeit: Abendessen mit der ganzen Familie einschließlich Sohn und schwangerer Schwiegertochter. Seit ich die 60 überschritten habe, fühle ich mich gebauchpinselt, wenn junge Menschen freiwillig Zeit mit mir verbringen. Und wenn sie dann sogar *nicht* die halbe Zeit mit gesenktem Kopf ihre Daumengelenke auf der Tastatur ihres Handys trainieren, sind Gabriel und ich kurz davor sie abzuknutschen.

Die 250 Kilometer von Vlotho nach Bargteheide fahre ich allein und fühle mich endlich wie die Queen on the Road. Mein Blick geht über die Dächer der Pkws, ich bin auf Augenhöhe mit Busfahrern und den Herrschern über die Trucks – na ja, fast. So allmählich beherrsche ich Maggies Größe und fahre in weitem Bogen in eine Kurve hinein, damit das Heck nachziehen kann. Das Rauf- und Runterschalten der Gänge gelingt fast immer flüssig, und über die Seitenspiegel habe ich das Geschehen neben und hinter dem Wohnmobil im Blick.

Ich lenke Maggie auf den schon bekannten Parkplatz

in Tremsbüttel und lasse Gabriel ans Steuer für die letzten zwei Kilometer nach Bargteheide. Ich will ja nicht das Weltbild des südamerikanischen Hausmeisters erschüttern und traue mir das Einparken in dem knapp bemessenen Wendekreis des Seniorendorfes auch nicht zu – schon gar nicht vor diesem Publikum. Bei schönem Wetter sitzen vor allem die alten Männer gern auf der Bank oder auf ihrem Rollator vor dem Haus und kommentieren das Geschehen davor. Gabriel schreibt »muy bien« ins Logbuch und meint damit meine Fahrkünste – hach, was bin ich stolz!

Meine Mutter freut sich sehr, dass wir drei Nächte bleiben; meine Schwester und meine Schwägerin vervollständigen das Familientreffen. Meine Schwester erklimmt die Stufe zu unserer Maggie das erste Mal. Selbst sie, die keinerlei Ambitionen in Richtung Wohnmobil oder gar Camping hat, bemerkt anerkennend, dass in unserer kleinen Zweitwohnung nicht das Gefühl bedrückender Enge aufkommt.

Meine Mutter – gestützt auf ihren Rollator winkt sie uns zum Abschied mit ihrem rosa gestreiften Taschentuch nach – war im Winter 1944/45 als 16-jähriger Teenager aus Ostpreußen geflohen und in der Lüneburger Heide gelandet. Ihre Freundin Frau Patzke – sie ist immer noch gut zu Fuß und fuchtelt gern mit ihrem Stock – kommt ursprünglich aus Tschechien und heiratete zu Beginn des Krieges einen Österreicher. Der Hausmeister José – in seinem roten Dienstoverall steht er breitbeinig zwischen den beiden alten Damen, immer darauf bedacht, im Notfall zuzugreifen – kam vor über zehn Jahren auf der Suche nach einem besseren Leben für sich und seine Familie aus einem der ärmsten Länder Südamerikas, aus Ecuador nach Deutschland.

Drei Entwurzelte wünschen mir und meinem spanischen Mann eine gute Reise und winken uns mit feuchten Augen nach.

Wir wollen nach Holland, da führt der direkte Weg über Bremen. Was liegt näher, als Freunde zu treffen in der Stadt, in der ich elf Jahre gelebt habe? Gabriel steuert den Wohnmobil-Stellplatz am Kuhhirtenweg an, obwohl unsere Erfahrung mit dem gemieteten Wohnmobil vor fünf Jahren nicht die beste war. Wir fanden es eng und laut. Heute machen wir sofort auf dem Absatz beziehungsweise im Rückwärtsgang kehrt: Der Platz ist bis auf den letzten Quadratzentimeter vollgestellt, etliche Wohnmobile warten noch draußen am Straßenrand und hoffen auf das fünfte Wunder von der Weser.

Seltsamerweise habe ich das Gefühl, dass die meisten Menschen hier diese Enge mögen. Sie stehen beim Bier in Gruppen zusammen oder die Männer spielen Karten auf niedrigen Campingtischen. Später wird mir alles klar: Heute Abend spielt Werder Bremen auf heimischem Rasen gegen Wolfsburg (und gewinnt 2:1). Wenn man mit der Fähre übersetzt, ist das Weserstadion von hier aus bequem zu Fuß zu erreichen und auch der Rückweg, selbst als feucht-fröhlicher, müsste gelingen, geht es doch immer am Deich entlang.

Also wieder zurück über die Weserbrücke und durch die Stadt in Richtung Universität: Der Hanse-Campingplatz am Stadtwaldsee ist jetzt unser Ziel. An diesem Wochenende können wir gar nicht wieder aufhören, uns zu unserer Entscheidung zu gratulieren. Wir hätten es nicht besser treffen können! Vor dem eigentlichen Campingplatz ist ein Areal für 20 Wohnmobile abgetrennt und mit einer Schranke gesichert. Jeweils zehn Fahrzeuge stehen sich auf festem Rasen gegenüber. Der Preis für einen Stellplatz ist nicht einmal halb so hoch wie der für einen Campingplatz und schließt die Benutzung des Sanitärgebäudes mit ein. Nur der Weg dorthin ist etwas länger.

Diese Sanitäranlagen sind bei Weitem die saubersten und großzügigsten, die ich bisher auf Campingplätzen gesehen habe. Man kann sogar Privatbäder mieten; wir wussten beide noch nicht, dass es so etwas gibt. Fällt ein Privatbad schon in die Kategorie Glamping (Glamour beim Camping)? Auf jeden Fall stelle ich es mir praktisch vor für eine Familie, die mit dem Camper oder Wohnmobil verreist.

Bremen ist ein Paradies für Radfahrer und Gabriel ist jedes Mal aufs Neue begeistert von dem Radwegenetz. Der Campingplatz liegt am Ufer des Stadtwaldsees; von dort führt uns ein Sandweg durch Stadtwald und Bürgerpark in das Viertel Schwachhausen, wo wir bei Freunden eingeladen sind. Zurückzufinden ist nicht ganz so einfach. Das liegt an der mitternächtlichen Dunkelheit und am Sekt vor dem Essen und dem Wein zum Essen und dem Schnaps nach dem Essen.

Unsere Gastgeber waren wie immer großzügig, und als gute Gäste wollten wir Gabriela und Geerd nicht enttäuschen. Damit wir auch ja heil zu Hause ankommen, machen wir unter viel Gelächter eine Radtour zu viert und unsere Freunde besichtigen Maggie bei Nacht. Eine gute Gelegenheit, mit der Girlande kleiner Lichter außen über der Tür anzugeben!

Möglichst unabhängiges Reisen ist für Gabriela und Geerd ein unverzichtbarer Teil ihres Daseins, egal ob Fernreisen oder ein Wochenende mit Opernbesuch in Dresden. Sie sind mit ihren Klapprädern schon durch Kuba gefahren, als von einer möglichen Öffnung nach Westen noch lange nicht die Rede war, und als einzige Europäer radelten sie in einer Gruppe von Chinesen durch Taiwan. In Spanien sind sie von Ort zu Ort gewandert, lange bevor der Jakobsweg in Mode kam.

Aber ein Wohnmobil? Zur Untermauerung seiner Argumente wickelt Gabriel für die Gäste unsere beiden Gin-Tonic-Gläser aus ihren Schutzservietten und füllt für sich und mich das Getränk in Weingläser. Ein wenig mehr Stil muss sein, hatten wir vor der Reise beschlossen und die Gläser bruchsicher verstaut.

Maggie ist das erste Wohnmobil, in das Gabriela und Geerd vorsichtig einen Fuß setzen, und offensichtlich sind sie positiv überrascht. Wer weiß, vielleicht kreuzen sich unsere Wohnmobilreisen in ein paar Jahren, wenn auch sie die 60 überschritten haben.

Am zweiten Tag aber verweigern wir uns, von Stund an sind wir inkognito in Bremen. Wir brauchen dringend einen freien Tag, um ausgiebig zu duschen, ein bisschen Hausputz zu machen und vor der eigenen Haustür zu leben. Ende September ist unter freiem Himmel essen zu können in Bremen die Ausnahme, umso mehr genießen wir es.

Sonniger Sonntag Ende September in Bremen

Ich lasse es mir nicht nehmen, das schmutzige Geschirr zum Sanitärgebäude zu schleppen. (Ein Hoch auf die faltbare Tchibo-Transporttasche, beim Erwerb hatte ich noch keine Ahnung, wozu sie taugt!) In dem Raum zum Geschirrspülen können die Camper auch kochen. Eine junge Frau, mit viel buntem Stoff um Hüften und Brust gewickelt, brutzelt Wohlriechendes in Topf und Pfanne. Ein junger Mann kommt dazu in kniekurzen Jeans und engem T-Shirt. Auf dem einen Arm wiegt er ein zufrieden quietschendes Baby, vom anderen baumelt eine transparente Plastiktasche mit Windelhöschen und

150

Fläschchen. Er schafft, was früher nur Mütter konnten: Zu all dem balanciert er in der Hand noch Plastikteller und in einem Trinkbecherstapel das Besteck und eine Wasserflasche.

Hätte ich nicht selber beide Hände voll, würde ich glatt das Tischdecken anbieten. Oder ihm doch lieber das Baby abnehmen, während er nebenan im Aufenthaltsraum den Tisch deckt. Hier kann man während des Essens die Titel eines gut bestückten Bücherregals studieren.

Für das größere Budget lockt am Seeufer ein italienisches Restaurant mit großer Terrasse. An diesem Ort kann sich jeder wohlfühlen, das sieht man schon an der bunten Gästemischung: Ein braungebrannter Nordamerikaner »passing Europe« mit noch dunklerer südamerikanischer Frau parkt seinen luxuriös ausgebauten Schulbus gekonnt auf dem letzten freien Platz plus Fahrweg; zwei Frauen um die 30 reisen mit einer ausgewachsenen Dogge in einer Concorde und ein drahtiger Mittvierziger ist unterwegs mit Rennrad und Mountainbike auf dem Fahrradträger seines Uralt-Campers. Mit modernster Internetausrüstung in seinem Hymer ist ein Firmenberater unterwegs von Stadt zu Stadt. Das Wohnmobil nutzt er als Arbeitsplatz und Wohnung zugleich.

Gestärkt brechen wir am Montagmorgen auf und fahren bis Lemmer im niederländischen Friesland, wo uns die nächsten Freunde erwarten: Regina und Wolfgang aus Düsseldorf haben hier ein kleines Reihenhaus gekauft und seit Kurzem fertig eingerichtet. Für uns hat Wolf-

151

gang auf dem Stellplatz am Jachthafen einen Platz reserviert. Beim Hafenmeister schummeln wir einige Zentimeter von Maggies Länge herunter (»Dat geht dann man gerade noch«, kommentiert er mürrisch), damit wir uns in die erste Reihe stellen können, mit Blick auf den Kanal. Alles andere hier hat mir trotz der sauberen Sanitäranlagen zu sehr Parkplatzcharakter. Unsere Nachbarn sind ein junges Paar aus Essen mit großem Camper. Sie haben es sich in der Sonne vor ihrem Fahrzeug gemütlich gemacht und helfen uns beim Anschließen des Stromkabels; auf dem Steinboden herrscht ein Kabelgewusel ohnegleichen.

Und schon haben wir wieder Besuch: Wolfgang und Monte heißen uns willkommen. Ich bleibe mit dem Hund draußen, während Gabriel unseren Freund durch Maggie führt. Immerhin stand er uns mit Rat und Tat zur Seite, als wir vor über einem Jahr unser Wohnmobil aussuchten und kauften, und gratuliert uns jetzt zu unserer Wahl.

Den Tag nach unserer Ankunft verbringen wir bei strahlendem Sonnenschein und ruhigem Wasser auf dem Boot der beiden und schippern in beschaulichem Reisetempo durch die Kanäle von Lemmer in das Städtchen Sloten. Wir müssen unter Brücken hindurch, die der »Brückenmeister« gegen Zahlung von zwei Euro öffnet. Zum Kassieren lässt er einen bunt bemalten Holzschuh an einem Seil herunter, Gabriel darf die Münze hineinstecken und das Zeichen zum Hochziehen geben. Schon öffnet sich die Brücke, und wir haben freie Fahrt.

Dieser Teil von Holland hat etwas Putziges: Land-

152

schaft, Bauernhöfe und Ferienhäuser sind überschaubar verteilt, die Gärten super gepflegt. Glas und Metall blinken und glänzen in der Sonne um die Wette. Über allem liegt eine beschauliche Ruhe und Langsamkeit. Hektik und Stress kann ich mir hier genauso wenig vorstellen wie in Legoland.

Tiefenentspannter Angler im niederländischen Friesland

Ein Ferientag, wie er im Buche steht – am Abend dann der Schock: Unser Freund, der in Palma den Briefkasten leert, schickt per Whatsapp das Foto eines Briefumschlags von der Deutschen Rentenversicherung. Ich bitte ihn um Öffnung des Umschlags. Es folgen die Fotos von zwei Textseiten mit dem alles entscheidenden letzten Satz: »Sollte die Lebensbescheinigung dem Rentenservice nicht bis zum 23. 09. 2016 vorliegen, wird die Rentenzahlung eingestellt.« Hilfe, heute ist der *27.* September …!

153

Gabriel zahlt im Holzschuh für die Brückendurchfahrt

Ich schwanke zwischen Nervenzusammenbruch und Herzinfarkt und entscheide mich für Hysterie. Als Rentnerin im zweiten Jahr bin ich noch kein Profi, und ich kann mich nicht erinnern, jemals die Aufforderung für eine Lebensbescheinigung erhalten zu haben. Kein diesbezügliches Formular findet sich vor meinem inneren Auge, auch habe ich keine Mahnung erhalten, und doch muss ich jetzt um den deutschen Anteil meiner Rente fürchten.

Andererseits kenne ich mich, und das schon seit so vielen Jahren, und weiß um meine anfallsweise auftretende Fahrigkeit und Schludrigkeit. Die Vorstellung, dass ich selbst das sichere monatliche Eintreffen meiner Rentenzahlung aufs Spiel gesetzt haben könnte, ist zu viel für meine Nerven.

Gabriel rettet mich mit seinem liebevollen Verständnis und unerschütterlichen Pragmatismus: »Morgen rufst du an und klärst das. Sie werden nicht einfach die Zahlung einstellen, wenn du das aufklären kannst.« Sein Wort in Gottes Ohr, auch wenn ich nicht an ihn glaube.

Trotzdem ist an Schlaf nicht zu denken. Morgens um halb sechs sitze ich schon wieder am Esstisch und mache mir Notizen zu unterschiedlichen Strategien der Gesprächsführung, je nachdem, wer am anderen Ende der Telefonleitung sitzt. Bitte, bitte kein anonymes Callcenter in Polen! Hinter der zugezogenen Schiebetür höre ich Gabriel rascheln. Er ist wach, weiß aber, dass ich jetzt meine Ruhe brauche, und bleibt noch liegen. Ich liebe ihn auch dafür!

Ab acht Uhr kann man anrufen. Ich warte mit bangem Gefühl bis halb neun, um nicht der erste überfallartige Anrufer zu sein. Und dann habe ich sagenhaftes Glück:

Ein der Stimme nach junger Sachbearbeiter meldet sich und fragt ausgesucht höflich nach meinen Wünschen. Ich schalte sofort um auf schusselige alte Frau (was mir nicht schwerfällt) und beginne das Gespräch mit »Bitte, ich brauche Ihre Hilfe«.

Es klappt! Der junge Mann redet beruhigend auf mich ein mit Worten, die er sich wohl seinerseits für aufgeregte betagte Rentnerinnen bereitgelegt hat: »So schnell schießen die Preußen nicht« und »Nun mal langsam, erzählen Sie erst mal der Reihe nach«.

Jetzt bin ich wieder ich, und wir klären in Ruhe den Sachverhalt. Er lobt mich sogar dafür, dass ich mich gemeldet habe, viele würden noch nicht einmal *das* tun. Die Zahlung für Oktober käme mit Sicherheit noch auf mein Konto, die Anweisung dafür läge schon vor, aber danach könne es tatsächlich brenzlig werden. Gelobt seien Sachbearbeiter, die auf Lösungen aus sind, und gepriesen Kursleiter, die ihnen den Umgang mit hysterischen alten Frauen beibringen.

Dieser freundliche und willige Angestellte schickt mir per E-Mail erneut das Formular, jetzt in einer deutsch-niederländischen Version. Damit gehe ich zu einem Notar, dessen Büroleiter das Formular ausfüllt und 40 Euro verlangt. Meine Bitte, den Brief auch abzuschicken, quittiert er umgehend mit einer Preiserhöhung auf 50. Ich schlucke, will aber unsere Freunde nicht noch mehr in Anspruch nehmen und zahle. Hoffentlich ist jetzt alles in Ordnung! Ist es nicht, doch dazu später.

Wir bleiben drei Nächte in Lemmer und freuen uns jeden Morgen, dass Maggie in vorderster Linie steht. Links von uns hält der Hafenmeister Wache in seinem Bürohäuschen, und auf der rechten Seite reparieren fleißige Blaumänner ein Boot. Vor uns ist die Aussicht einfach nur schön: Auf dem Kanal gleiten große und kleine, mit Motor oder Körperkraft betriebene Boote in Rufweite vorbei. Es ist das erste Mal, dass wir mit Maggie direkt am Wasser übernachten. Das wollen wir in Zukunft öfter machen.

Von Hippie und Hochzeit

Wir verlassen Lemmer in Richtung Belgien, was meinem aufmerksamen Mann Anlass gibt, die europäischen Autobahnen einem Vergleich zu unterziehen: Die spanischen und französischen fallen vor allem durch Mautgebühren auf, während auf den deutschen Staus und Baustellen sich abwechseln. Egal zu welcher Jahreszeit. In Holland erfreut der gute Zustand der Fahrbahnen den Chauffeur mit frühzeitigen Abbiegezeichen auf dem Asphalt. In Belgien haben wir den Eindruck, dass die Autobahnen eher selten von heruntergefallenen Gegenständen befreit werden. Das kann aber auch Zufall sein. Allen gemeinsam ist, dass sie je nach Belag die Tonlage ändern im Zusammenspiel mit dem Quartett der Reifen.

Nie sollen sie uns das Lied vom Tod singen!

Mitunter planen wir eine Fahrstrecke in allen Einzelheiten und addieren Fahrzeit und Ruhepausen zusammen, um abzuschätzen, wann wir am Etappenziel ankommen – und dann macht uns die Reise einen Strich durch die Rechnung und zeigt uns, wer unterwegs das Sagen hat: Nicht wir, die Reise selbst bestimmt ihren Verlauf. Wir machen zwar eine Reise, aber die Reise lässt längst nicht alles mit sich machen.

Wir wollen nach Gent, aber Gent will *uns* nicht. Wir verpassen die erste Ausfahrt in die Stadt, nehmen die zweite und irren hoffnungslos umher, bis wir uns sagen: Nun gut, liebe Stadt, dann eben ein anderes Mal; für heute hast du gewonnen. Mit dieser Einsicht kommen wir entspannt in Brügge an und finden sofort einen Campingplatz. »Camping Memling« ist zwar teuer, aber Wäschewaschen ist angesagt, und mit dem Rad kommt man zügig und sicher in die schöne Innenstadt. Wo uns ein derart heftiger Regenschauer erwischt, dass selbst ein so hartgesottener Radfahrer wie Gabriel sich unterstellt. Wir beschließen, einen Tag länger zu bleiben und uns die Stadt morgen in aller Ruhe anzuschauen.

Brügge ist kleiner als erwartet und schöner als gedacht. Es gibt im Bild der Innenstadt nichts, was das Auge zweifeln lässt am guten Gesamteindruck. Kein Hochhaus zerschneidet den Horizont. Ein großer mittelalterlicher Stadtkern, durchzogen von unzähligen Kanälen und autofreien Straßen. Ich verkneife mir den Kauf sündhaft teurer Schokolade, falle aber auf dem Rückweg umso gnadenloser über den Carrefour her.

Von Brügge bleibt mir neben dem äußerst heftigen Regenguss am ersten Tag vor allem ein Paar auf dem Campingplatz in Erinnerung. Wie fast überall mache ich einen Erkundungsgang über den Platz. Auf einer Wiese fallen mir locker gruppierte Plastikmöbel auf, vermutlich zur freien Bedienung. Und tatsächlich, in etwa 20 Metern Entfernung bilden zwei dieser Stühle mit Tisch die Outdoor-Möblierung eines Zweimannzeltes. Vor dem Eingang liegt ein bunter Teppich, auf dem ein Althippie entrückt seine Yoga-Übungen zelebriert. Auf mich wirkt er wie ein Vergessener aus der Hare-Krishna-Bewegung der Siebzigerjahre, auch wenn ich an seinen Gewändern kein Orange ausmachen kann. Trägt er Rock? Trägt er Hose? Schwer zu sagen, die üppigen Stoffbahnen vereinen sich zu einem wallenden Gewand.

Trotz meiner unverhohlenen Neugier scheine ich heute eine positive Energie auszustrahlen, die den Weg in sein Unterbewusstsein findet. Unvermittelt öffnet er die Augen, lächelt von einem Ohr zum anderen und grüßt mich mit einem wohlklingenden »Bonjour Madame«. Sehe ich richtig, verneigt er sich etwa vor mir? Bevor ich mir dazu ein abschließendes Urteil gestatte, schallt eine weibliche Stimme aus dem Zeltinneren: »Gérard!« Die Frau klingt nicht fordernd, eher verstört. Wie dem auch sei, Gérards Mundwinkel gehen wieder in Grundstellung und der Mann von Ende 50, Anfang 60 springt elastisch auf die Beine. (Vielleicht sollte ich doch mal Yoga probieren?) Er trägt eine Pluderhose mit dem Schritt unterhalb der Kniekehlen, weit um die Beine schlotternd und oberhalb der Knöchel zusammengeschnürt. Aufrecht wirkt er kleiner als im Sitzen. Mit knochigen Fingern winkt er mir zu und verschwindet im Zelt.

Vor dem Carrefour sehe ich ihn wieder. Die hübsche kleine Frau an seinem Arm ist mindestens 30 Jahre jünger, und wie ein Jünger himmelt sie ihn auch an und hängt an seinen Lippen. Das Paar patscht unerschrocken barfuß über die regennasse Straße. Hoffentlich haben

160

die Nächte im Zelt und das Yoga draußen sie abgehärtet. Ich bin nicht sicher, ob sie eine Aspirin-Gabe meinerseits akzeptieren würden.

Der Anblick der Yoga-Übungen hat mich an etwas erinnert: Wie um Himmels willen soll ich hier drinnen meine Morgengymnastik machen? Schon auf der Messe in Düsseldorf schoss mir diese Frage durch den Kopf und hat bis heute ein offenes Loch hinterlassen. Dabei turne ich viel zu wenig, nur fünf bis zehn Minuten sind es, die allerdings jeden Morgen. Außer sonntags. Ein freier Tag die Woche muss sein, das haben schon der liebe Gott im Himmel und die Gewerkschaften auf Erden so bestimmt.

Im Vierfüßlerstand die Rückenmuskulatur stärken, aus der Schulter heraus die Arme im Kreis schleudern, vor und zurück, den Hals drehen und beugen und kreiseln lassen und am Schluss den ganzen Körper dehnen, bis die Hände die Fußspitzen oder den Himmel erreichen. Unmöglich zwischen Kühlschrank und Kochherd, kein Raum zwischen der Stufe zum Essbereich und der zum Schlafzimmer und keine wirkliche Höhe zwischen Fußboden und Decke. Nirgends bewegt man sich frei, immer steht man irgendwo dazwischen.

Bei aller Liebe: Als Auto ist und bleibt das Wohnmobil ein Monstrum und als Wohnung ein Widerspruch in sich. Trotzdem ist Maggie auf Reisen unser Zuhause, und wir sagen das auch so: Lass uns nach Hause gehen. Oder: Heute will ich lieber zu Hause essen.

Will ich mich auch auf Reisen beweglich halten, muss ich mich wohl oder übel nach draußen begeben. Manchmal knie ich mich auf das reißfeste Plastik einer großen Mülltüte, manchmal stütze ich ein gestrecktes Bein auf eine Stuhllehne, den nächsten Weidenzaun oder auch Maggies Motorhaube. Meistens aber habe ich dazu keine Lust. Zu viele Zuschauer, zu kalt, zu früh oder zu spät, betonharter Untergrund oder Matsch unter den Füßen – all das sage ich, aber Gabriel weiß es besser: Seine sonst so disziplinierte deutsche Angetraute hat unterwegs schlichtweg keine Lust.

Bei der Abfahrt aus Brügge gibt es wieder mal eine Premiere: Ich lenke Maggie vom Campingplatz. Bisher hatte ich das Steuer immer erst auf einer überschaubaren Straße übernommen. Es geht alles glatt, gemeinsam meistern Maggie und ich enge Kurven und die Ausfahrt und erreichen am späten Vormittag das französische Amiens in der Picardie.

In der Stadt schickt uns das Navi in eine schmale Nebenstraße parallel zur breiten Hauptstraße, die in nur zehn Metern Entfernung verläuft. Mir ist das nicht geheuer, aber dann höre ich doch auf die Automatenstimme – und schon haben wir den Salat. Rechts viergeschossige Häuserblocks, die den Charme von Sozialbauten aus den Siebzigerjahren versprühen, links parken die Autos in geschlossener Reihe quer zur Fahrbahn. Und vor uns ist nach wenigen Hundert Metern Schluss mit lustig: Hilfe, wir sind in einer Sackgasse gelandet!

162

Sofort und gern übergebe ich das Steuer zum Wenden an Gabriel und steige aus, um ihm zu helfen. Wir schweigen uns an. Maggie ist offenbar auch etwas verstört, denn sie streift mit dem rechten hinteren Kotflügel das Heck eines Pkws. Der alte Opel Kadett mit Delmenhorster (!) Kennzeichen steht zu zwei Dritteln schräg auf einem Behinderten-Parkplatz. Wir können weder vor noch zurück; das würde den Schaden nur verschlimmern.

Aus einem Fenster im zweiten Stock beobachten uns ein Mann und ein junges Mädchen, beide mit dunklem Teint und pechschwarzen Haaren. Nach fünf Minuten Rumstehen, wir wollen schon hupen, wird die Haustür aufgezogen und dieser kräftige bis dickliche Mann mit seiner hübschen Tochter kommt geradewegs auf uns zu. Auf Französisch gibt er uns zu verstehen, dass dies sein Wagen sei. Wegen des Kennzeichens spreche ich ihn auf Deutsch an, was er geflissentlich ignoriert. Erst nachdem er merkt, dass er mit Französisch bei uns nicht weiterkommt, wendet er sich in flüssigem Deutsch an mich:

»Wie wollt ihr das denn jetzt regeln?«

In Zusammenhang mit seinem nicht sonderlich freundlichen Gesichtsausdruck interpretiere ich die Frage als eine Forderung nach Bargeld und antworte: »Ach, das ist doch ganz einfach: Wir tauschen die Daten unserer Versicherungen aus, und die regeln das dann untereinander.«

Meine Rechnung geht auf, der Wagen ist vermutlich nicht versichert. Sein Besitzer löst die Lenkradsperre

163

des Opels und macht Gabriel Zeichen zum Anschieben. Nachdem die beiden Fahrzeuge voneinander getrennt sind, zeigt sich an dem Pkw lediglich ein wenig Farbabrieb. Und das auch nur, wenn man genau hinsieht. Auch die Spuren an Maggie sind gering. Solchermaßen erleichtert gelingt Gabriel das Wenden jetzt sehr elegant. Kaum sind wir wieder auf der Hauptstraße, fallen uns die vielen Wohnmobile auf dem rappelvollen Stellplatz ins Auge. Heute ist Samstag. Ein weiteres Wendemanöver will ich meinem Liebsten ersparen und steige aus, um die Möglichkeiten zu erkunden.

Genau ein Platz ist noch frei, ein einziger von 100! Das Rückwärtseinparken gestaltet sich äußerst schwierig. Gleich drei Männer verlassen ihre Wohnmobile (sie fürchten wohl um ihre Fahrzeuge) und dirigieren uns – jeder auf seine sehr persönliche Weise und mit Handzeichen in alle Himmelsrichtungen. Gabriel konzentriert sich auf unseren direkten Nachbarn und lenkt Maggie nach vielem Vor und Zurück heil in die schmale Lücke.

Amiens soll bezaubernd sein mit seinem historischen Stadtkern und Kanälen in den Außenbezirken, aber die Stadt muss erst einmal auf uns warten. Das alles war Aufregung pur. Wir sind nervös und gereizt und gönnen uns ein ruhiges Mittagessen im Wohnmobil mit anschließender Siesta. Bei einem Glas Wein entspannen wir uns und lästern, was das Zeug hält. Über den französischen Opelbesitzer mit deutscher Geschichte, über die Ölsardinen-Enge auf dem vollen Platz und über das Navi, dem wir die Schuld an allem geben. Diese Stunde

164

befreit und eint uns wieder. Gerade die Pannen führen manchmal zu den schönsten Erinnerungen, genauso wie die ungewollten Umwege.

Ausgeruht und gestärkt machen wir uns auf den Weg. Ohne Plan, immer der Nase nach landen wir in der Innenstadt. Gerade rechtzeitig, um das Brautpaar mit seiner bunt gemischten Gästeschar auf der Treppe des prunkvollen Rathauses zu erleben. Mit allem Glanz und Glamour, mit Fotografin als Zeremonienmeister und drei Polizeiautos, deren Besatzung ein waches Auge auf das Geschehen hat. Ist das hier etwa eine Mafioso-Hochzeit? Der elegante schlanke Bräutigam mit Vollbart und Sonnenbrille stammt mit Sicherheit aus nordafrikanischer Familie, während die Haut der Braut so weiß ist wie ihr langes Kleid. Die Fotografin verscheucht tanzende Afrikanerinnen unter bunten Turbanen aus dem Blickfeld der Kamera, einen blonden Trommler und auch uns mit anderen Schaulustigen.

Maggie lässt unter sich

Auf dieser Reise haben wir alle Zeit der Welt und eine entsprechend großzügige Einstellung zu Entfernungen. Die Normandie liegt nicht unbedingt auf direktem Weg zu unserem Ziel Jaén in Andalusien. Aber da wir nun schon mal in Frankreich sind, können wir auch genauso gut wieder unseren Freund Bernat in Essay besuchen. Seit Juli ist die Familie wieder vereint und versucht sich einzuleben.

Wir entscheiden uns für eine Tour entlang der Küste, zunächst bis Le Havre. Hier mündet die Seine auf einer Breite von fünf Kilometern in den Ärmelkanal, der die Nordsee im Osten mit dem Atlantik im Westen verbindet. Auf der anderen Seite des Ärmelkanals liegt Großbritannien. Unser Navi weiß leider nicht, dass heute wegen eines Radrennens ein Teil des Weges zum Stellplatz gesperrt ist. Nach viel sinnlosem Herumkurven zeigen hilfsbereite Polizisten uns einen anderen Weg ans Ziel.

Bis nach England können wir nicht gucken von unserem Stellplatz am Boulevard Clemenceau. Hellauf begeistert sind wir trotzdem: Wieder steht unser Wohnmobil an der Poleposition mit der Nase zum Wasser.

Links strahlen die riesigen kreisrunden Ölbehälter so weiß in der Sonne, dass kein Gedanke an Umweltverschmutzung aufkommt. Wir können uns nicht sattsehen am Schiffsverkehr. Passagierschiffe von und nach England, riesige Containerschiffe und auch einige Jachten geben sich die Ehre und uns das Vergnügen. Das Betrachten von großen Schiffen beruhigt, wenn sie so langsam durchs Blickfeld gleiten.

Von Fernweh gesteuerte Aussicht vom Stellplatz in Le Havre

An der Promenade haben die Stadtväter dem Hafen und seiner Geschichte ein Denkmal gesetzt. Bildtafeln mit kurzen Erklärungen sind in Holzwände eingelassen, deren Planken Wind und Wetter trotzen. Wir lassen uns auf einigen der Bänke mit Blick zum Wasser nieder. So

167

können wir bequem Fotos und Text der Schaukästen studieren, die zwischen uns auf die Sitzflächen montiert sind.

Die Sonne strahlt und wärmt uns, eine kräftige Brise treibt hohe Wolken vor den tiefblauen Himmel über dem Meer – unser Tag ist perfekt!

Bis wir den dunklen Fleck sehen, der sich auf dem Asphaltboden unter Maggies Hinterteil ausbreitet. Der Fleck ist dunkel und feucht und legt einen schrecklichen Verdacht nahe: Unser Wohnmobil lässt unter sich! Mein hineingetunkter Zeigefinger riecht nicht nach Urin und auch nicht nach Benzin; wenigstens *das* ist es nicht. Wir machen die Probe zu zweit: innen den Hahn aufdrehen, außen auf die Knie gehen. Es gibt keinen Zweifel, Maggie ist nicht ganz dicht! Vielleicht schon länger, aber auf Grasflächen haben wir es nicht bemerken können. Egal, welchen Hahn wir aufdrehen, ob in Küche, Bad oder Dusche – jedes Mal tröpfelt es. Das Abwassersystem hat eindeutig ein Leck.

Ich will das nicht. Ich will nicht, dass unser schönes neues und so teures Fahrzeug jetzt schon eine kaputte Stelle hat. Ich könnte heulen. Mein wunderbarer Ehemann beruhigt mich und bringt mich zum Lachen: »Besser wir hinterlassen eine Spur aus Seifenlauge als eine aus Öl oder Benzin. Dann wissen die Leute wenigstens, dass hier saubere Menschen wohnen.«

Er hat recht. Wir können im Moment nichts ändern, warum also sich den Tag verderben mit düsteren Spekulationen? Lieber schwingen wir uns auf die Fahrräder und machen eine Tour durch Stadt und Hafen. Neben dem Jachthafen haben es uns besonders die Kais für die großen Schiffe angetan. Am Sonntagnachmittag ist es ruhig, und wir haben freie Fahrt. Nur drei ältere Asiaten (Chinesen?), ein Paar und ein einzelner Mann mit Fernrohr und Brustbeutel, irren von einer Mole zur anderen. Immer wieder unterbrechen sie ihre Suche. Dann schiebt die Frau ihre Sonnenbrille nach oben und studiert tief gebeugt ein Papier. Offensichtlich bringt sie das auch nicht weiter, weil sie nach jedem Richtungswechsel schnell wieder umkehren und hilflos den Horizont absuchen. Nach einem Schiff?

Plötzlich entdecken sie uns, fuchteln alle drei gleichzeitig wild mit den Armen und rufen uns Unverständliches zu. Wir verstehen, dass sie Hilfe brauchen; schnell sind wir bei ihnen. Auf uns bricht ein Redeschwall herein auf Chinesisch oder Japanisch oder was auch immer, begleitet von hektischem Gestikulieren in alle vier Himmelsrichtungen. Ich versuche es auf Englisch, als Antwort hält die kleine Frau mit dem weißen Pagenkopf mir das schon reichlich ramponierte Briefpapier hin. Mit asiatischen Schriftzeichen! Sie resignieren vor meinem ratlosen Achselzucken und verstehen, dass wir guten Willens sind, aber nicht wissen, wie wir ihnen helfen können. Wir wissen ja noch nicht einmal, wobei eigentlich. Die drei Asiaten lächeln und verbeugen sich vor uns, wir tun es ihnen gleich und schauen ihnen nach, wie sie weiter einsam im Hafen ihre Kreise ziehen.

Ich kann es kaum glauben, als wir sie am nächsten

169

Morgen wiedersehen. Sie sitzen auf der Bank an der Promenade, das Paar auf einer Seite des Schaukastens und der Mann auf der anderen, und schauen schweigend aufs Meer. Beziehungsweise auf das, was die Ebbe davon übrig gelassen hat. Nie werden wir erfahren, ob sie womöglich ihre Fähre nach England verpasst haben oder die Einschiffung zu einer Kreuzfahrt.

Nach unserer Morgentoilette tröpfelt Maggie wieder munter vor sich hin. Bei Sonne und Wind trocknet der Fleck so schnell, dass er beim Start schon fast nicht mehr auszumachen ist. Die Stadt- oder Hafenverwaltung stellt die Plätze für die Wohnmobile kostenlos zur Verfügung. Dafür wollen wir uns erkenntlich zeigen und trotz des hohen Preises an der Tankstelle gleich neben dem Parkplatz tanken. Fast werden wir für unseren guten Willen bestraft: Wir haben vergessen, ein offenes Dachfenster zu schließen. Wäre nicht ein Franzose laut rufend herbeigerannt, wären wir damit gegen die obere Absperrung gefahren. Wie oft müssen wir eigentlich noch vor unseren eigenen Irrtümern und Versäumnissen gerettet werden?

Die Ausfahrt aus Le Havre entwickelt sich zu einem Abenteuer. Wir verlassen die Stadt Richtung Westen und verlassen uns auf das Navi, als es uns aus einem Kreisverkehr lotst. Falsch! Uns bleibt nichts anderes übrig, als ein über jeden Zweifel erhabenes Verbotsschild zu ignorieren und durch ein nicht enden wollendes Schwerindustriegebiet zu fahren. Wir kommen vorbei an bizarren Gebilden, geformt aus den dicken Rohren der Petroche-

170

mie. Wie moderne Skulpturen streben sie himmelwärts. Daneben ein gigantisches Renault-Werk.

Ich bin eine Industrieromantikerin, dabei frei von jeglicher Sachkenntnis. Mich faszinieren rauchende Schornsteine und der Lärm von Maschinen, was auch immer sie produzieren. Der Anblick dieser ineinander verschlungenen Rohrsysteme auf Tausenden von Quadratmetern könnte mich nicht davon abhalten, direkt unter ihnen eine Decke auszubreiten und den Picknickkorb zu öffnen. Aber das geht jetzt nicht, wir müssen hier raus.

Gehört diese Zufahrtsstraße etwa schon zum Betriebsgelände? Nur Lastwagen ziehen an uns vorbei oder kommen uns entgegen, einige Fahrer machen uns Zeichen von Verwunderung bis Belustigung. Keine Angst, wir wollen hier nicht übernachten, wir finden nur nicht wieder hinaus. Endlich können wir umkehren und fahren zurück zum Kreisverkehr – wo uns das Navi wieder in dieselbe Ausfahrt schickt. Es dauert, bis wir hier draußen einen Arbeiter finden, der uns eine schmale Straße zeigt. Wir trauen dem Frieden nicht, obwohl uns nun auch das Navi diesen Weg weist. Er endet vor einer Wasserstraße, weit und breit ist keine Brücke in Sicht. Und doch soll es geradeaus weitergehen. Inzwischen sind wir beide restlos verwirrt – es muss doch möglich sein, hier irgendwie wegzukommen!

Um einen klaren Gedanken fassen zu können, stellt Gabriel den Motor aus, und wir gehen ein paar Schritte. Gott sei Dank! Sonst hätten wir nicht den kleinen roten

171

Renault unten am Ufer gesehen und uns wäre die Fähre entgangen, die an dieser Stelle kostenlos übersetzt.

Nach kurzer Zeit stehen wir am Fuße der Pont de Normandie über die Seinemündung. Auch 20 Jahre nach der Eröffnung ist sie immer noch die längste Schrägseilbrücke Europas. Ein Bauwerk der Superlative. Das gilt auch für die Gebühr. Für die einfache Überfahrt zahlen wir mehr als sechs Euro. Die Hängebrücke ist über zwei Kilometer lang, und in der Mitte ist sie so hoch, dass Ozeanriesen problemlos darunter durchfahren können. Möglich wird dies durch einen beachtlichen Anstieg und noch mehr Gefälle auf der anderen Uferseite. »Slow Down« weist uns ein Schild an. Ich bin heilfroh, dass es fast windstill ist.

Der Campingplatz »Le Point du Jour« in Merville-Franceville liegt eingebettet in die Dünen. In der ersten Reihe ist kein Platz mehr frei. Aber das macht nichts, es sind nur ein paar Schritte bis zu dem breiten Sandstrand. Mein Mann von der Ferieninsel im Mittelmeer *hasst* Sandstrände. Ich erzähle ihm derart begeistert von meinem Spaziergang, dass er am Nachmittag doch mitkommt. Es lohnt sich, es gibt viel zu gucken, vor allem Trabertraining bei ablaufendem Wasser. Die Tiere müssen auf dem Schlickboden bis zum Knie durchs Wasser. Vielleicht sollte ich das auch mal probieren; diese Pferde bekommen bestimmt keine Zellulitis. Wie in Le Havre stehen auf dem Platz vor allem Franzosen und Engländer, wenige Deutsche. Und unser spanisches Nummernschild ist eine Einzelerscheinung.

Trabertraining bei Ebbe an der französischen Atlantikküste

Wir wechseln uns ab mit Fahren. Heute bin ich wieder an der Reihe und erlebe *mein* erstes Abenteuer am Steuer. Bei unseren Freunden in Essay haben wir uns für den späten Nachmittag angekündigt und nach einem weiteren langen Strandspaziergang zockeln wir gegen Mittag in aller Ruhe los. Ein kräftiger Seitenwind macht mir zu schaffen, erst recht, wenn noch eine plötzliche Böe dazukommt. An einer sanften Steigung ohne Kriechspur überhole ich einen Laster, und als wir an ihm vorbei sind, werden wir von dem Luftzug hart nach links geworfen. Es dauert eine halbe Stunde, bis ich mich entspanne und Gabriel wieder die Landschaft genießen kann. Wind hat eine ungeheure Gewalt, wenn man fast vier Tonnen mit sich herumschleppt.

Bei unserem ersten Besuch im Juni haben wir uns dem Dorf von Süden her genähert. Heute kommen wir von der Küste im Norden. Wieder spielt uns das Navi einen Streich. Bei der Programmierung hat Gabriel die Maße des Wohnmobils eingegeben, damit wir nicht plötzlich vor einer zu niedrigen Straßenüberführung stehen und weder vor- noch zurückkönnen. Die Anzeige in einem solchen Fall lautet aber nicht wie erwartet: »Diese Straße ist für Ihr Fahrzeug nicht geeignet.« Sie überrascht vielmehr mit: »Es ist nicht sicher, ob dieser Weg geeignet ist für Ihr Fahrzeug.« Der Fahrer muss selbst entscheiden, ob er das Risiko eingeht oder nicht. Toll!

Wenige Kilometer vor dem Dorf verengt sich zwar die Straße, verläuft aber über einige Hundert Meter immer noch zweispurig. Dann wird daraus eine einzige Fahrbahn, und ich erlebe mein blaues Wunder: Sie ist nur noch wenig breiter als unser Fahrzeug. Und keine Chance zum Wenden. Nicht nur das: Begrenzt wird der Weg zu beiden Seiten durch trockene Gräben. Gabriel ist entzückt von dem lichten Wäldchen, während ich versuche, die Balance zu halten bei nicht mehr als höchstens 20 oder 30 Stundenkilometern. Ein Schild mit der Geschwindigkeitsbegrenzung auf 90 (!) Stundenkilometer kommt mir vor wie Hohn. Welcher Witzbold hat denn das da hingestellt? So geht es einige Kilometer schnurgeradeaus. Wenigstens kommt uns keiner entgegen, das hätte mir gerade noch gefehlt. Ich bin erleichtert und stolz, als der Weg endlich in eine breite Landstraße mündet, und freue mich über das dicke Lob von Gabriel.

Stolz sind auch Bernats Kinder, acht und fünf Jahre alt, als wir sie am nächsten Tag mit dem Wohnmobil von der Schule abholen. Ihre Überraschung ist groß, weil wir ihnen am Tag zuvor noch gesagt haben, dass sie leider nicht mitfahren können. Da hatten wir schon den Plan

174

auszuprobieren, ob die Kindersitze sich auf der Sitzbank am Tisch problemlos befestigen lassen. Wir wollten sie aber nicht enttäuschen, falls es nicht klappt. Aber auf Maggie ist Verlass, sie gibt sich kinderfreundlich und meistert auch diese Herausforderung.

Zwei Tage nehmen wir teil am Alltag der Familie. Am frühen Morgen unserer Abreise freuen wir uns über eine große Überraschung: Die fünfköpfige Familie schleicht sich auf dem Dorfplatz an das Wohnmobil heran und ruft ein munteres »Bonjour« durch die geschlossene Tür! Wir sind noch im Schlafanzug, es wird ein fröhlicher Abschied.

Von Frankreich nach Spanien

Die Seine hatten wir bei Le Havre überquert, jetzt wartet die Loire auf uns. Der Campingplatz »L'Île d'Offard« in Saumur ist auf einer Insel mitten im Fluss angelegt. Wir erreichen ihn gegen Mittag und müssen uns vor der geschlossenen Rezeption in die Schlange wartender Wohnmobile einreihen. Wir halten Platz drei von fünf Fahrzeugen; das gibt Gelegenheit, sich die Beine zu vertreten und mit den anderen Reisenden zu plaudern. Ein englisches Paar kommt schon zum fünften Mal hierher und schwärmt in den höchsten Tönen von der Anlage und dem Personal.

Das geschätzte neun Meter lange Wohnmobil am Kopf der Schlange und der Camper an vierter Stelle, der nur wenig mehr als die Hälfte misst, reisen zusammen. Ich frage mich, ob bei so viel Größenunterschied nicht Neid und Missgunst aufkommen, und werde schnell eines Besseren belehrt: Die beiden Paare profitieren auf ihrem gemeinsamen Weg von der Wendigkeit des kleinen Fahrzeugs genauso wie von dem Raum des großen. Mit dem Camper haben sie einen Supermarkt angesteuert, jetzt nutzen die Männer die Wartezeit und schleppen Kisten mit Getränken und auch zwei Kühlboxen vom Camper in das Wohnmobil. Die vollen Kisten bringen sie in der Garage unter. Den Inhalt der Kühlboxen packen die Frauen wahrscheinlich in einen 190-Liter-Kühlschrank; danach verstauen sie die leeren Boxen platzsparend ineinandergestapelt ebenfalls in der Garage.

Der Fünf-Sterne-Platz ist reizvoll angelegt mit Stellflächen auf festem Gras oder Sand mit viel Grün dazwischen. Entsprechend teuer ist die Übernachtung. Laut unserem Führer sollten wir hier in der Nebensaison einen beträchtlichen Rabatt bekommen bei Vorzeigen unserer ACSI-Karte. Das erweist sich als Illusion, man sei kein Mitglied. Es ist nicht das erste und auch nicht das letzte Mal, dass uns dies passiert. Wo es funktioniert, haben wir zum Beispiel anstatt 27 Euro nur 19 bezahlt. Bei nur zwei Übernachtungen hat man den Jahresbeitrag für die Karte wieder raus.

Das haben wir noch auf keinem Platz gesehen: Radfahrer oder Wanderer mit Zelt können kleine Holzhütten mieten, kaum größer als ein Baumhaus für Kinder. Nur sind sie nicht in die Bäume gebaut, sondern werden getragen von mannshohen Stelzen. Unter den Hütten umgrenzen diese Holzpfeiler Tisch und Bänke. Fahrradreisende können innen ihre Sachen trocken und sicher lagern und darunter am Tisch essen, sich Notizen machen oder was auch immer. Neben uns nutzt ein junges Paar dieses Angebot und schlingt die Sicherungskette der Fahrräder um die Pfähle.

Eine Frau in unserem Alter oder älter ist allein mit

177

dem Fahrrad unterwegs. Sie tut sich schwer mit dem Aufbau ihres Zeltes und noch schwerer am nächsten Morgen mit dem Verstauen von Zelt, Schlafsack und Kochutensilien in den Fahrradtaschen. Wir entscheiden uns gegen die Abgabe eines Hilfsangebots; ihr verschlossener Gesichtsausdruck und ihre energischen Bewegungen geben uns zu verstehen, dass sie das nicht will. Ihre Rühr-mich-nicht-an-Zone hat sie weit gesteckt. Bei ihrem Start winken wir der Frau grüßend nach. Sie winkt zurück, spart sich aber ein Lächeln.

In Saumur besichtigen wir weder das Schloss noch den alten Stadtkern. Stattdessen radeln wir eine schöne Strecke an der Loire entlang und gelangen über eine Brücke in einen etwas heruntergekommenen Teil der Stadt. Dort landen wir unversehens vor einem Lidl, was mir die Möglichkeit zum Einkauf fehlender Lebensmittel gibt, während Gabriel draußen die Fahrräder bewacht. Jetzt nix wie weg aus diesem unwirtlichen Viertel und ab nach Hause an den Abendbrottisch. Nur wie? Die vielen Wasserarme gestern in Le Havre und heute an der Loire haben uns durcheinandergebracht und die Orientierung verlieren lassen. Wir wissen nicht mehr, welche Brücke wir nehmen müssen.

Ich habe keinen *schlechten* Orientierungssinn, ich habe gar keinen. Ganz sicher fehlen mir die dafür vorgesehenen Gehirnzellen. Eher verfüge ich über einen ausgeprägten *Des*orientierungssinn. Dabei bin ich durchaus in der Lage, anhand von Kartenmaterial, Google Maps und mündlichen Wegbeschreibungen einen Ort zu fin-

178

den, an dem ich noch nie zuvor war. Problematisch wird es erst, wenn ich diesen Ort *wieder*finden will oder soll.

Seit Jahrzehnten weiß ich um diesen Defekt. Er ist mir schon lange nicht mehr peinlich, und ich lasse mir gern von Freunden helfen, scheue mich auch nicht, sie zum hundertsten Mal nach demselben Weg zu fragen. Aber heute will ich nicht. Heute sticht mich der Hafer.

An einer roten Ampel vor autoleerer Straße drängelt Gabriel: »Komm, nun mach schon, es ist doch alles frei« und fährt auf die andere Straßenseite.

Sein herablassender Befehlston ärgert mich. Ich kehre die korrekte Deutsche heraus und bleibe stur und warte, bis die Ampel auf Grün schaltet. Gabriel ist schon einige Hundert Meter voraus und schaut sich nach mir um.

Ich winke ihn zurück: »Nicht da lang, wir müssen in die andere Richtung und über die Brücke dahinten!«

»Nie im Leben«, antwortet er und weist in die Gegenrichtung: »Die ist viel zu weit weg, da kommen wir *nie* zum Campingplatz zurück. Wir müssen die andere Brücke nehmen.« Und schon schwingt Gabriel das Bein über den Sattel. Er dreht sich aber doch noch einmal nach mir um, nur um meinen Rücken bereits entschwinden zu sehen. Ich weiß auch nicht, welcher Teufel mich reitet. Aber ich kann nicht anders, heute will ich, dass es nach *meiner* Nase geht. Und ausgerechnet heute habe ich recht: *Meine* Brücke führt uns auf kürzestem Weg ans Ziel! Um den Abend zu retten, schaffe ich es, meinen Triumph nicht allzu sehr auszukosten.

Das Leck im Abwassersystem hilft, die Situation zu

179

entkrampfen: Zum Abwaschen und Duschen bevorzugen wir das Sanitärgebäude, so kann jeder eine Weile für sich allein sein. Beim Essen wird aus der üblichen liebevollen Kabbelei um die letzte Schinkenscheibe ein höflicher Verzicht auf beiden Seiten. Also packe ich die Schinkenscheibe sorgfältig wieder ein, obwohl wir beide wissen, dass sie morgen nicht einmal mehr halb so köstlich schmeckt. Heute haben wir einfach keine Genussnerven. Danach versteckt sich jeder hinter seinem Buch.

Am Morgen nehmen wir die Fahrt ausgeruht und entspannt wieder auf, als wäre nichts gewesen. Derart entspannt sind wir, dass wir Naturparks und angesagte Städtchen wie Limoges *nicht* anfahren. Auf unserem Weg nach Süden durchqueren wir ziel- und planlos kleine Dörfer mit schönen alten Steinhäusern, gezähmter Natur in großen Gärten und blumengeschmückten Mairies. Schließlich bleiben wir in einem Nest namens Limalonges hängen. Im Schritttempo fahren wir durch das Dorf und erblicken auf einem kleinen Platz ein Wohnmobil mit englischem Nummernschild. Die Besitzer kehren gerade mit einer Tüte voller Walnüsse von einem Spaziergang zurück und erzählen uns, dass sie auf diesem Platz eine ruhige Nacht verbracht haben und heute weiterfahren.

Eine ruhige Nacht und Walnüsse wollen wir auch und parken am von der Straße abgewandten Rand des Platzes in Längsrichtung. So langsam entwickeln wir ein Gespür dafür, wo wir am wenigsten stören. Tatsächlich werden noch weitere Pkws hier abgestellt; auch ein

180

Laster hat noch mehr als genug Platz zum Wenden. Bei unserer Radtour durch die nähere Umgebung lesen wir Walnüsse vom Boden auf und stopfen uns die Anoraktaschen voll damit. Als wir sie mit einem Stein an der Bordkante aufschlagen, müssen wir feststellen, dass sie fast alle faul sind. Wahrscheinlich haben sie schon zu lange auf dem feuchten Boden gelegen.

Unterwegs sind uns mindestens acht Wohnmobile aufgefallen, die mit scharrenden Hufen vor den Häusern ihrer Besitzer auf die nächste Reise warten. So idyllisch wir das Dorf in seiner Abgeschiedenheit finden, so wenig wollen seine Bewohner hierbleiben.

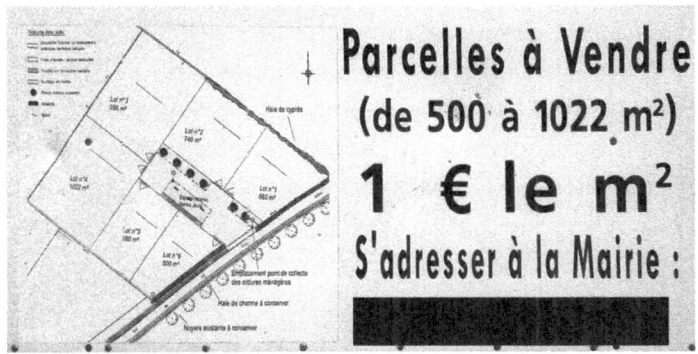

Nur ein Euro pro Quadratmeter für voll erschlossene Grundstücke in Limalonges

Etwas außerhalb wird das Schloss renoviert, die Säulen und Putten im verwilderten Garten verfallen. Ein Stück weiter endet eine neu asphaltierte Straße an einem Areal mit voll erschlossenen Grundstücken. Müll, Wasser,

Strom bis hin zum Internet – alles vorhanden. Die Verantwortlichen der Gemeinde betonen auf einer Tafel, dass die Bäume der zuführenden Straße erhalten bleiben! Zur Nationalstraße ist es nicht weit, wir hören den Verkehr leise im Hintergrund. Jedes Grundstück für sage und schreibe nur einen Euro pro Quadratmeter.

Das Dorf verfügt über eine Schule, ein Restaurant und einen Dorfladen, der gleichzeitig als Bar und Poststelle dient. Das trifft sich günstig, wir könnten eine Erfrischung gebrauchen und Ansichtskarten für die Enkel und meine Mutter. Ein junger Mann mit lockigem Haar ist hinter dem Tresen in eine Unterhaltung mit einer älteren Frau davor vertieft. Sie unterbrechen ihr Gespräch und schauen uns fragend an, ohne ein Begrüßungswort. Auf meine auf Englisch vorgebrachte Frage nach Ansichtskarten schüttelt der große Blonde stumm seine wallende Mähne. Nach einem Erfrischungsgetränk frage ich schon gar nicht erst. Adieu, das war deutlich: Ihr kommt ohne uns aus.

In der Ortsmitte staunen wir nicht schlecht über einen riesigen Parkplatz, auch eine öffentliche Toilette überrascht uns. Dieses Dorf wirkt wie ausgestorben. Bei unserer ziellosen Rundfahrt mit den Rädern entdecken wir nur wenige Hundert Meter außerhalb des Ortskerns ein kleines Holzhaus mit Restauration. Auf und zwischen Tischen und Stühlen, Baumstümpfen und umgedrehten Blumenkübeln tummelt sich die gesamte Dorfjugend. Just als wir uns nähern, drehen sie die Musikanlage bis

182

zur Schmerzgrenze auf. Zufall? Es fehlt nur noch das Schild »Geschlossene Gesellschaft«. Möglichst unauffällig treten wir den Rückzug an.

Ich kenne es schon von unserer ersten Reise: Wenn Gabriel Spanien näher weiß als 500 Kilometer, ist er nicht mehr zu halten. Mit dem Unterschied, dass wir uns heute die Strecke teilen können. Etwas mehr als 200 Kilometer sind bei normalen Verkehrsverhältnissen für keinen von uns ermüdend, an einem ruhigen Samstag wie heute noch weniger. Der »Camping Monte Igueldo« in San Sebastian ist unser Ziel. Später hören wir, dass wir beileibe nicht die Einzigen sind, die vom Navi den falschen Berg hochgeschickt werden und auf der anderen Seite wieder hinunter. Warum, weiß kein Mensch; diese Geräte haben ihre eigene Logik.

Es gibt nur noch zwei freie Plätze für Wohnmobile, das ist ungewöhnlich an einem Wochenende im Oktober. Schuld daran ist eine Gruppe Holländer, die mit 14 Wohnmobilen angereist sind. Wir müssen uns unseren Weg durch ein reges Gruppenleben auf dem Fahrweg bahnen. Die Frauen und Männer erheben sich gelassen von ihren Stühlen und verteilen sich rechts und links des Weges; ihr Lächeln bittet um Verständnis. Wir wählen die vorletzte Parzelle, obwohl sie keine Stromsäule hat.

Unser Solarmodul auf dem Dach macht uns weitgehend unabhängig. Einen Anschluss an das 230-Volt-Stromnetz brauchen wir nur zum Aufladen des Laptops oder wenn ich meine Haare föhnen muss. Unsere Handys laden wir während der Fahrt an der Buchse für den Zigarettenanzünder auf oder an der für den Fernseher. Seit Gabriel einen Spannungswandler von 12 auf 230 Volt angeschafft hat, können wir auch über Nacht die elektrische Zahnbürste aufladen oder die Kamerabatterien. (Wir dürfen nur nicht das Ladegerät dafür vergessen, so geschehen auf unserer dritten Reise im Frühjahr 2017.)

Gabriel hatte mir für das Baskenland herbstliche Kälte und Regen angekündigt; stattdessen wärmt uns ein traumhaftes Spätsommerwetter. Die Holländer ziehen mit voll behängten Wäscheständern und Klappsesseln auf die freie Parzelle neben uns und lassen es sich bei Limonade und Bier gut gehen. Sie verziehen auch keine Miene, als sich suchend ein Camper nähert. Erst als der spanische Fahrer aussteigt und sie auf Englisch fragt, ob dies der letzte freie Platz sei, resignieren sie und ziehen mit nasser Wäsche und ihren Campingmöbeln von dannen.

Auch ich habe heute Waschtag. In der Waschküche treffe ich auf einen jungen Engländer, der eine Maschine bis zum Rand mit Babysachen und Kleinkindwäsche füllt und sich mit einem Buch auf der Stufe davor niederlässt. Ich lasse unsere Wäsche allein ihre Runden drehen und fülle sie danach um in einen Trockner. Dasselbe tut der junge Mann. Nach der vorgesehenen Zeit ist die Wäsche noch fast genauso nass wie vorher, also werfe ich einen weiteren Euro ein. Ebenso der Engländer.

Nach dem dritten zusätzlichen Münzeinwurf habe ich die Faxen dicke und ziehe mit meiner nassen Wäsche wieder ab. Nicht so der junge Familienvater, er wirft weiter nach. Mir drängt sich der Verdacht auf, dass er sich über jede Minute freut, die er länger hier sitzen und in Ruhe lesen kann.

Ich hingegen entferne dicke Staubschichten von Seitenspiegeln und dem Fahrradträger und dekoriere sie mit Jeans und Handtüchern. Hemden, Strümpfe und Unterwäsche lege ich im Wohnmobil über die Sitzlehnen, aufs Bett oder hänge sie in die Dusche.

Die neuen Nachbarn mit dem Camper erweisen sich als Katalanen aus Barcelona. Gabriel ist glücklich, weil er mit ihnen in seiner Lieblingssprache palavern kann. Am nächsten Morgen bezeugen sie einen lautstarken nächtlichen Vorfall, den Gabriel in seinem begnadeten Tiefschlaf nicht mitbekommen hat.

Gegen vier Uhr werde ich von einer Frauenstimme geweckt, die laut und hysterisch schreit in einer Sprache, die ich nicht einordnen kann. Vielleicht ist es Baskisch. Die Frau ist extrem wütend, hört sich aber auch irgendwie krank an. Es ist beängstigend. Ich *liebe* Krimis, egal ob als Buch oder Film, und bin zudem mit einer gehörigen Portion Fantasie ausgestattet. In dieser Nacht sehe ich Mord und Totschlag vor meinem inneren Auge, nur wenige Meter von unserem wohlig warmen Bett entfernt.

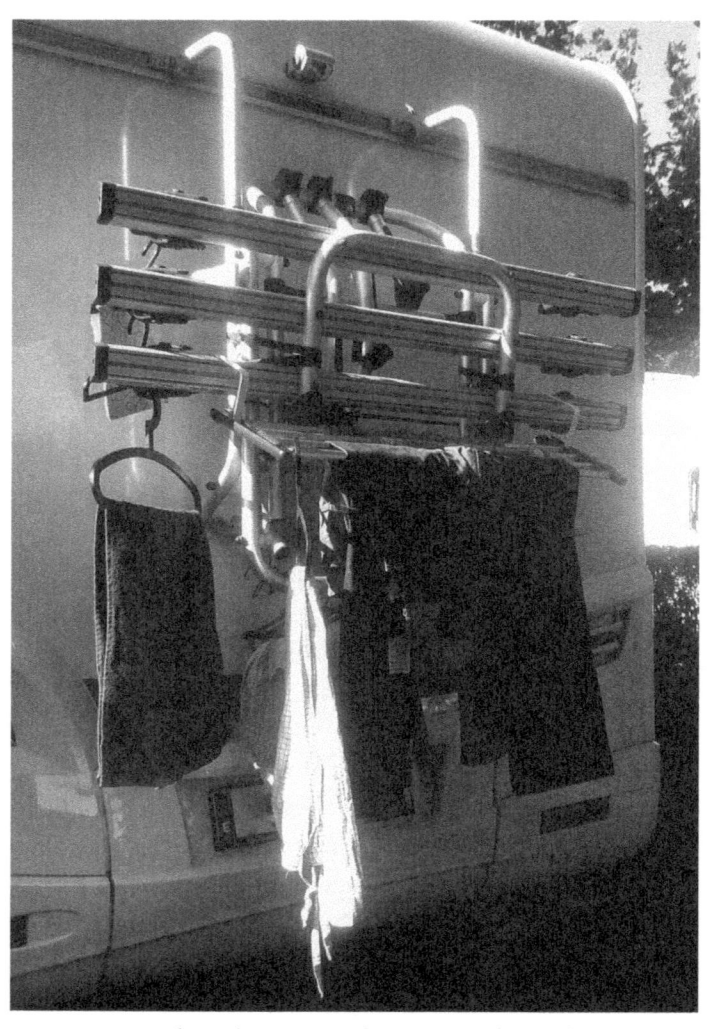

Der Fahrradträger wird zum Wäschetrockner

Ab und zu versucht eine sonore Männerstimme, den Wortschwall der Frau einzudämmen. Ohne die Urheberin des nächtlichen Spektakels sehen zu können, kann ich sie orten. Der Campingplatz ist terrassenförmig angelegt; Maggie steht mit dem Heck am Abgrund, Bäume und Büsche bilden einen natürlichen Schutz. Einige Meter unter uns sind mir beim Wäscheaufhängen zwei Zelte auf einer Grasfläche aufgefallen. Von dort kommt das Geschrei. Mal spricht die Frau ganz normal, dann wieder hebt ihre Stimme zu einem hysterischen Kreischen an. Gruselig und furchteinflößend.

Gabriels Nachtschlaf bleibt unerschütterlich. Nach einer gefühlten halben Stunde ist der Spuk vorüber. Morgens bestätigen mir die Katalanen, dass ich nicht geträumt habe. Sie haben dasselbe wie ich empfunden und auch gedacht, dass aufgrund der Anwesenheit des Mannes mit seiner ruhigen Stimme auf eine Intervention verzichtet werden könnte.

Im Bus nach unten in die Stadt treffen wir auf ein deutsches Pärchen, das im Zelt direkt neben dem Krach geschlafen hat. Zumindest versuchten sie es. Der junge Mann hielt im linken Arm seine verängstigte Freundin umschlungen, derweil die rechte Hand zum Hals einer Weinflasche griff, die im Verteidigungsfall womöglich als Keule zum Einsatz gekommen wäre. Er hat die nächtliche Ruhestörung an der Rezeption geschildert und sich beschwert: »Wenn wir nicht wild zelten, sondern hier bezahlen, dann deshalb, weil wir Schutz und Ruhe suchen.« Die Rezeption gab ihm recht, konnte

187

oder wollte aber bei Abwesenheit des Chefs nicht auf das Kassieren der Rechnung verzichten.

Sommerliches Strandleben in San Sebastián – im Oktober!

Gabriel und ich mischen uns unter die Flaneure entlang der Bucht und spazieren durch die Stadt wieder zurück. Meine schwache Blase lässt mich schon bald eine Toilette suchen. An einer rundum verglasten Kabine auf der Strandpromenade klebt ein WC-Schild. »Und wo soll hier das Klo sein?«, frage ich mich verwirrt. Das Glashäuschen vom Format einer Telefonzelle entpuppt sich als Zugang zu einem Fahrstuhl in die Tiefe und das Untergeschoss als perfekt organisiert für den Strandbetrieb. Hier kann man sich für ein paar Euro umziehen, duschen, auf die Toilette gehen und seine Kleidung und Wertsachen sicher wegschließen. Solchermaßen befreit

188

schreitet der Badegast in Schwimmkleidung und mit Handtuch um Schultern oder Hüften durch breite Türen hinaus auf den Strand. Ich bin schwer beeindruckt.

Pintxos *müssen* sein; so heißen die Tapas im Baskenland – die man hier aber besser nicht Tapas nennen sollte. Grundlage ist fast immer eine elegant schräg geschnittene Baguettescheibe, während für die Auflagen der Fantasie und Kochkunst keine Grenzen gesetzt sind: Marinierte Paprikastreifen schlingen sich um Fischstückchen auf Scheiben von harten Eiern, saftige Garnelen krümmen sich auf knackigen Salatblättern über Maisbrei, kross gebratene Fleischstückchen krönen gedünstete Zucchinischeiben über einer leichten Senfsoße. Man kann sich davon satt essen, aber nicht daran satt*sehen*. In einer kleinen Bar abseits vom Strand werden wir nicht enttäuscht und verlassen sie satt und zufrieden. Nur um uns im nächsten Café niederzulassen.

Am nächsten Morgen grüßt mich im Waschraum eine hochgewachsene Spanierin. Ihr Lächeln ist bezaubernd. Wie die meisten Spanierinnen hat sie diesen dichten vollen Schopf, bei dessen Anblick mir vor lauter Neid noch mehr Haare ausfallen. Sie trägt ihre natürlich grau, in unterschiedlichen Schattierungen, und sieht damit umwerfend aus.

Meine Haare waren schon immer dünn gesät und mussten in jungen Jahren starke Dauerwellen und Färbungen aller Art ertragen. Nur blond habe ich ihnen nie angetan. Wegen heftigen Haarausfalls in diesem

189

Sommer überlegte ich monatelang hin und her, ob ich mit dem Färben aufhören sollte. Vor unserer Abreise kämpfte ich mit meinem langjährigen Friseur und ließ ihn nur noch schneiden, nicht mehr färben. Ich hatte die Idee, mich mit noch einigermaßen braunem Haar zu verabschieden und grau wiederzukommen. Fremden Friseuren unterwegs will ich mich nicht anvertrauen, und selber färben im Wohnmobil – da kann ich das Bad auch gleich braun streichen.

Nachdem wir fast sechs Wochen unterwegs sind, sehe ich schrecklich aus auf dem Kopf und liebe Gabriel dafür, dass er mich immer noch zärtlich anschaut. Meine Frisur verdient diese Bezeichnung nicht mehr und besteht aus dünnen Strähnen, die grau starten und braun enden. Der Anblick dieser eleganten Spanierin macht mir Mut; mein Entschluss steht fest: Ich werde in Ehren ergrauen!

Auf Besuchstournee im Süden

Bei der Strecke von San Sebastián nach Bilbao entscheiden wir uns für die langsame Variante fernab der Autobahn. Die ersten 30 Kilometer begleitet uns rechter Hand der Atlantik. Nach jeder Kurve (und es sind viele Kurven!) überrascht uns ein anderer herrlicher Ausblick aufs offene Meer. Die Wasseroberfläche ist ruhig heute, sanfte Wellen ohne Schaumkronen reflektieren das Strahlen der Sonne. Ich weiß nicht, was mich mehr blendet, der Himmel oder das Meer.

Auch landeinwärts werden meine Augen nicht müde zu schauen. Die bergige Landschaft erinnert mich mit ihren dunkelgrünen Wäldern an den Schwarzwald. Nur ist die Vegetation üppiger. Neben Nadelhölzern sehen wir Laubbäume und Büsche mit allen Schattierungen von Grün. Der Herbst schickt erste Grüße mit satten Gelb- und Rottönen. Auch einige der großen Gehöfte lassen an Berglandschaften in deutschsprachigen Ländern denken: aus Stein gemauert mit rustikalen Holzbalkonen.

In Bilbao wollen wir unsere Freundin Ana treffen. Wir stehen auf dem städtischen Stellplatz »Kobetamendi« in der ersten Reihe mit einem fantastischen Blick über die

Stadt unter uns. Die Rezeption in einer Art Pförtnerhäuschen ist rund um die Uhr besetzt. Auf diesem Platz darf man nur 48 Stunden bleiben, aber Gabriel gelingt es, eine dritte Nacht herauszuschlagen. Im Herbst sind unter der Woche noch genügend freie Plätze für Neuankömmlinge vorhanden. Bevor irgendein Vorgesetzter des Pförtners es sich anders überlegen kann, zahlt er gleich für drei Nächte.

Gabriel kennt Bilbao von früher und ist begeistert von dem Wandel der ehemals rußgeschwärzten Industriestadt in eine farbenfrohe, moderne und saubere Stadt. Nichts geht über eine private Stadtführung durch eine Ortsansässige wie Ana, von der andauernden Schönwetterperiode ganz zu schweigen. Natürlich gehen wir ins Guggenheim-Museum und umrunden es auch von außen. Wir schreiten die großen Plätze mit ihren Grünanlagen ab und bewundern moderne Großstadtarchitektur. Wir genießen die besten Pintxos der Stadt. Die in San Sebastián waren schon gut, aber die kleinen Leckereien, die uns hier aufgetischt werden, sind Spitzenklasse und dabei erstaunlich preiswert. Die Ware in den Schaufenstern der Innenstadt ist durchweg teuer, egal ob Kleidung oder Einrichtungsgegenstände. Bei Essen und Trinken trifft das genaue Gegenteil zu.

Vor allem aber gehe ich zu Iñaki (sprich: Injaki). Anas üppige Haare sind mal asymmetrisch modern geschnitten, mal klassisch mit kurzem Bubikopf; dann wieder betont die Frisur ihre natürlichen Locken. Grundlage dieser Kopfkunst ist immer ein perfekter Schnitt, der

192

wiederum ist Grund genug, um sie nach dem Friseur ihres Vertrauens zu fragen. Fünf Minuten später habe ich einen Termin beim Meister selbst für den nächsten Vormittag.

Während des Stadtbummels machen wir einen Abstecher zu dem Salon, damit wir ihn morgen auch finden. Am Abend ruft Ana mich auf dem Handy an: Ihre Töchter hätten sie ermahnt, mir zu sagen, dass ich bestimmt das Doppelte zahlen müsste wie in Palma. Egal, das kann, will und muss ich mir jetzt leisten. Ich lasse mir meinen festen Entschluss doch nicht wegen ein paar Euros kaputt machen!

Das Doppelte? Mehr als das Vierfache! Aber: Noch nie hatten Gabriels Komplimente nach meinen Friseurbesuchen so begeistert geklungen wie heute: »Du siehst aber klasse aus!« Das finde ich heute auch, schon allein dafür hat sich die Ausgabe gelohnt.

Iñaki ist Mitte 30, gut geschult und ein moderner Meister seines Fachs. Mit seiner klitzekleinen Schere hat er mindestens eine halbe Stunde an mir rumgeschnippelt. Immer wieder ist er mit der linken Hand ins Haar gegangen, hat es ein wenig aufgewühlt und noch mal und noch mal drei Millimeter abgeschnitten. Zum Schluss habe ich einen zentimeterkurzen Schnitt, der die breite Schneise auf meinem Kopf viel besser kaschiert als zuvor. Mit meiner jetzt natürlichen Haarfarbe habe ich Glück: Das Grau ist genauso vielschichtig schattiert wie bei der Spanierin in San Sebastián. Um Gesicht und Nacken zeigt sich sogar ein noch dunkler Rand.

Der Abschied aus Bilbao wird uns erleichtert durch niedrige Temperaturen und strömenden Regen. Wir fahren in das Weindorf Elciego in der Region La Rioja, zu Gabriels Freund und ehemaligem Kollegen Eduardo. Eduardo ist dort nicht nur geboren, er ist auch mit dem halben Dorf verwandt, verschwistert und verschwägert.

Just in diesem Frühjahr hat das Rathaus einen kostenlosen Stellplatz für Wohnmobile eingerichtet und mit einer modernen Servicestation ausgestattet einschließlich Stromsäulen – ich würde gern behaupten für uns. Der Wein hat das Dorf wohlhabend gemacht, die großen alten Häuser mit Familienwappen beweisen das, verschließen sich aber mit geschlossenen Fensterläden jedem neugierigen Blick nach innen.

Das Dorf ist alt, aber die jungen Winzer gehen mit der Zeit. Die großen Bodegas des Ortes wetteifern mit den klangvollen Namen moderner Architekten, die ihnen futuristisch anmutende Gebäude schufen für Betrieb und Besucher. Frank Gehrys kurvige Metallplatten verfolgen uns seit dem Museum »Marta Herford«, dem »Guggenheim« in Bilbao und jetzt in diesem kleinen Dorf. Unter seiner Leitung wurde eine der exklusivsten Bodegas Spaniens mit einem Fünf-Sterne-Hotel verbunden. Für die Besichtigung können bequem von zu Hause aus online Tickets bestellt werden.

Die Weinlese (Vendimia) ist in vollem Gang. Während wir durch die Gassen schlendern, müssen wir immer wieder Traktoren ausweichen, deren Anhänger voll beladen sind mit eben gepflückten Trauben. An

194

einer Straßenecke können wir zusehen, wie ein kleiner Tanklastzug mit dem frisch gepressten Traubensaft befüllt wird. Einen Meter daneben ragt ein Rohrende aus der Wand und spuckt die Rückstände der Früchte nach draußen; sie landen in einem großen Holztrog.

Futuristische Architektur von Frank Gehry hinter uralten Mauern

Ein krasses Beispiel für eine Bodega, die von außen nicht mehr als solche erkennbar ist, finden wir in Laguardia, nur wenige Kilometer entfernt von Elciego: Von beiden Seiten läuft die wellenförmige Dachkante des flachen Gebäudes auf eine um einige Meter erhöhte Spitze genau in der Mitte zu, die einer Orgelpfeife ähnelt und deren Verglasung an Kirchenfenster erinnert. Geschaffen hat diese Pracht der spanische Stararchitekt Santiago Calatrava.

Wer das Dorf Laguardia besuchen will, muss unterhalb parken und mit dem Aufzug hinauffahren. Oben erwarten uns weitaus mehr Touristen als die Handvoll in Elciego. Die Lage auf einem Hügel hat neben dem Fahrstuhl zu einer weiteren Besonderheit geführt: Unter der Erde führen kilometerlange Gänge durch üppig gefüllte Weinlager; eine der Bodegas nutzt dafür sogar den gesamten Raum unter einem Platz mitten im Dorf.

Eduardo gratuliert uns, weil wir an einem Donnerstag angereist sind. Wir schwören, dass es Zufall ist und dass wir nicht wussten, was an diesem Wochentag stattfindet. Jeden Donnerstag senken die vielen Bars und Weinstuben ihre Preise und bieten besondere Tapas nach Art des Hauses an. Das kann die pikante Variante einer Tortilla sein oder aufgespießte Wachteleier mit Gambas – der Fantasie sind keine Grenzen gesetzt. Das halbe Dorf und die Feriengäste streunen gut gelaunt von Bar zu Bar. Männer und Frauen, Alt und Jung trifft sich und tauscht sich aus über die Geschehnisse der vergangenen Woche; die gute und die schlechte Ernte und was von der zukünftigen zu erwarten ist.

Vielleicht ist die Völkerwanderung an diesem Abend auch den milden Temperaturen zuzuschreiben. Und dem für uns sagenhaften Preis von 90 Cent für ein Glas guten Weines. Ein Tourist aus England, dem ein Wein besonders gut schmeckt, ordert gleich drei Kisten, die er in seine Ferienwohnung schleppt.

Nach fünf Lokalen und mindestens ebenso vielen

Gläsern innerhalb von zwei Stunden bin ich benebelt und will nur noch nach Hause. Ich fürchte Schlimmes für den nächsten Morgen, aber außer einer leichten Körperschwäche ist mein Kopf klar wie Kristall und frei von dumpfen Beschwerden.

Das ist auch gut so, weil Eduardo und seine Frau Judit am nächsten Abend unsere Widerstandskraft in Logroño testen. Die Calle del Laurel (Lorbeerstraße) ist *die* angesagte Tapasmeile der Stadt. Vor allem anderen isst man hier Champignons, zubereitet auf tausendundeine Art. Wir beginnen vorsichtshalber mit Bier, bevor wir zum Wein übergehen. Es ist Freitag, und nach elf Uhr abends können wir keinen Fuß mehr vor den anderen setzen. Vor allem sind es Spanier, die sich friedlich und ohne zu rempeln von einem Lokal ins andere schieben. Am Tresen lerne ich ein neues Wort: Zorrito steht für ein Bierchen, das in einem kleinen Wasserglas gereicht wird.

Gabriel bestellt bei Eduardo einige Kisten Wein, die dieser von einem befreundeten Winzer organisiert. Kaum zu glauben, aber für die Unterbringung der immerhin 60 Flaschen entdecken wir Stauraum, den wir bisher übersehen hatten.

Über Nacht bekommen wir Nachbarn, die uns Löcher in den Bauch fragen nach Stellplätzen. Sie bitten um Entschuldigung dafür, dass sie sich direkt neben uns gestellt haben, obwohl noch so viele andere Plätze frei sind. Sie seien noch sehr unerfahren und würden sich so sicherer fühlen. Juchhu: Auch wenn ich weiß, dass der Schein trügt, wenigstens *wirken* wir erfahren!

Beatriz und Matteo aus Costa Rica kommen mir bekannt vor, und tatsächlich haben wir uns schon in Bilbao gesehen, als wir dort gemeinsam unterhalb des Stellplatzes auf den Bus gewartet haben. Sie haben ihr Wohnmobil aus zweiter Hand in Barcelona gekauft und werden es vor dem Rückflug dort stehen lassen bis zur nächsten monatelangen Reise durch Europa. Sie sind sich noch nicht einig, ob mit oder ohne ihre beiden großen Hunde. Wie gut, dass wir *dieses* Problem nicht haben!

Nach der Weinprobe bei uns bestellen auch sie zwei Kisten. Wir besichtigen unsere Wohnmobile (in ihrem sind im Heck zwei Betten übereinander), essen zusammen in einem Restaurant das Tagesmenü und tauschen E-Mail-Adressen aus. Vielleicht treffen wir uns ja mal wieder irgendwo in Europa. Dann werden wir uns viel zu erzählen haben.

So gefällt es mir: Reisende können locker und unverbindlich in Kontakt bleiben, ohne den Druck, die Verbindung aufrechterhalten zu müssen. Eine internationale Gesellschaft hat sich um den Mittagstisch versammelt: die Spanier Eduardo und Gabriel, Beatriz, die ursprünglich aus Nicaragua kommt, aber in Florida aufgewachsen ist, der Italiener Matteo, der als Kind mit seinen Eltern nach Zentralamerika ausgewandert ist, und schließlich ich, eine Deutsche mit Wohnsitz Mallorca.

Von Pintxos zu Meeresfrüchten

Burgos in der autonomen Region Castilla y León ist unser Ziel. Wer hätte das gedacht: Auch in dieser Stadt gibt es eine Kathedrale, ein Schloss und eine alte Universität. Auch in dieser Stadt habe ich Pech: Immer wenn ich ein Museum oder eine Kunstgalerie besuchen will, stehe ich vor verschlossener Tür: weil Montag ist oder weil zurzeit mit viel Aufwand renoviert wird oder weil die wichtigsten Exponate gerade an ein anderes Museum ausgeliehen wurden …

In Burgos will ich ins Museum für die Evolutionsgeschichte der Menschheit, aber wir können unsere Fahrräder nicht sicher anschließen. Also strampeln wir hoch zum Castillo. Die letzten 200 Meter schiebe ich mein Rad mit zittrigen Beinen und nach Luft schnappend hinter Gabriel her. Das ist mir peinlich, weil wir mitten in ein Radrennen den Berg hinauf geraten und die Teilnehmer wie Bergziegen an mir vorbeiziehen. Wenigstens trage ich kein Trikot.

Einen Rundumblick von oben gibt es in vielen Städten; in Burgos hat man sich dafür vor Jahren etwas ganz Besonderes ausgedacht: Auf die Steinmauer, die den Schlossplatz umgrenzt, ist ein Metallrelief montiert mit den wichtigsten Gebäuden, die der Betrachter vor sich sieht in der Stadt. Mein Museum ist auch dabei.

Für Wohnmobile hat die Stadt auf einem großen Parkplatz einen gesonderten Bereich abgeteilt, auf dem wir eine ruhige Nacht verbringen. Eben ein Parkplatz, quadratisch, praktisch, gut, ohne besonderen Reiz, aber mit einem Einkaufszentrum in unmittelbarer Nachbarschaft.

Von Burgos geht es weiter nach Santillana del Mar in Kantabrien. Eigentlich bin ich heute nicht dran mit Fahren, möchte aber gern ans Steuer. Gabriel warnt mich vor der Strecke, aber seine Worte verhallen in den Tiefen meiner Selbstüberschätzung. Der Weg führt über den Bergpass Puerto del Escudo, der mit 1011 Metern nicht gerade überwältigend hoch ist. Trotzdem gilt der Pass als gefährlich, und das nicht nur bei Schnee und Eis oder Nebel. Im Winter ist er bei schlechtem Wetter oft gesperrt.

Auf dem Hinweg müssen Maggie und ich auf langen Strecken steil bergauf, was wir am besten mit schwungvollem Anlauf schaffen. Wehe aber, ein schnaufender Lastwagen ist uns im Weg! Dann wird auch aus unserem Lauf ein Kriechen und Krabbeln.

So richtig schlimm ist die Abfahrt auf der kantabrischen Seite. Bei bis zu 15 Prozent Gefälle ist es schwierig bis unmöglich, die Geschwindigkeit nur über das Runterschalten der Gänge zu drosseln. Mit der Motorbremse haben wir uns bislang noch nicht genügend beschäftigt,

200

um sie ausgerechnet jetzt auszuprobieren. Fast vier Tonnen Gewicht drücken abwärts! Zum Glück hat Gabriel sein Fenster geöffnet und riecht den Qualm der Bremsen; zum Glück haben die Straßenplaner für diesen Fall immer wieder Haltebuchten anlegen lassen. Nach einer halben Stunde Pause wage ich mich wieder ans Steuer. Gabriel bietet mir an, mich abzulösen, aber jetzt will ich den Weg unbedingt selbst zu Ende bringen. Mein kundiger Beifahrer traut es mir zu und ermuntert mich.

Santillana del Mar gilt als eines der schönsten Dörfer Spaniens und ist entsprechend überlaufen. Am heutigen Sonntag Mitte Oktober spazieren die Besucher bei bedecktem Himmel in aller Ruhe durch die autofreien Straßen. Ich möchte mir lieber nicht das Getümmel während der Saison vorstellen. Ein einziges Freilichtmuseum.

Der Ort wird auch das Dorf mit den drei Lügen genannt: Erstens ist es nicht heilig (Santi), zweitens nicht eben (llana), sondern ein wenig hügelig, und drittens liegt es nicht an der Küste (del Mar). Schön urig ist Santillana del Mar trotzdem mit seinen jahrhundertealten Häusern und dem holprigen Kopfsteinpflaster. Gabriel kauft ein Glas Anchoas (Sardellen), die er liebt und ich nicht mag. In diesem Ort sollen sie besonders gut konserviert werden, was er satt und zufrieden bestätigt. Es waren die teuersten, die er je gekauft hat.

In unseren Unterlagen ist der Parkplatz hinter der Touristeninformation als Stellplatz ausgewiesen, trotzdem erklärt ein Schild neben der Einfahrt mit einem dicken Kreuz über dem Wohnmobil-Symbol unsere Maggie für unerwünscht. Wir bemerken es zu spät und parken auf dem fast leeren Platz vorsichtshalber mit der Schnauze in Richtung Ausfahrt. Außer uns stehen noch zwei Camper hier. Ich schlafe unruhig und schrecke bei jedem Geräusch hoch aus Angst, dass ein Polizist kommt und uns verscheucht. Nichts passiert, und am Morgen verschwinden wir zeitig.

Wir halten uns sonst immer an die Regeln auf den Parkplätzen oder Stellplätzen für Wohnmobile. Zu oft haben wir beobachtet, dass Gebührenautomaten geflissentlich übersehen werden, Müll achtlos liegen bleibt oder trotz Verbot ein munteres Campingleben unter der ausgefahrenen Markise herrscht. Bei derart rücksichtslosem Verhalten braucht sich niemand wundern, wenn es immer weniger kostenlose Stellplätze gibt und die Regeln strenger werden.

In Oviedo müssen wir zwei Dinge dringend klären: Meine Lebensbescheinigung für die Rentenversicherung und den Defekt in Maggies Grauwassersystem. Am Telefon erhalte ich die Auskunft, dass die Bescheinigung des Notars nicht eingetroffen ist. Und das Tröpfeln des Abwassers auf den Asphalt wird zeitweise zu einem geräuschvollen Plätschern.

In einem Copyshop drucke ich das Formular noch einmal aus, jetzt in der deutsch-spanischen Version, und gehe damit zu einer Zweigstelle meiner spanischen Bank.

202

Deren Leiterin lässt ihren Blick mindestens dreimal von dem Foto in meinem Reisepass zum leibhaftigen Modell vor ihrem Schreibtisch wandern. Ich kann sie verstehen: Ich bin immer noch dieselbe Frau, aber man sieht es mir nicht mehr an. Durch die Brille auf dem Foto kann ich schon seit Jahren nichts mehr erkennen, meine Haarfarbe ist von Mahagonibraun zur grauen Wirklichkeit gewechselt und das Gesicht – nun ja. Endlich gibt sie sich einen Ruck und unterschreibt. Dieses Mal gebe ich den Brief höchstpersönlich als Einschreiben mit Rückschein auf.

Maggies Defekt wird unsere weitere Route bestimmen. Wir suchen das Garantieheft des Herstellers nach einer Vertragswerkstatt ab, die einigermaßen in unserer Richtung liegt, und stoßen auf die Stadt A Coruña in Galizien. Gabriel vereinbart einen Termin für übermorgen. Deshalb bleibt uns leider wenig Zeit für den mittelalterlichen Stadtkern von Oviedo, der einen ausgiebigen Rundgang wert ist, und wir fahren schon am nächsten Morgen weiter nach Serantes in Asturien.

Der Campingplatz »El Carbayin« hat noch geöffnet, ist aber nicht auf Wohnmobile von fast acht Meter Länge eingerichtet. Gabriel kann Maggie nur mit viel Vor und Zurück dazu bewegen, sich durch die Einfahrt zu quetschen. Wir gesellen uns zu einem einsamen, winzig kleinen Wohnwagen gegenüber einer Reihe von unbewohnten Holzhütten und schließen Freundschaft mit einer Katze. Sie wählt das Gras unter Maggie als Schlafstätte und schnurrt dankbar, als ich ihr später die Knochen von unserem Grillfleisch hinwerfe.

Wir sind Rentner mit viel Zeit und ausreichendem Einkommen; wir reisen nach eigenem Plan und Willen mit unserem Wunschmobil – wir sollten gelassen und entspannt sein und liebevoll miteinander umgehen. Tun wir meistens auch, aber heute ist verkehrte Welt. Wir sind gereizt und nervös. Ich wegen meiner Lebensbescheinigung und wir beide wegen Maggies chronischer Inkontinenz.

Mit den Rädern wollen wir im nächsten Dorf Grillfleisch kaufen. Wir finden keinen anderen Weg als die vielbefahrene Nationalstraße ohne durchgehenden Radfahrstreifen. Hinter Gabriels Rücken quengle ich mit Hingabe über den Zustand der Straße, die leichten Steigungen und den sich zuziehenden Himmel. Wäre er strahlend blau, würde ich mich wahrscheinlich über die blendende Sonne beschweren. Aber es sieht nach Regen aus. Gabriel beschleunigt genervt das Tempo. So geringfügig, dass kein Spaziergänger eine Veränderung bemerken würde. Aber ausreichend, um mir die Puste zum Reden zu nehmen. An einem Restaurant machen wir Halt und trinken einen Kaffee.

»Frag doch mal den Wirt, ob es nicht noch einen anderen Weg gibt.«

»Glaube ich nicht, aber wie du willst.«

Der Wirt bestätigt Gabriels Meinung. Mein Liebster kommt zurück an den Tisch: »Nimm deine Tasche und komm, wir gehen.« Ich springe auf: »Sprich nicht mit mir im Befehlsform!«

Er kontert: »Und welche Form hast du gerade gebraucht?«

204

Grrr …!!!

Der drohende Regen macht es auch nicht besser, Gabriels Rücken vor mir wird immer kleiner. Immerhin dreht er sich ab und zu um und vergewissert sich, dass ich ihm folgen kann. Bei so viel Entgegenkommen kann ich mit dem Rad einen Zahn zulegen, ohne das Gesicht zu verlieren.

In dem Dorf mit dem klangvollen Namen Tapia de Casariego ist kein Mensch auf den Straßen außer uns. Siesta completa. Wir lenken uns mit dem ausgiebigen Studium verschiedener Gedenktafeln ab. 1960 verunglückte ein Fischkutter beim Einlaufen in den Hafen, sechs Männer verloren ihr Leben. Das Tragische daran: Wer das Schiff nicht verließ, blieb unversehrt, während für diejenigen, die sich mit dem Beiboot retten wollten, jede Hilfe zu spät kam. Die Tragödie spielte sich so nahe an der Bucht ab, dass Dutzende der Dorfbewohner zu Augenzeugen wurden, ohne eingreifen zu können.

Später lese ich in einer aktuellen Zeitung das Interview einer alten Frau, die mit 24 ihren Mann und ihren Bruder verlor. Ihre Tochter war zwei Jahre alt, und sie war schwanger. Zu dem unersetzbaren Verlust von Mann und Bruder kam das Gefühl, selbst begraben zu werden. Die junge Frau musste zehn Jahre lang strengste Trauer tragen und war unentwegt der Kontrolle von Familie und Nachbarn ausgesetzt: kein Lachen, nie Musik hören (außer Kirchenmusik natürlich), und ihre Kinder weinten, weil sie nicht mit ihnen an den Strand gehen konnte. Das hätte ja nach Vergnügen ausgesehen.

Selbst ein Paar halbwegs hübsche Schuhe zu kaufen blieb ihr verwehrt.

Das Unglück anderer (und das gute Essen vom heimischen Grill) bringt uns wieder auf den Boden und zu der gemeinsamen Erkenntnis, dass wir aufhören sollten, einander ändern zu wollen. Es geht uns viel zu gut, um uns zu streiten. Die Katze macht es vor, satt und zufrieden putzt sie mit Hingabe ihr Fell und verzieht sich zum Schlafen unters Wohnmobil.

In A Coruña fahren wir pünktlich zum vereinbarten Termin in der Vertragswerkstatt vor. Die rundliche Chefin weist einen Techniker an, der Maggie über eine längliche Grube fährt und dann hinabsteigt, um sie von unten kritisch zu beäugen. Seine lauten Ausrufe des Erstaunens verheißen nichts Gutes. Er taucht aus den Tiefen wieder auf und tuschelt kurz mit seiner Chefin, die ihm eine Digitalkamera in die Hand drückt.

Auf dem Mini-Bildschirm sehen wir Rohre aus Kunststoff, die an mehreren Stellen große, unregelmäßig begrenzte Löcher aufweisen – wie durchgeschmort. Das Gleiche am Siphon unter der Dusche. Dieser Siphon ist leider das einzige Teil, das sie heute austauschen können; für die kaputten Rohre haben sie keinen Ersatz auf Lager. Sie will aber die Fotos an den Hersteller schicken, damit wir von dort einen Vorschlag zur Behebung des Schadens erhalten.

Mit dem Wohnmobil haben wir als Zusatzleistung ein sogenanntes Winterpaket gekauft, das die Heizung

206

beinhaltet sowie eine Isolierung des Wasserrohrsystems als Schutz vor Frost. Auf den Fotos ist gut zu sehen, wo diese beheizbaren Bänder um die Rohre gewickelt sind. Aus irgendeinem uns unerfindlichen Grund müssen sie über längere Zeit eingeschaltet gewesen sein. Wir selbst haben nur ein einziges Mal die Heizung ausprobiert, um zu sehen, ob sie funktioniert. Wirklich gebraucht haben wir sie noch nie, und schon gar nicht haben wir unsere Maggie Frostbedingungen ausgesetzt. Die bange Frage steht im Raum: Haben wir etwa ein Montagsmodell erwischt?

Wir nutzen die Reparaturzeit zum Mittagessen in einem Restaurant mit gefühlt mindestens 200 Tischen, in dem sich sämtliche Arbeiter und Angestellte des Industriegebiets versammelt haben. Ein gutes Zeichen, und tatsächlich haben wir die richtige Wahl getroffen: Das preiswerte Tagesmenü wartet mit leckerer Hausmannskost und korrekten Portionen auf.

Bei der Abholung lobt die Chefin unser Wohnmobil über den grünen Klee. Marke und Modell seien absolute Klasse – bis auf diese Kleinigkeit mit den Rohren eben. Ein derartiges Problem sei ihr noch nie untergekommen. Uns auch nicht, und wir hätten gut darauf verzichten können. Trotzdem freut und beruhigt uns die fachfrauliche Bestätigung unserer Wahl. Bevor Gabriel Maggie startet, öffnen wir jeden Wasserhahn einzeln und gehen draußen auf die Knie: Die Dusche hält jetzt dicht, das ist immerhin etwas.

Unser Navi führt uns auf einen Hügel zum Torre

207

de Hércules (Herkulesturm), allerdings nicht auf dem einfachen, geraden Weg entlang der Bucht. Wir sollen durch die City und bleiben hoffnungslos darin stecken. Ein Straßenarbeiter eilt herbei und rettet uns, er geht uns sogar voraus und verscheucht andere Verkehrsteilnehmer, die uns Unbefugten den Weg versperren. Er führt uns 50 verbotene Meter in Gegenrichtung durch eine Einbahnstraße, aber es gibt kein Zurück mehr. Wir werden ihm ewig dankbar sein und erzählen diese Anekdote gern als Beweis für die Freundlichkeit der Galizier.

Der anvisierte Stellplatz erweist sich als normaler Parkplatz, auf dem Wohnmobile nur geduldet sind. Maggie ordnet sich zwar ein, aber ihr Hinterteil ragt weit über die Rasenfläche hinaus und mit der Schnauze schnüffelt sie gut 30 Zentimeter in den Fahrtweg hinein. Vor allem am Abend kann ich die Verärgerung der Bevölkerung über die vielen Wohnmobile verstehen.

Für die aktiven und passiven Teilnehmer an Veranstaltungen im benachbarten Sportzentrum ist dieser Parkplatz die einzige Möglichkeit zum Abstellen ihrer Autos. Vielen bleibt nichts anderes übrig, als wild auf dem Gras zu parken. Ein abgetrennter Parkbereich ausschließlich für Wohnmobile wäre besser für alle Beteiligten. Uns gegenüber studiert ein junges Paar in seinem Wohnmobil eifrig Navi und Karten und verschwindet nach kurzer Zeit wieder. Wohin? Nach dem Desaster in den engen Straßen der Stadt fürchten wir uns vor erneuten Irrwegen und beschließen zu bleiben.

Das Wetter hat aufgeklart, wieder ist die Sonne unsere ständige Begleiterin. Wir fahren zum Herkulesturm hoch (falsch: *ich* schiebe mein Rad) und berauschen uns an der Sicht auf das ruhige Meer im Westen, Norden und Osten. Auf dem Rückweg verfolgen uns die lang gezogenen Töne eines Dudelsacks, der Musiker hat sich dankenswerterweise zum Üben an den Rand einer Wiese zurückgezogen. Das ist üblich, denn dem Klang eines Dudelsacks innerhalb eines geschlossenen Raumes können bei bis zu 120 Dezibel nur wirkliche Liebhaber etwas abgewinnen, für andere ist es Lärmbelästigung. Draußen aber genießt das Instrument mit seinen alles durchdringenden Tönen zu Recht Kultstatus. Der Dudelsack ist ein Teil der keltischen Kultur in Galizien und heißt hier Gaità.

In der anderen Richtung führt uns der Fahrradweg an der Bucht entlang. Parallel dazu verlaufen Straßenbahnschienen für die einzige Linie in der Stadt. Sie war nur kurze Zeit in Betrieb, wurde fast ausschließlich von Touristen benutzt und nach einem Defekt ersatzlos ausgemustert.

Ich erinnere mich an die Bilder von unzähligen sterbenden und toten Seevögeln in Zeitungen und im Fernsehen. Die Fotografen und Kamerateams konnten diese Bilderflut nur bei ablaufendem Wasser einfangen. Das Gefieder der Vögel war verklebt von Schweröl. Sie konnten nicht mehr watscheln und nicht mehr fliegen, sie konnten ihre Schnäbel nicht mehr ins Wasser tauchen und nach Nahrung suchen.

Weiß auf Blau auf rotem Pflaster: Fahrradweg zum Torre de Hércules

210

Ich erinnere mich auch an die Bilder von Tausenden von Freiwilligen aus ganz Europa. Sie steckten von Kopf bis Fuß in weißen Schutzanzügen und arbeiteten sich vor von Fels zu Fels. Den Dreck, den sie von den Steinen kratzten, warfen sie in schwarze Plastikeimer.

Der Tanker *Prestige* geriet im November 2002 vor der galizischen Küste in Seenot. Nach sechs Tagen brach er in der Mitte auseinander und sank mit 77 000 Tonnen Schweröl an Bord. Über 50 000 Tonnen des klebrigen schwarzen Zeugs flossen ungehindert ins Meer und schwappten an Land.

Die Costa de la Muerte, die Todesküste Galiziens reicht von A Coruña bis zum Kap Finisterre – dem Ende der Welt. Die Fischer hier wissen um die Gefahr ihres Berufes. Laufen sie zur falschen Zeit aus, schmettern die hohen Wellen des Atlantiks ihre Boote an die Felsen.

Vor der Steilküste türmen sich riesige Steinformationen. Flut und Ebbe haben zahlreiche Felsen rund geschliffen oder ausgehöhlt, zerklüftet und gespalten. Dort, wo Wasser und Wind in Millionen von Jahren geschützte Buchten geschaffen haben, einige sogar mit Sandstränden, haben sich Fischer niedergelassen und in Dörfern zusammengeschlossen.

Wir lassen uns viel Zeit für einige dieser Orte. Im Hafen von Malpica de Bergantiños treffen wir die jungen Deutschen wieder, die von dem Platz unter dem Herkulesturm in A Coruña geflohen sind und hier eine ungestörte Nacht auf der Mole verbracht haben.

In Camarillas steht Maggie am Hafenbecken meter-

211

hoch über dem Wasser. Als einzige Gäste in einem großen Restaurant genießen wir eine grandiose Platte mit frischen Meeresfrüchten. 70 Euro für zwei Personen, das ist nicht teuer. Zumal Percebes (Entenmuscheln) zum Sattessen dabei sind. Ich habe sie noch nie gesehen, geschweige denn gegessen, und finde sie köstlich. Das ist Meer und Seeluft pur am Gaumen. Für Männer gelten sie als Aphrodisiakum, vermutlich wegen ihrer Pimmelform.

Das primitive Meeresgetier ist eine Spezialität dieses Küstenstreifens und schwimmt nur als Larve für kurze Zeit im Meer. Danach bleiben sie wie festgewachsen auf den nassen Steinen und müssen mühsam Stück für Stück abgepflückt werden. Die Saison hierfür ist im Winter; zu Weihnachten steigen die Preise ins Astronomische. Die Männer und auch Frauen fahren bei Ebbe mit kleinen Booten so nah wie möglich an die Felsen heran und springen ins Wasser. Manche nähern sich auch kletternd und rutschend vom Land her.

Die Percebes sind zäh, sie müssen mit Metallinstrumenten abgekratzt werden. Das Pflücken ist ein Knochenjob und zudem gefährlich. Immer wieder schleudert eine unvorhergesehene Welle Mann oder Frau an die Felsen und zurück ins Wasser. Immer wieder kommt dabei einer von ihnen zu Tode oder wird zum Krüppel.

Auf dem Weg an das Kap Finisterre übernachten wir in Muxia an der Lonja, der Halle, in der die Fischer ihre Ware verkaufen. Zu spät bemerken wir, dass die Dorfjugend diesen Platz als abendlichen Treffpunkt nutzt. Aber bis um elf sind sie verschwunden, und wir haben eine ruhige Nacht. Ein Paar aus England parkt sein Wohnmobil am Busdepot gegenüber, das Heck drückt den Fahrradträger fast an die Wand, damit die Räder sicher sind vor Diebstahl.

Platte mit Meeresfrüchten zum Sattessen für zwei

Das Kap Finisterre, das Ende der Welt, überrascht uns mit einer farbenfrohen Ausstellung auf dem Gelände des Leuchtturms. Schulklassen der Umgebung sollten mit Mosaiksteinen beide Seiten einer mannshohen Betonwelle mit einem maritimen Thema ausschmücken. Das Ergebnis ist bunt und abwechslungsreich und bleibt hoffentlich noch eine ganze Weile stehen.

Am frühen Vormittag sind wir die einzigen Besucher hier. Auf der Grenzmauer breitet ein dicklicher Mann mit umständlichen Bewegungen Stempel und Stempelkissen aus neben einem Gläschen mit blauer Tinte. Später wird er mit Bedacht seinen Stempel auf die Papiere der stolzen Pilger setzen.

Das Kap Finisterre ist das inoffizielle Ende des Jakobsweges, aber die meisten Wanderer zieht es weiter nach

213

Santiago de Compostela. Das Symbol des Pilgerweges, die mit gelben Strahlen angedeutete Form der Jakobsmuschel auf blauem Grund, sahen wir schon in Frankreich, vermehrt in Spanien und werden es auf der nächsten Reise sogar in Lüneburg in Norddeutschland wiederfinden. Im Mittelalter kauften die Pilger am Ziel ihrer Reise so eine Muschelschale, um zu zeigen, dass sie den Weg tatsächlich bewältigt hatten. Außerdem war sie ein äußerst praktisches Trinkgefäß.

Farbenfrohe Mosaiken mit Meeresmotiven am Ende der Welt

Der Jakobsweg boomt, und das nicht erst, seitdem Hape Kerkeling ihn beschritten und beschrieben hat. Jedes Jahr werden es mehr Wanderer oder Radfahrer, die sich auf den Weg machen – aus welchen Gründen auch immer. Wir fahren an etlichen von ihnen vorbei: allein, zu zweit oder in Gruppen; zu Fuß, mit dem Rad und sogar auf dem Pferd. Manches Outfit könnte einem

Werbeprospekt für stylische Wanderkleidung entsprungen sein, andere Wanderer sind zerlumpt wie Bettler am Straßenrand.

Nach dem Besuch des Leuchtturms verlassen wir die Küste und fahren über Santiago de Compostela in das Landesinnere von Galizien. Es ist mir immer wieder ein Quell reinster Freude, meine vagen Vorstellungen von der Wirklichkeit bestätigt zu sehen, so auch hier. Die Wanderer lagern in Mengen erschöpft, aber zufrieden auf dem Platz vor ihrem Ziel, der Kathedrale. Sie liegen, sitzen und lümmeln sich im Schatten und in der Sonne. Ich bin gemein, hundsgemein und betrachte mir dieses Bild von der Terrasse eines teuren Cafés aus – ohne Blasen an den Füßen und Staub in den Haaren. Und ergehe mich in so üblen Kommentaren wie: »Guck mal den da, der macht heute doch keinen Schritt mehr!« oder »Meinst du, die da hinten in der Ecke schlafen schon?«

Alte Steine und noch mehr Tapas

Gabriel zieht es von der Küste in das Weinanbaugebiet Galiziens, in die Ribeira Sacra. Außer für Weißwein und Kastanienwälder ist die Region bekannt für ihre landschaftliche Schönheit mit bewaldeten Bergen entlang der Flüsse Sil und Miño. Unser Ziel ist das Städtchen Chantada. Genauer gesagt: Cristina, bei der mein Weinkenner zwei Kisten Weißwein bestellt hat.

Die attraktive Nichte eines Weinbauern und Mutter von vier schulpflichtigen Kindern bringt uns die Kartons zu dem kleinen Stellplatz am Sportzentrum. Auf dem Weg dorthin landen wir zunächst im Wald, nur um danach eine derart abschüssige Straße hinunterzufahren, dass mir fast schlecht wird. Mir dreht sich jedes Mal der Magen um, wenn ich von dem höchsten Punkt einer steil ansteigenden Straße die vor mir liegende Fahrbahn für einen kurzen Moment nicht sehen kann. Erst wenn das Fahrzeug sich nach unten neigt und der feste Boden unter seinen Rädern wieder zum Vorschein kommt, lösen sich meine verkrampften Hände von Haltegriff und Armlehnen. »Keine Angst, wir fallen nicht«, sagt Gabriel dann immer und lacht dabei.

Am nächsten Tag geht das Abenteuer weiter. Wie so

viele andere unterschätzt auch Cristina die Ausmaße unseres Wohnmobils und lotst uns durch die Gassen des Zentrums, was an sich schon ziemlich kriminell ist. Die steilen Hügel des Weinbaugebiets aber toppen noch das Gefühl einer Hindernisfahrt. Die Straße verengt sich zu einem einspurigen Weg, breit genug für zwei Arbeitsfahrzeuge der Weinbauern, aber zu schmal, um Maggie auszuweichen. Dem Himmel sei Dank: Der befürchtete Gegenverkehr bleibt aus.

Cristina liebt ihre Heimat und möchte uns unbedingt Gebiete zeigen, in die Touristen sich normalerweise nicht verirren. Vom Beifahrersitz aus weist sie auf ein uraltes Lagerhäuschen rechts und formt mit den Händen die herbstlich getönten Bäume zur Linken nach. (Indian Summer lässt grüßen.) Gabriel lässt sich Gott sei Dank nicht ablenken und konzentriert sich voll und ganz auf den Verlauf der Straße vor uns. Und darauf, dass wir nicht allesamt in den Fluss unter uns fallen.

Ich bin heilfroh, dass nicht ich fahre. Noch nicht einmal von der Bank am Tisch aus kann ich die Umgebung genießen. Gabriel ist schweißgebadet, als wir endlich unten am Fluss Miño ankommen. Den Rückweg vereinfachen und verkürzen wir über die Schnellstraße mit einem Abstecher zur Bodega von Cristinas Onkel. Wir sehen ihn zum ersten und wahrscheinlich auch zum letzten Mal, trotzdem führt er uns durch das aufwendig restaurierte Gebäude aus dem 17. Jahrhundert und schenkt uns eine weitere Kiste Wein. Vielleicht sollten wir nach unserer Rückkehr unsere Rente mit einer Weinhandlung aufbessern?

Wir entfernen uns weiter von der Küste und besuchen das Dorf Castrillo de los Polvazares (was für ein Name!) im Bezirk La Maragatería der Provinz León. Vom 16. bis Mitte des 19. Jahrhunderts beherrschten Holzkarren mit Mauleseln die Straßen. Deren Besitzer transportierten mit Salz konservierten Fisch von der Küste ins Landesinnere und beluden die Karren auf dem Rückweg mit Würsten und anderen luftgetrockneten Lebensmitteln. Eine Eins-a-Logistik mit optimaler Ausnutzung von Tier und Technik.

Auch ohne Telefon und Internet funktionierte das Gesetz von Angebot und Nachfrage. Die Häuser teilten sich Mensch und Tier mit Transportkarren und zwischengelagerter Ware. In der Mitte der leicht abschüssigen Straßen rannen Abwasser, Exkremente und sonstiger Dreck aus dem Dorf hinaus auf die Wiesen.

1866 wurde die Eisenbahnlinie eingeweiht, vermutlich mit großem Pomp und Fanfarenklang. Sie brachte das Aus für Handel und Wohlstand. Tiere und Menschen verschwanden aus dem Dorf.

Heute wohnen in Castrillo de los Polvazares keine 100 Seelen mehr. Häuser und Straßen sehen aus wie eh und je, nur bestimmen im 21. Jahrhundert statt Maultieren Touristen das Bild. In Scharen kommen sie zum Essen, denn mehr als 20 Restaurants locken in dem Örtchen vor allem mit traditionellen Gerichten. Der öffentliche

Parkplatz am Ortseingang ist gestopft voll, als gäbe es im Umkreis von 100 Kilometern keine Restaurants. Wir haben Glück und finden eine Ausweichmöglichkeit.

Schauen wir ein gutes Jahr zurück, als Gabriel und seine fünf Fahrradkumpels schweißgebadet das Dorf erreichten. Sechs Tage waren sie schon unterwegs, vier hatten sie noch vor sich. Sie klopften an die verschlossene Tür eines Hotels und wurden erhört. Der Besitzer zeigte ihnen freie Zimmer und überreichte ihnen den Schlüssel zur Bar mit Papier und Bleistift für eine Strichliste über die konsumierten Getränke. Aus der Küche holte er Brot, Olivenöl und Tomaten, stellte Käse und Schinken dazu und verabschiedete sich bis zum nächsten Morgen.

Nach dem Essen stapelten die Männer brav das schmutzige Geschirr auf einer Anrichte neben der Küchentür und fielen in ihre Betten. Voller Dankbarkeit über dieses Vertrauen hängten sie noch eine Nacht dran, um mittags im Restaurant den Umsatz der auslaufenden Saison zu steigern. Wenn sechs kräftige Radfahrer bei Essen und Trinken zuschlagen, lohnt sich das für jeden Wirt!

Gabriel und ich warten eine Viertelstunde an der Rezeption desselben Restaurants, bis ein Tisch für zwei frei wird. Mein Lieblingsmann will mir den Cocido Maragato schmackhaft machen, *die* Spezialität nicht nur dieses Hauses, sondern des ganzen Dorfes. Ich kenne den Cocido Madrileño: Auf eine klare Brühe mit Mini-Nüdelchen folgen gekochte Kartoffeln mit Kichererbsen und anderem Gemüse, meistens Karotten oder Kohl.

219

Traditionell aß man Hühnchen und Schweinefleisch zusammen mit Speck, Blut- und Kochwürsten am Schluss, heute wird es fast immer zusammen mit dem Gemüse und Kartoffeln auf einer großen Platte serviert. Die ganze Mahlzeit erinnert an eine deftige Schlachtplatte.

Das Besondere am Cocido Maragato ist die umgekehrte Reihenfolge. Vor Jahrhunderten, als Frieden eine Ausnahme war und alle naselang ein Überfall drohte, dachten sich die Menschen: das Beste zuerst, wer weiß, wie lange mir noch bleibt. Also erst das Fleisch, dann Kartoffeln und Gemüse und zum Schluss die Brühe. Egal in welcher Reihenfolge: Diese Mahlzeit (noch dazu mit Nachtisch) lässt den Blutdruck steigen und ist nichts für Kalorienzähler oder Blutfettgeschädigte.

Erste Reihe mit Pfützenblick in
Castrillo de los Polvazares

220

Der Wirt erkennt Gabriel wieder und begrüßt ihn lachend wie einen guten alten Bekannten. Weil wir heute nicht mehr weiterfahren, gibt er uns einen besonders hochprozentigen Chupito (Schnäpschen) aus als Verdauungshilfe. Den brauche ich auch dringend! Erst nach Stunden verlassen wir das Restaurant und machen ein hart verdientes Verdauungsschläfchen im Wohnmobil. Unser Nachtquartier beziehen wir auf dem jetzt leeren Parkplatz.

Stetiger Regen singt uns ein sanftes Schlaflied. Wir liegen trocken im Warmen und lassen uns einlullen, während das Wasser leise aufs Dach fällt und von dort die Wände herunterrinnt auf den Asphalt. Kein kräftiges Trommeln und auch kein Plop, Plop, Plop von vereinzelten Tropfen. Maggies dünne Wände bringen uns der Natur näher als jedes Ferienapartment.

Nach so viel deftigem Essen steht mir der Sinn nach Kultur, wofür sich ein Besuch der alten Universitätsstadt Salamanca anbietet. Da wir wieder einmal einen Waschtag einlegen müssen, fahren wir auf den Campingplatz »Don Quijote« in Cabrerizos in der Nähe der Stadt. Ein sympathisches junges Paar mit vergnügtem Kleinkind führt den Betrieb einschließlich Restaurant und kleinem Laden. Wenn viel los ist, helfen die Großeltern.

In einer Woche, am 31.10., ist die Campingsaison für diesen Platz vorbei. Auf dem noch geöffneten Teil sehe ich Wohnmobile aus Großbritannien, Spanien, Frankreich, Holland, Dänemark, Schweden und Deutschland.

221

Jedes hat viel Platz auf festem Rasen und steht auf einer von einer Hecke umrahmten und von Bäumen beschatteten Parzelle. Saubere Duschen und Toiletten, funktionierendes WLAN und aufmerksame Menschen – was will man mehr für 15 Euro. Im Restaurant ist jeder Platz besetzt. An einem Sonntag wie heute reservieren auch zahlreiche Familien aus dem Dorf einen Tisch.

In Salamanca staunen wir nicht schlecht über das Konterfei des Diktators Franco. Die Plaza Mayor ist rundum bestückt mit Reliefs der Köpfe von bedeutenden Männern und Frauen aus der Geschichte des Landes und der Stadt – aber immer noch Franco? Im Sommer darauf hören wir, dass sein Bild entfernt wurde.

In unregelmäßigen Abständen überraschen uns Regenschauer. Auf dem Platz fehlt es uns an nichts, weshalb wir noch eine Nacht dranhängen und zu Hause bleiben. Ich beschließe, dass auch relaxen eine Form von Hochkultur ist.

Noch nie hatte ich ein Gefühl oder ein Bewusstsein von Heimat. Mein Zuhause, meine Heimat ist da, wo mein Alltag ist mit Kochen und Wäschewaschen, Sudoku-Spielen, Lesen und Fernsehen und vielem mehr. Und wo Gabriel ist. Mit dem Wohnmobil und meinem Mann fühle ich mich überall daheim.

Normalerweise hasse ich putzen. Nicht so im Wohnmobil, obwohl ich mich immer wieder frage, woher diese täglich neue Unmenge an Staub kommt und durch welche Ritzen sie eindringt. Auf dem kleinen Raum nerven Staub und Krümel auch eher als in einem Wohn-/

Esszimmer von 30 Quadratmetern. Dafür sind sie aber auch viel schneller entfernt.

Vermutlich ist es dieses Puppenstubenhafte, das uns beide drängt, Maggies Inneres ohne Murren auf Hochglanz zu halten, vor der Eingangstür die Schuhe auf der piksigen Plastikmatte (jawohl, seit Freiburg haben auch wir eine) abzutreten und sie sofort gegen Hausschuhe auszutauschen. Gabriel hat sich inzwischen sogar ein Paar von diesen grünen Clogs gekauft. Ich muss zugeben, dass ich sie mir für einen kurzen Gang über matschiges Gelände schon einige Male ausgeliehen habe. Aber bei dem einen Paar soll es bleiben!

Cáceres liegt in der autonomen Region Extremadura. Auf der Suche nach dem kommunalen Stellplatz verfehlen wir die letzte Abzweigung und müssen am Ende der Straße umkehren. Das bemerken sofort die schlauen Deutschen hinter uns, die uns seit einigen Kilometern mit ihrem Wohnmobil folgen. Auch sie drehen, sind folglich vor uns da – und schwupp, belegen sie den letzten freien Platz. Grrr …!

Wir stellen uns auf den Busparkplatz daneben, verputzen unser Mittagessen und warten in aller Ruhe ab, bis ein Fahrzeug den Platz verlässt. Es hätten auch beide Wohnmobile Platz gehabt, wenn nicht ein deutscher Althippie sich mit seinem bunten Camper mitten auf eine Trennlinie gestellt hätte. Um sich herum hat er ein transportables Solarmodul und eine Satellitenschüssel aufgestellt und die Näpfe für seinen großen Hund. Fehlt

223

nur noch, dass Herrchen an einen Mast pinkelt und so seinen Anspruch auf das Terrain markiert.

Wir treffen uns mit Pepa und Pedro, die mit ihrem großen Camper schon um die halbe Welt gereist sind. Zu Zeiten, als der Staat Jugoslawien noch existierte und man sorglos durch die Türkei und den Iran reisen konnte. Beide sind in Cáceres geboren und Pedro ist zudem noch Historiker. Das macht ihre Führung durch die Altstadt zu einem spannenden Rundgang.

Und was ist bei mir hängengeblieben? Die Tapasbar im Wohnviertel der beiden! Ich wollte Kultur? Und ich bekam Tapaskultur vom Feinsten. Wir müssen uns nicht die Mühe machen, auszusuchen und zu bestellen, eine Köstlichkeit nach der anderen erreicht unseren kleinen Tisch. Nachbarn und Passanten kommen und gehen, begrüßen und verabschieden sich mit Wangen-küssen und genießen ein Bier oder ein Glas Wein mit einer kleinen Leckerei. Plaudern, lachen, debattieren – wir dürfen an einer entspannten Feierabendstimmung teilhaben.

In Mérida, der Hauptstadt der autonomen Provinz Ex-tremadura, haben wir kulinarisch weniger Glück, das Mittagsmenü im Restaurant des Museums ist konse-quent schlecht. Von der versalzenen Vorsuppe bis zum zu süßen Nachtisch. Dagegen beeindruckt uns das Tea-tro Romano mit seiner durchdachten Architektur. Schon vor 2000 Jahren, zu Zeiten römischer Herrschaft, saßen hier bis zu 6000 Zuschauer auf ansteigenden Sitzreihen vor einer beeindruckenden Kulisse aus Marmorsäulen und steinernen Skulpturen. Die Bühne und der Platz davor boten (und bieten) Raum genug für Schauspiel und große Events wie Reiterspiele mit zwei Mannschaften.

Heute spielt die Sonne für uns mit den Säulen und Skulpturen und malt ihre Schatten auf Stein und Marmor.

Alte Steine begleiten auch unsere Radtour am Ufer des Guadiana. Die Stadtverwaltung hat sich mit einer kilometerlangen Grünanlage entlang des Flusses etwas Feines einfallen lassen. Hier ein Spielfeld für Sportbegeisterte, dort lange Spazierwege und immer wieder Plätze für Kinder. Eine Gänsesippe watschelt aufgeregt schnatternd über den Fahrradweg. Die Tiere haben ein klares Ziel im Köpfchen, das sehen wir ihnen an und folgen ihnen, bis unsere Aufmerksamkeit von einem Aquädukt auf einer Wiese abgelenkt wird. Ein antikes Bauwerk zum Anfassen, in dem Kinder zwischen den Mauern Verstecken spielen.

Zum Glück ist der Stellplatz in Córdoba leicht zu finden und liegt nahe an der historischen Stadtmitte. Die Einfahrt ist eng, Gabriel konzentriert sich, und wir müssen ein waches Auge haben auf die Barrieren rechts und links. Dann gibt es für elf Euro freie Wahl unter vielen leerstehenden Plätzen, mit und ohne Schatten, längs oder quer.

Gabriel und ich sind beide Atheisten. Ich eher moderat, er sehr konsequent. Mein Mann betritt keine Kirche,

225

schon gar nicht, wenn er dafür Eintritt zahlen soll. Eine Ausnahme macht er für Beerdigungen und die Mezquita-Catedral in Córdoba. Ende des 8. Jahrhunderts bauten die arabischen Eroberer die Moschee auf den Fundamenten und mit den Materialen einer westgotischen Basilika. Fast 500 Jahre später, Mitte des 13. Jahrhunderts, bemächtigten die Christen sich wieder der Stadt und weihten das Gebetshaus der Moslems kurzerhand zur Kathedrale für die Katholiken. Heute gehört die Moschee-Kathedrale zum Weltkulturerbe und mit der Alhambra bei Granada zu den meistbesuchten Bauwerken Spaniens.

Durchblick in der Kulisse des römischen Amphitheaters in Mérida

226

Glücklicherweise machten die Katholiken die Moschee nicht dem Erdboden gleich (vielleicht hatten sie weder Zeit noch Gold für einen Neubau), sondern erhielten sie in ihrer lichten Größe und Schönheit. An einem Donnerstag Ende Oktober hält sich die Besucherzahl in Grenzen. Ungestört können wir auf mehr als 23 000 Quadratmetern umherwandeln. Das einströmende Licht, die Größe der Säulenhalle, die filigranen Holzarbeiten – das alles beeindruckt auch heute noch.

Indes nicht so weit, dass es die digitale Neuzeit vergessen lässt: Die Objektive Hunderter Handys nehmen alles auf, was auf die Speicherkarte passt.

Ans Ziel und nach Hause

Fürs Erste habe ich genug von antiken Ruinen und bemoosten Trümmern. Mein Kopf schwirrt und verweigert jede weitere Aufnahme von Bildern und Informationen. Gabriel möchte mir so gern noch Sevilla zeigen, aber ich will nicht und vertröste ihn auf eine spätere Reise. Jetzt soll Gabriels Verwandtschaft zu ihrem Recht kommen – und wir drei Tage zur Ruhe. So jedenfalls stelle ich es mir vor.

Falsch gedacht! Das mit der Verwandtschaft stimmt, aber Ruhe? Ich weiß nicht, warum ich von nur *einem* Cousin mit Frau, nur *einer* Cousine und nur *einer* alten Tante ausgegangen bin. Wahrscheinlich habe ich Ignorantin mal wieder nicht zugehört, wenn Gabriel von seiner Herkunftsfamilie erzählte. Seine Eltern wurden beide in Jaén geboren und sind dort aufgewachsen und haben noch vor ihrer »Auswanderung« nach Mallorca geheiratet.

Gabriel hat in Jaén *zwei* Cousinen und *vier* Cousins. Mit den jeweiligen Partnern macht das schon mal zwölf Personen, die zusammen über zehn Kinder großgezogen haben. Diese Kinder sind heute zwischen 25 und über 50 und haben ihrerseits Partner und Kinder. Dazu kommen noch eine alte Tante und ein uralter Onkel.

Dieser tauscht seinen Hakenstock immer noch regelmäßig gegen das Lenkrad eines altersschwachen Seats aus, um auf dem Grundstück seines Landhäuschens Hund und Katz zu füttern und nach dem Rechten zu sehen.

Bei der Fahrt nach Jaén erinnere ich mich an einen Spruch aus dem Mund meiner Mutter, als mein Vater vor mehr als einem halben Jahrhundert die Familie durch den Sachsenwald in Schleswig-Holstein kutschierte: »Rechts Bäume, links Bäume – und dazwischen Zwischenräume.« Schon eine halbe Stunde vor Erreichen der Stadt besteht die Landschaft ausschließlich aus Hügeln mit Olivenbäumen. Kilometerlang, zu beiden Seiten, so weit das Auge reicht. Olivenöl ist immer noch der bedeutendste Wirtschaftszweig in der Provinz Jaén, die in Spanien die produktivste Region des flüssigen Goldes bildet.

Auch die Stadt Jaén wurde auf Hügeln gebaut, und Maggie muss unzählige enge Straßen rauf und runter. Das Navi will uns in Gassen abzweigen lassen, in die wir mit dem Wohnmobil unmöglich einbiegen können. Wir bekommen das Temperament der Andalusier zu spüren: Wann immer wir nicht weiterwissen und Gabriel die Fahrt verlangsamt, zielen Hupkonzert und Flüche von allen Seiten auf unsere Nerven und treffen sie empfindlich. Endlich erblicken wir das ersehnte Hinweisschild.

Doch was ein Stellplatz sein sollte, entpuppt sich als ganz normaler Parkplatz zwischen Bahnhof und Jugendhostal und ist zudem schwer zugänglich. Es gibt keine vernünftige Unterteilung geschweige denn Abtrennung für Wohnmobile und auch sonst keinen Service. Auch in Gabriel steckt andalusisches Temperament. Gerade als er laut schimpfend erwägt, Jaén und seine Familie links liegen zu lassen und nach Granada weiterzufahren, ruft sein ältester Cousin Manuel an. Er wohnt etwas außerhalb der Stadt in einer Reihenhaussiedlung und preist uns einen freien Platz gegenüber von seinem Haus an.

Natürlich liegt auch dieses Viertel auf einem Hügel in einem Randbezirk der Stadt. Links ziehen die immer gleichen Reihenhäuser an uns vorbei, rechts ist der Blick frei auf Olivenhaine und die Stadt zu ihren Füßen. Die Straßen hier führen die Autofahrer erst hoch hinaus, dann tief hinunter, bis die Bremsen an der nächsten Kreuzung kreischen.

Tatsächlich befindet sich schräg gegenüber von Manuels Haus eine betonierte Plattform vor einem Transformatorenhäuschen. Drei Tage und drei Nächte weichen wir hier nicht von der Stelle. Mehr noch: Zum ersten Mal, seitdem wir im Frühjahr unseren ersten Campingplatz in Jarplund mit nicht eingeholten Heckstützen verlassen wollten, kurbelt Gabriel diese wieder herunter.

Und das bei Nacht und Nebel. Wir haben das sanfte Wiegen bei Wind liebgewonnen, es ist wie das leise Schaukeln eines Bootes bei ruhiger See. Aber was unten im Tal Wind war, ist hier oben ein heftiger Sturm mit so gewaltigen Böen, dass wir um Maggies Stabilität fürchten, zumal bei dem leicht abschüssigen Boden. Mitten in der Nacht steht Gabriel auf und sichert unser Zuhause.

230

Gabriel und seine zweite Frau aus Deutschland, wir werden mit nicht enden wollender Gastfreundschaft von Haus zu Haus gereicht, von Bar zu Bar und von Restaurant zu Restaurant. Nicht zu vergessen die Kathedrale und das Schloss hoch oben auf dem Berg, das heute als Hotel geführt wird. Jeden Morgen bestehen wir auf unserem Frühstück allein in unserer Hütte; keine Nacht kommen wir vor ein oder zwei Uhr morgens zurück.

Nicht ein einziges Mal dürfen wir bezahlen, noch nicht einmal der Ich-muss-mal-auf-die-Toilette-Trick klappt. Als ich an der Bar nach der Rechnung frage, scheitere ich am Wirt: »Nein, das geht nicht, ich will es mir ja nicht mit meinen Stammkunden verderben.« Wir revanchieren uns mit Weinflaschen aus unseren Vorräten. Die dadurch entstehenden Lücken füllen wir vor der Abreise auf mit selbst gemachtem Wein und Schnaps, sonnengereiften Tomaten und Paprika aus den Beständen der Verwandten. Und natürlich literweise mit bestem Olivenöl!

So viele Besucher wie in diesen drei Tagen hat unsere Maggie noch nie willkommen geheißen. Wir sind stolz, sie zeigt sich von ihrer besten Seite. Aufgeräumt, geschniegelt und geputzt prangt sie im Sonnenlicht und lädt ein mit weit offenen Türen und Fenstern. Alt und Jung, Groß und Klein schiebt sich durch den Gang, fast geht es zu wie auf der Messe in Düsseldorf. Wie die Angestellten dort werden auch wir mit Fragen gelöchert und nicht müde, Ausstattung und Technik zu erläutern und ihre Vorzüge hervorzuheben – ohne ihr chronisches Leiden, die leidige Inkontinenz zu verschweigen. Das können wir auch gar nicht, weil die Pfütze auf der betonierten Fläche unübersehbar ist und der Erklärung bedarf. Ein reger Austausch von E-Mails mit Herrn Barthels im Norden und dem zuständigen Sachbearbeiter der Fabrik im Süden Deutschlands gibt der Werkstattleiterin in A Coruña recht: Das gesamte Abwasser-Rohrsystem muss ausgetauscht werden. Am besten in der Werkstatt auf dem Fabrikgelände, mit der wir später von zu Hause aus einen Termin vereinbaren werden.

Die Familie gibt uns einen guten Rat mit auf den Weg. Auch wenn wir Sevilla gestrichen haben, die Alhambra *muss* sein! Leider waren schon *vor* unserer Abreise im September alle Online-Tickets ausverkauft; an der Tageskasse wird auch nichts mehr zu machen sein.

»Kein Problem«, sagt Cousin José, »fahrt auf einen Campingplatz und fragt an der Rezeption nach, die wissen bestimmt, wie ihr an Karten kommt.«

Auf der Fahrt von Jaén nach Granada überholt uns ein Wohnwagengespann mit britischem Kennzeichen. Das Paar ist unterwegs in flottem Tempo – und mit offenem Seitenfenster. Die rechte Fensterklappe des Wohnwagens steht so weit offen, dass sie fast unsere Maggie streift. Gabriel beschleunigt seinerseits und erwischt das Gespann einige Kilometer weiter. Als wir mit den Briten auf einer Höhe sind, versuche ich mit Händen und Mimik der Frau auf dem linksseitigen Beifahrersitz klarzumachen, dass etwas nicht stimmt. Es klappt, bei der nächsten Ausfahrt verlassen sie die Nationalstraße. Nur eine Viertelstunde später haben sie uns schon wieder eingeholt und bedanken sich mit Hupen und einem britisch breiten Lächeln. Alle Fenster sind geschlossen.

Bei der Anmeldung auf dem Campingplatz »Reina Isabel« in La Zubia bei Granada erweist sich die Frage nach Eintrittskarten in die Alhambra als überflüssig. Sie werden uns förmlich aufgedrängt. Die zwei Euro Kommission dafür zahlen wir gern, alle anderen Angebote wie Flamenco-Abend im Restaurant oder Stadtrundfahrt bei Tag und bei Nacht lehnen wir dankend ab.

Sicht von der Alhambra auf die weißen Häuser Granadas

Einen Tag spazieren wir durch die Innenstadt Granadas, am zweiten wandern wir mehr als sechs Stunden über das Gelände der Alhambra, immer den Wegweisern nach. Ich bin Gabriels Cousin dankbar für seinen Tipp: Der Besuch lohnt sich wirklich. Die Herbstsonne taucht Gärten und Gemäuer in warme Ockertöne. Wir haben Dienstag, den 1. November, und ich empfinde das Gelände als voll. Die Menschenmassen an einem Wochenende oder während der Saison mag ich mir nicht vorstellen.

Nach Granada nähern wir uns dem Meer über die Region Murcia, fahren durch Plantagen bis zum Horizont. Murcia ist der Obst- und Gemüsegarten Spaniens, viele Produkte in den Supermärkten stammen aus dieser sonnigen Gegend. Schatten suchen wir vergeblich, darum halten wir für unseren Mittagsimbiss an einer Verkehrsbucht der wenig befahrenen Landstraße. Auf den Feldern bücken sich Landarbeiter in langen Reihen über niedrige Pflanzen. Nur wenige Minuten nach uns nähert sich ein Autobus und parkt auf einem Weg am Rand der Plantage.

Wären wir doch weitergefahren!

Zwei Männer mit breiten Sonnenhüten steigen aus und nähern sich den Arbeitern auf dem Feld. Der Anhänger an der Halskette des einen entpuppt sich als Trillerpfeife; er schiebt sie zwischen die Lippen und stößt einen Ton aus, der uns durch Mark und Bein geht. Der andere schreit einsilbige Kommandos. Ein Bild wie aus Onkel Toms Hütte, es fehlt nur noch die Peitsche. Die Arbeiter richten sich mühsam auf, lassen ihre Körbe mit der bisherigen Ernte zurück und verschwinden in einer Baracke. Mit einem Bündel oder Päckchen unter dem Arm, einer Plastiktüte in der Hand oder einer Umhängetasche über der Schulter tritt einer nach dem anderen nach kurzer Zeit wieder heraus. Die meisten sind Schwarzafrikaner.

Sie kommen direkt auf uns zu. Mit unserem weißen Luxusgefährt stehen wir offensichtlich auf *ihrem* Pausenplatz. Nur auf diesen wenigen Quadratmetern haben sich ein paar niedrige Bäume und vertrocknete Büsche versammelt, um ein bisschen Schatten zu spenden. Ansonsten weit und breit kein Baum, kein Strauch, nichts, was der Sonne den direkten Angriff verwehrt. Selbst der Bus steht so, dass nur vor der Fahrerkabine zwei Meter Schatten sind. Die Männer machen ein paar Bemerkungen in ihrer Sprache, der Tonfall wechselt zwischen Wut und Resignation. Sie setzen sich auf einen Stein, ein Wurzelstück, das aus der Erde ragt, oder auch einfach nur direkt in den heißen Sand und packen aus, was sie sich zu essen und zu trinken mitgebracht haben. Sie reden kaum miteinander und schon gar nicht mit den beiden Aufsehern oder mit uns.

Und wir? Wir sitzen bequem auf Polstern am Esstisch vor unserem teuren Schinken und feinstem Olivenöl. In einem Wohnmobil, das einem der Arbeiter mit Frau und drei Kindern ein dauerhaftes Zuhause in Luxus bieten könnte. Wir fühlten uns selten so fehl am Platz. Schnell trinken wir unser alkoholfreies Bier aus und verlassen den Ort. Jeder hängt seinen eigenen Gedanken nach.

235

In einer kargen Ebene mit wenig mehr als einigen vertrockneten Grasbüscheln folgen wir den Hinweisen auf den Stellplatz »Finca-Caravana« in Yecla. Viel Gegend gibt es hier, je nach der eigenen Stimmung idyllisch oder blöd. Anstelle der üblichen Schilder weisen lustige Figuren aus aufeinandergeschichteten Steinen mit Holznasen oder einer Topfpflanze im Schoß uns den Weg. Jede dieser Figuren trägt eine andere schräge Kopfbedeckung.

Je näher wir dem Ziel kommen, desto mehr fühle ich mich wie in der Prärie eines Westerns. Es würde mich nicht wundern, wenn am Horizont eine Gruppe Cowboys auftauchen würde – inmitten einer dichten Staubwolke, aufgewirbelt von trommelnden Pferdehufen. Doch nicht auf einem Pferd, sondern mit dem Hintern auf rissigem Boden relaxt am Eingang zum Stellplatz ein Mann mit Schlapphut. Bei näherem Hinsehen entpuppt er sich als … Puppe in Lebensgröße aus gefülltem Sackleinen.

Der Platz ist nicht eingezäunt, und wir zählen drei Wohnmobile mit großem Abstand zueinander. In der Mitte ein bunt bemaltes Fahrzeug Marke Eigenbau mit Anhänger und der gleichen fantasievollen Dekoration.

In dieser Einöde rechne ich mit allem – die Bonanza-Brüder könnten mich heute nicht mehr erschrecken – nur nicht mit einem bekannten Gesicht. Zunächst kann ich mich nicht erinnern, woher ich den groß gewachsenen Mann mit Vollbart und breiter Hutkrempe kenne, der lässig auf uns zuschlendert. Als er uns auf Spanisch begrüßt, höre ich sofort, dass wir *keinen* Spanier vor uns haben. (Ich höre mich genauso an.) Nach ein paar

236

Sätzen auf Deutsch bringt der Klang seiner Stimme eine zarte Saite der Erinnerung in mir zum Schwingen, und ich frage das breite, gutmütige Gesicht: »Kann es sein, dass ich Sie vor Monaten im Fernsehen gesehen habe? Sind Sie nicht der Zimmermann Franz aus Bayern, der nach Südafrika wollte?«

Er ist es! Er ist es und freut sich auf seine gemütliche, bayerische Art. Die Begrüßung ist herzlich: »Klar, ich bin der Franze. Fühlt euch hier ganz wie zu Hause.« Immerhin, bis hierhin ist er schon gekommen. Allerdings allein, der zweite Freund bekam auch *vor* der Abreise schon Muffensausen und zog Leine. Franze springt jetzt auf dem Stellplatz für den deutschen Betreiber ein, der nach einem Unfall körperlich nicht mehr einsatzfähig ist. Der Platz steht zum Verkauf (ein Jahr später gibt es ihn immer noch), bis dahin führt der Aussteiger Franz die Geschäfte und bastelt und werkelt den ganzen Tag.

Für acht Euro einschließlich Wasserver- und -entsorgung können wir eine Nacht bleiben auf einer Parzelle mit 200 Quadratmetern. Ich reiche Franze einen Zehn-Euro-Schein: »Stimmt so«, das erste Mal, dass ich einem Stellplatzbetreiber Trinkgeld gebe. Wer Natur sucht, so weit das Auge reicht, und den Charme der Improvisation liebt, ist hier bestens aufgehoben. Das Wasser holt Franze von einer natürlichen Quelle, an der wir später mit dem Rad vorbeikommen. Er hat einen Grillplatz gebaut und einen überdachten Treffpunkt für die Gäste, bietet selbst gemachte Marmelade an und zieht Kräuter in ausrangierten Gefäßen.

In Jaén hat Gabriel die Fähre gebucht für die Übersetzung nach Mallorca, dieses Mal werden wir in Valencia einschiffen. Auch in dieser Stadt am Mittelmeer hat er Freunde, Teresa und Ramon erwarten uns schon. Wir bleiben drei Nächte auf einem Stellplatz in El Saler, etwas außerhalb von Valencia, aber mit guter Busverbindung. Wohnmobilstellplätze und Campingplätze reihen sich hier einer an den anderen. Wir verpassen die Einfahrt in *unseren* Stellplatz und landen inmitten der kleinen Ortschaft.

»Sieh mal die beiden dort, das sind bestimmt auch Leute mit Wohnmobil.« Ich deute auf ein sonnengegerbtes Paar, das den Weg unserer Maggie interessiert verfolgt. Sie sind ein paar Jahre jünger als wir, schlank und groß gewachsen, zwischen sich schleppen sie eine vollgepackte Einkaufstasche aus Stoff. »Halt mal an, ich frag sie.« Und tatsächlich, sie stehen auch auf dem Platz, zu dem wir wollen. Es sind Holländer, auf Englisch erklären sie uns den kurzen Weg.

Der Stellplatz ist nichts Besonderes mit einer Toilette und einer Dusche, vor deren Benutzung ich Gabriel nach einer kurzen Besichtigung eindringlich warne. Wie gut, dass wir unser eigenes Badezimmer haben! Ein rechteckiges Grundstück mit festem Bodenbelag, an den Seiten stehen die Fahrzeuge mit dem Heck am Zaun, zwischen den beiden Reihen bleibt viel Platz zum Rangieren oder Beinevertreten.

Letzteres tue ich, jedenfalls tue ich so. Der Platz ist nur zu einem Drittel belegt, zwischen den einzelnen Wohn-

238

mobilen ist freie Sicht. Die Garagen anderer sind eine unerschöpfliche Quelle von Erkenntnis und Anregung, Gabriel hat sich schon manches abgeguckt und zeigt liebend gern auch anderen seinen Ausbau. Es ist toll, was die Männer (Wohnmobilgaragen sind *die* Spielwiesen für Männer) so alles basteln, um den geringen Raum bis auf den letzten Kubikzentimeter auszunutzen: Übereinandergestapelte Kisten sind sicher an der Wand befestigt; Metallgestelle halten die Fahrräder in der Spur; an ausziehbaren Schienen hängen dicht an dicht Anoraks und Regenkleidung; Rampen erleichtern das Herausholen von Fahrrädern oder Rollstuhl (!), und nicht selten verbirgt sich in der Garage eine Ersatztoilette oder der zweite Wassertank. Sowieso bieten die Innenseiten der Garagentüren Platz für Handfeger und Schaufel, zusammengeklappte Wäschegestelle, oder es hängt ein Aufbewahrungsteil aus reißfestem Stoff für Schuhe daran.

Die Holländer sind einladend sympathisch, wir besichtigen wechselseitig unsere Wohnmobile. Seit sechs Jahren fahren sie ein anderes Modell unseres Herstellers, haben aber schon wieder ein neues bestellt. Pieter erläutert uns den Grund dafür: »Immer wenn ich aus dem Badezimmer will, muss ich erst anklopfen, ob der Weg auch frei ist.« Ihr Badezimmer mit Dusche liegt gegenüber der Küche, was vor allem morgens immer wieder für Gedränge sorgt.

Wir haben ein ähnliches Problem mit dem Mülleimer, der an der Aufbautür angebracht ist. Schon mehrfach öffnete Gabriel die Tür von außen, während ich innen

239

gerade Kaffeesatz oder anderes klebriges Zeugs in den Müll schaben wollte – igittigitt!

»Und wofür ist das da?« Gabriel deutet auf ein Brett mit abgerundeten Kanten, das an der Küchenwand eingehakt ist. Pieter zeigt uns stolz seine Erfindung: Das Brett kann über eine schmale Metallschiene auf die Arbeitsplatte geschoben werden und verlängert diese um stolze 20 Zentimeter. Gabriel ist begeistert, erst recht, als ich auch den Wunsch nach so einem Teil äußere. Ich sehe ihn schon in seiner Werkstatt im Keller mit Säge und Schleifmaschine hantieren.

El Saler liegt am Naturpark La Albufera, dessen Kernstück die Lagune bildet. Um das empfindliche Feuchtgebiet zu schonen, sind die Wege für Spaziergänger und Radfahrer teilweise leicht erhöht mit Holzbrettern angelegt. Auf Tafeln wird die heimische Tier- und Pflanzenwelt vorgestellt; mit Zäunen aus Schilf versuchen Naturschützer, die Dünenlandschaft zu erhalten. Wir radeln eine lange Strecke auf einer breiten Straße parallel zum Strand. Die zahlreichen Parkplätze für Strandbesucher sind größtenteils leer, nur nicht der dem Wasser am nächsten gelegene Platz. Und da staunen wir nicht schlecht: An die zehn Wohnmobile stehen hier, fast alle mit deutschem Kennzeichen. Einige der Besitzer haben es sich auf ihren Campingmöbeln bequem gemacht.

Wir denken an unseren eingezäunten Schotterplatz und platzen fast vor Neid. Aber dann hören wir, dass die Wohnmobile hier nur tagsüber geduldet werden; am Abend kommt die Guardia Civil und verscheucht sie alle.

240

Außerhalb des Naturschutzgebietes wächst auf dem wässrigen Boden die Grundlage für das valencianische Nationalgericht Paella. Entsprechend viele Restaurants bieten vorwiegend Reisgerichte an in allen nur denkbaren Variationen. Teresa und Ramon führen uns in eines der wenigen, die Anfang November geöffnet haben. Ich entscheide mich für einen Arroz negro (schwarzer Reis), dem Tintenfische seine Farbe geben. Köstlich!

Die Großstadt Valencia verführt nicht nur mit ihrer Lage am Mittelmeer. Sie bietet eine Mischung aus lebendigen alten Vierteln und moderner Architektur; Großprojekte wie die Stadt der Künste und der Wissenschaften locken Touristen an. Leider steht Valencia auch an der Spitze der in Spanien aufgedeckten Korruptionsskandale.

Am 6. November, nach genau acht Wochen, verlässt unsere Fähre abends um zehn Valencia. Vom Gefühl her (ein schönes Gefühl) waren wir viel länger unterwegs.

Vielleicht war es aber auch ein bisschen zu viel des Guten: zu viele Besuche, zu viele Kilometer, zu viele Orte.

Aber das macht nichts. Wir sind immer noch lernfähig.

Stationen der zweiten Reise

Fähre von Palma de Mallorca nach Barcelona

SPANIEN
- Kommunaler Stellplatz in Quart, Provinz Girona

FRANKREICH
- Parkplatz des Parc des Oiseaux (Vogelpark) in Villars-les-Dombes in der Auvergne

DEUTSCHLAND
- Wohnmobilgarten »Kirschenhof« in Königschaffhausen am Kaiserstuhl, Baden-Württemberg
- Stellplatz Ammersee in Herrsching, Bayern
- Parkplatz Weimarer Straße in Fulda, Hessen
- Privat in Vlotho, Nordrhein-Westfalen
- Privat in Bargteheide, Schleswig-Holstein
- Camping am Stadtwaldsee in Bremen

HOLLAND
- Wohnmobilstellplatz am Jachthafen in Lemmer, Friesland

BELGIEN
- Camping »Memling« in Brügge, Belgien

FRANKREICH
- Kommunaler Wohnmobilstellplatz in Amiens in der Region Hauts-de-France (Zusammenschluss der bisherigen Regionen Nord-Pas-de-Calais und Picardie)
- Boulevard Clemenceau in Le Havre am Ärmelkanal (Atlantik)
- Camping »Le Point du Jour« in Merville-Franceville, Normandie
- Dorfplatz in Essay, Normandie
- Campingplatz »Flower Île d'Offard« in Saumur an der Loire
- Dorfplatz in Limalonges in der Region Nouvelle-Aquitaine

SPANIEN
- Campingplatz »Monte Igueldo« in San Sebastián im Baskenland
- »Area de Kobetamendi« in Bilbao, Baskenland
- Kommunaler Stellplatz in Elciego, La Rioja
- »Area de Autocaravanas« in Burgos
- Kommunaler Stellplatz in Santillana de Mar in Kantabrien
- Kommunaler Stellplatz in Oviedo, Asturien
- Campingplatz »El Carbayin« in Serantes, Asturien
- Kommunaler Parkplatz »Torre de Hércules« in A Coruña, Galizien

- Parkplatz in Muxia, Galizien
- Parkplatz in Chantada, Ribeira de Sacra in Galizien
- Parkplatz in Castrillo de los Polvazares in León
- Campingplatz »Don Quijote« in Cabrerizos bei Salamanca, Castilla y León
- Kommunaler Stellplatz in Cáceres, Extremadura
- Parkplatz »Teatro Romano« in Mérida, Extremadura
- Stellplatz in Córdoba, Andalusien
- Privat in Jaén, Andalusien
- Campingplatz »Reina Isabel« in La Zubia bei Granada, Andalusien
- Stellplatz »Finca-Caravana« in Yecla, Murcia
- Stellplatz »La Marina« in El Saler bei Valencia

Fähre von Valencia nach Palma de Mallorca

Winter auf Mallorca

Der Beginn des Jahres 2017 brachte milde Temperaturen für die Mallorquiner, ein Wohnmobil aus zweiter Hand für unsere Freunde Cecilia und Vicenç und mir die Nachricht von der Pflegebedürftigkeit meiner Mutter. Gabriel flog mit Vicenç nach Málaga, um das Fahrzeug mit ihm zusammen nach Palma zu überführen, und ich flog mit einem One-Way-Ticket nach Hamburg.

Im Herbst davor waren wir auf den Tag genau acht Wochen unterwegs gewesen und stellten nach unserer Rückkehr fest, dass wir zu Hause nichts versäumt hatten. Die Enkelkinder waren auch ohne unser Zureden und Zusehen gewachsen. Unaufhaltsam wie immer nahten das Fest der Liebe und der Jahreswechsel. Nach wie vor grüßte fast jeden Morgen das amerikanische Trumpeltier vom digitalen Titelblatt der *Frankfurter Allgemeinen Zeitung.*

In der zweiten Februarhälfte konnte meine Mutter in ein Zimmer auf der Pflegestation umziehen, und ich kehrte nach Mallorca zurück. Cecilia und Vicenç hatten schon einige vergnügte Tagesausflüge mit ihrer Neuerwerbung unternommen, aber noch nie darin übernachtet. Um meiner Freundin die Umstellung zu erleichtern, fuhren wir zusammen auf eine Parkwiese zwischen zwei

Buchten, die im Winter von Campern genutzt wird. Nach der ersten Nacht strahlte Cecilia aus dem hochgeklappten Schlafzimmerfenster: Im Wohnmobil hatte sie so gut geschlafen wie zu Hause schon lange nicht mehr. Seit dieser ersten Nacht ist auch sie endgültig infiziert vom Wohnmobil-Virus. Sie und Vicenç machen mit ihrem Wohnmobil Ausflüge auf der Insel oder Reisen auf dem europäischen Festland, wann immer sie können.

Auf unserem letzten Ausflug auf Mallorca schlotterte ich am frühen Morgen unter der aufgetürmten Bettdecke und klapperte mit den Zähnen. Meinem Liebsten *zeigte* ich die Zähne: »Verdammt, Gabriel, wach auf! Die Heizung geht nicht mehr.« Weder mit gutem Zureden (ich) noch mit technischen Kniffen (er) ließ sie sich dazu überreden, ihre Pflicht zu erfüllen. Nach noch nicht einmal einem Jahr ließ unsere Maggie nicht nur immer noch unter sich, sie legte jetzt auch noch eine erbärmliche innere Kälte an den Tag. Beides ließ sich auf der Insel beim besten Willen nicht beheben. Für den Austausch des Rohrsystems hatte ich noch im Dezember einen Termin in der fabrikeigenen Werkstatt im Allgäu vereinbart, am 10. April sollten wir uns dort in aller Herrgottsfrühe einfinden. Gabriel fand eine Vertragswerkstatt für die Heizungsreparatur in Valencia, die uns einen Termin für den 5. April gab, ebenfalls am frühen Morgen.

Das ganze Drumherum um das Wohnmobil ist vor allem für Gabriel zu einem vielseitigen neuen Hobby gewor-

246

den. Erst traute er sich kaum, einen winzigen Tropfen Klebstoff anzubringen, und nun ist die Bohrmaschine seine ständige treue Begleiterin. Mindestens einmal pro Woche verabschiedet er sich mit den Worten: »Ich gehe mal nach Maggie sehen.« Er sucht und findet einen kleinen Stromumwandler, mit dem wir Handys, Tablet und Zahnbürste gleichzeitig aufladen können, auch wenn wir nirgendwo angeschlossen sind. Er aktualisiert das Navi, vertieft sich in dessen Feinheiten und probiert Antennen aus für einen besseren WLAN-Empfang. Und er fertigt, wie in Valencia versprochen, ein feines Brett zur Vergrößerung der Küchenarbeitsfläche.

In den Monaten vor unserer Abreise baut Gabriel den Stromumwandler fest in die seitliche Sitzbank ein mit einer von außen zugänglichen normalen Steckdose sowie einer zweiten im Format eines Zigarettenanzünders. Jede einzelne wird mit einem kleinen runden Schalter aktiviert, wobei ich nie weiß, was dann mehr leuchtet: das Rot der Schalter oder das Blau von Gabriels Augen. Mich entzückt beides.

In der Garage schraubt Gabriel stabile Lochschienen aus Metall an die Wände. Durch die Löcher zieht er Spanngurte mit Haken an jedem Ende, wie sie für Gepäckträger auf Fahrrädern verwendet werden, und schlingt sie um unsere Fahrräder, um die Campingmöbel und um alle möglichen anderen Utensilien. Einhaken in die Schienen – fertig ist die Sicherung, und schnell wieder abzunehmen.

Mit dem gleichen Schwung widme ich mich dem

247

Inneren unserer Ferienwohnung auf Rädern. Ich nähe farbenfrohe Gardinen (leider sind sie Zeugnis meiner Schludrigkeit beim Ausmessen) und bestücke Maggie mit Duschgel, Zahnseide und Rasierschaum, mit vakuumverpacktem Brot, Nudeln und noch mal Nudeln und jeder Menge Futter in Tüten oder Dosen. Wäsche zum Wechseln, warme Socken und Jacken, Handtücher und Bademäntel – alles ist jetzt vor Ort, und wir können jederzeit ohne großen Vorlauf zu einem spontanen Zwei- oder Drei-Tage-Ausflug aufbrechen.

An dieser Stelle sei es gesagt: Ich werde hier *keine* Geheimtipps zum Besten geben für verschwiegene Buchten und erwarte das auch von niemanden aus seiner Region. Ein Geheimnis bleibt nur dann ein Geheimnis und ein Ort bleibt nur dann verschwiegen, wenn man eben darüber schweigt. Wer will, der sucht, und wer sucht, der findet … so manchen schönen Ort.

Außerhalb der Insel werde ich oft gefragt, ob man auf Mallorca einige Wochen Urlaub mit dem Wohnmobil machen kann. Davon rate ich ab: Die Überfahrt mit der Fähre kostet je nach Anzahl der Mitfahrer unterschiedlich viel, ist aber immer teuer. Für dieses Geld können Urlauber meist Flug *und* Hotel für eine Woche buchen. Vor allem aber gibt es auf der Insel zurzeit (Anfang 2018) kaum eine Infrastruktur für Wohnmobile. Dafür haben die Hoteliers immer noch zu viel Macht und die Verantwortlichen in den kleinen Orten noch nicht verstanden, dass auch diese Form des Tourismus ein Wirtschaftsfaktor ist.

Wenn Gabriel und ich auf Reisen sind und im Supermarkt an der Kasse Bierkiste, Duschgel und Steaks auf dem Laufband stapeln oder im Restaurant satt und zufrieden die Visakarte in die Hände des Kellners legen, lassen wir möglichst ein paar Worte darüber fallen, dass wir mit dem Wohnmobil am Ort sind. Wie sonst sollen Supermarkt- und Restaurantbesitzer erfahren, dass eine Handvoll Reisende im Wohnmobil vielleicht mehr Geld in ihr Geschäft bringen als ein Haufen Pauschaltouristen?

4. Teil

Klirrender Kälte zum Trotz

Kaltstart nordwärts

Husten, Schnupfen, Heiserkeit und eine kaputte Heizung: ein toller Start in unsere dritte Reise! Trotzdem schiffen wir mit guter Laune ein bei milden Temperaturen und ruhigem Meer. Nach Monaten wieder losfahren fühlt sich an wie nach Hause kommen. Die erste Nacht haben wir prachtvoll geschlafen, das erste Frühstück in unserer Maggie genossen – das Wetter ist uns egal.

Auf der Fähre treffen wir in der Cafeteria mit den Besitzern der beiden anderen Wohnmobile an Bord zusammen. Das mallorquinische Ehepaar Antonio und Antonia fährt mit seinem integrierten Modell der französischen Marke Pilote jedes Frühjahr nach Südspanien und jeden Sommer nach Deutschland. Sie finden das Wetter bei uns so schön erfrischend.

Der deutsche Witwer Reiner reist nicht nur, er *lebt* in seinem Carthago-Liner – allein. Er war Pilot, hat einige Jahre auf Mallorca gewohnt und aus dieser Zeit Freunde dort, bei denen er das Fahrzeug auf dem Grundstück abstellen kann. Schnell finden wir uns an einem Tisch zusammen und das Womo-Latein blüht unter viel Gelächter auf Spanisch. Von Technikpannen und nutzlosen Werkstattbesuchen, vom krachenden Ver-

253

sagen einer elektronisch betriebenen Außentreppe bis zu blitzartigen Kurzschlüssen in Bad und Küche reicht die Palette der fantasievoll ausgeschmückten Erzählungen. Uns beruhigen die Erzählungen der anderen, sind doch Maggies Kinderkrankheiten bei Weitem nicht das Schlimmste, was passieren kann.

Ich kann zur Unterhaltung einen Kochtopf beisteuern, den ich mit dem Rest Hühnersuppe zum Abkühlen auf die Schlafzimmerstufe gestellt hatte. Mit bemerkenswertem Ungeschick stieß ich ihn um und konnte nur zusehen, wie die leckere Kraftbrühe sich binnen weniger Sekunden auf dem Fußboden in Bad und Küche und im Duschbecken verteilte. Das Bett bekam auch noch ein paar lustige Spritzer ab.

Reiner zeigt uns auf seinem Tablet, wie er *nicht* nach Stellplätzen sucht, sondern immer nur nach Parkplätzen. Wobei von Herbst bis Frühjahr vor allem die in Meeresnähe befindlichen als besonders ruhig und sicher zu empfehlen seien. Meist fänden sich mehrere Wohnmobile auf einem Parkplatz ein. Als Alleinreisender ist er mit seinen extragroßen Wasser- und Toilettentanks (nachträglich eingebaut) bis zu zwei Wochen unabhängig von Ver- und Entsorgungsstationen.

Gabriel und ich fragen uns, ob uns ein Leben nur im Wohnmobil reizen und gefallen würde. Nach kurzer Überlegung sind wir uns einig: Wir reisen für unser Leben gern, kommen aber auch gern wieder nach Hause. Die Reisen haben unseren Blick auf unser Zuhause verändert. Mehr noch als zuvor wissen wir, wie gut wir es

254

haben. Wir brauchen den kontinuierlichen *persönlichen* Kontakt mit Familie und Freunden und das ganz normale Leben in unserer Wohnung, in unserem Viertel, auf unserer Insel. Wir schätzen uns überglücklich, dass wir für einige Jahre beides abwechselnd leben können.

Auf die Reise gehen wir gestärkt nach Monaten der Routine, nach Hause kehren wir zurück mit neuen Eindrücken und vermehrter Toleranz und Flexibilität.

Die Truma-Werkstatt liegt in einem Industriegebiet von Valencia und ist leicht zu finden. Nach fünf Stunden hat ein Angestellter den Heizungsmotor ausgebaut, ihm einen neuen Zünder verpasst und das Ganze wieder eingebaut. Gabriel hilft mit kleinen Handreichungen und ist heilfroh, dass er nicht die Hauptarbeit machen muss. Der Apparat ist unter dem Bett eingebaut (an idealer Stelle, nämlich am Fußende auf *meiner* Seite, wo es folglich immer am wärmsten ist) und für den großen und korpulenten Mechaniker nur auf Knien und mit schmerzhaften Verrenkungen zu erreichen. Ein kurzer Test bringt hohe Temperaturen. In bester Stimmung fahre ich über 300 Kilometer, Gabriel übernimmt das Steuer erst bei Dämmerung und Nieselregen kurz vor unserem Ziel.

Während der Fahrt bewundern wir – zumindest der jeweilige Beifahrer – das Ausmaß des Ebrodeltas. Das Feuchtgebiet zu beiden Seiten des Flusses Ebro hat die Form eines Dreiecks, dessen Spitze über 20 Kilometer ins Mittelmeer hineinragt. Mit seiner Mischung aus geschütztem Naturpark, landwirtschaftlicher Nutzung durch Reisanbau und einer guten Infrastruktur für Wander- und Badetouristen zieht es viele Urlauber an.

Wieder ist der Stellplatz in Quart in der Provinz Girona unser Nachtquartier, mit nur noch zwei freien Plätzen. Ich ärgere mich über zwei Luxusliner von neun bis zehn Metern Länge, die auf der anderen Seite jeweils drei für normale Autos reservierte Parkplätze blockieren. An der Straße liegt eine Schule, Lehrer und Eltern werden sich freuen. Als wir am nächsten Morgen als Erste aufbrechen (und wieder mit dem Auspuff aufsetzen, obwohl wie dieses Mal eine andere Ausfahrt nehmen), sind die ersten Berufstätigen bereits auf Parkplatzsuche. Wenn die beiden Riesen wenigstens früh abgehauen wären. Es wäre schade, wenn dieser für Reisende in Richtung Norden so günstig gelegene Gratis-Stellplatz mit Servicestation von der Gemeinde geschlossen würde, nur weil einige wenige sich dermaßen störend verhalten.

Bis zum Vogelpark in Villars-les-Dombes in Frankreich sind es 570 Kilometer, die wir uns aufteilen. Auf einem Drittel der Strecke versucht ein heftiger Seitenwind mit starken Böen immer wieder, Maggie von der Fahrbahn zu drängen. Zusätzlich erschrecken uns die Trucks mit ihren Überholmanövern. Kein schönes Gefühl, von beiden Seiten bedrängt und hin und her geschubst zu werden. Heute sind sämtliche europäischen Schwertransporter auf dieser Autobahn unterwegs. Ich traue mich nicht, an einem von ihnen vorbeizuziehen.

Bisher habe ich blühende Rapsfelder immer mit Schleswig-Holstein verbunden. In Frankreich, auf dem

Weg in den Vogelpark, strahlen sie genauso mit der Sonne um die Wette und machen aus der Landschaft einen grün-gelben Flickenteppich.

In Lyon schickt uns das Navi auf einen Irrweg, den wir unverzüglich in eine vergnügliche Stadtrundfahrt umwandeln. Mit gebührendem Abstand zum Ufer trödeln wir an der Rhône entlang, die sich in Lyon mit der Saône trifft. Wir bewundern alte und neue Brücken und viele Prachtbauten, ganze Häuserzeilen davon, mit sechs oder acht Stockwerken. Und wir fahren an Autobussen vorbei, die wie Straßenbahnen ihre Energie aus Oberleitungen beziehen, aber eine größere Bewegungsfreiheit haben als diese. Sie sind nicht auf ein starres Schienennetz angewiesen, und ihre Verbindungskabel mit den Oberleitungen sind viel länger als die von Straßenbahnen und dazu beweglich.

Das Einzige, was ich bisher von der drittgrößten Stadt Frankreichs wusste, ist, dass die Markthallen nach dem ersten Superstarkoch Paul Bocuse benannt sind und die Basilika auf einem sogenannten Gebetsberg liegt. Wegen ihrer vier Türme wird sie auch »auf dem Rücken liegender Elefant« genannt. Uns überrascht die architektonische Schönheit von Lyon, und wir beschließen, der Stadt das nächste Mal einen längeren Besuch abzustatten. Schon wieder fangen wir an mit »beim nächsten Mal«!

Auf dieser Reise kann das leider nicht sein, weil in wenigen Tagen schon unser Werkstattbesuch im Allgäu ansteht. Vorher haben wir uns bei Freunden im südlichen Hochschwarzwald angekündigt. Das bedeutet nach einer ruhigen und erholsamen Nacht im Vogelpark von Villars-les-Dombes einen weiteren Tag mit 500 Kilometer Fahrleistung. Es wird eine angenehme Fahrt über gut ausgebaute Landstraßen, breit und eben. Gabriel hat den Motor gut eingefahren, ihn nie zu einem unnötigen Kraftakt gezwungen. Auch ich habe gelernt, die Gangschaltung mit Feingefühl und fehlerfrei zu bedienen. Fast immer gelingt es mir jetzt, die Gänge sanft ineinandergleiten zu lassen. Maggie dankt es uns mit zufriedenem Schnurren, gehorsam folgt sie unseren Anweisungen.

Die Sonne begleitet unseren Weg und manchmal auch ein Fluss; immer wieder leuchtet ein blühendes Rapsfeld über das saftige Frühlingsgrün hinweg. Die Bäume sind noch nicht belaubt, das gibt den Blick frei auf unzählige Vogelnester in den Ästen.

Claus und Ingrid waren Kollegen in dem Sanatorium in Hinterzarten, in dem ich in der zweiten Hälfte der Siebzigerjahre am Empfang arbeitete. Drei glückliche Jahre waren das. Seitdem haben wir uns nur drei oder vier Mal getroffen und würden uns auch in diesem Jahr nicht sehen, wenn – ja, wenn wir nicht ein Wohnmobil hätten. Maggie gibt uns die Freiheit, ohne schlechtes Gewissen bei Freunden anzufragen, ob sie zu einem bestimmten Zeitpunkt zu Hause sind und frei von Verpflichtungen. Unser Besuch macht ja keine Arbeit, weil wir unser eigenes Schlafzimmer und Badezimmer mitbringen. Die Freude über unser Wiedersehen und das Kennenlernen von Gabriel ist auf beiden Seiten groß.

Fast noch größer ist meine Freude über die funktionierende Heizung. Wir erleben extreme Apriltage mit tagsüber 25 Grad bei stechendem Sonnenschein und einem nächtlichen Temperaturabfall bis minus ein Grad. Minus!!! Gabriel und ich sind immer noch erkältet, einen Tag mehr er, einen Tag mehr ich, und dankbar für die kuschelige Wärme in Schlafzimmer und Wohnraum. Sogar der Temperaturregler funktioniert bestens!

Die Tochter von Claus und Ingrid wohnt gegenüber von ihren Eltern in einem Haus mit knallrotem Dach. Dort können wir uns problemlos zwei Nächte zwischen die Auffahrt und einen Wanderweg stellen.

Rund 40 Jahre ist es her, dass ich im südlichen Hochschwarzwald lebte. Die Fahrt von Freiburg über die Ortschaften Kirchzarten und Zarten nach Hinterzarten, am Bahnhof Himmelreich vorbei durchs Höllental ist steil ansteigend wie eh und je, mit engen Kurven, wo sich die Straße beim besten Willen und großzügigsten Haushaltsplan nicht verbreitern lässt. Immer noch reckt an der engsten Stelle der in Bronze gegossene Hirsch seinen Hals und macht sich bereit zum Sprung über die Höllentalschlucht. Der Sage nach gelang ihm so die Flucht vor einem Raubritter der Burg Falkensteig.

Oben angekommen, auf dem Weg an den Titisee, sieht die Welt schon anders aus. Seit einigen Jahren können Einheimische und Urlauber in einem Thermalbad mit Palmenoase »Karibikfeeling im Winter« erleben. Wohnmobile dürfen gratis auf dem angeschlossenen Parkplatz stehen; dort soll es aber auch in der Nacht sehr laut sein.

Am nächsten Tag fahren wir im Auto unserer Gastgeber vorbei an einem Hotel mit einem Schild »Action Forest Active«. (Das muss man sich auf der Zunge zergehen lassen!) Wie schön, dass andere Unterkünfte immer noch Schwarzwaldhof, Sonneneck oder Hochfirst heißen.

Den Ort Titisee erkenne ich nicht wieder. Auf Mallorca gibt es Ortschaften, in denen Deutsche oder Engländer und ihre jeweilige Sprache das Bild und die Speisekarten beherrschen; hier sind es die Asiaten. Wohlhabende und reiche Menschen aus Japan, Südkorea und China, auch aus Pakistan und Indonesien flanieren über die Seepromenade und lassen viel Geld in den anliegenden Geschäften. Sie kaufen Souvenirs, Kleidung und Koffer einer exklusiven Marke, um ihre Einkäufe stilvoll nach Hause schaffen zu können. Bedient werden sie von Landsleuten, allerorten findet sich asiatisches Personal. In der jeweiligen Landessprache und in perfektem Englisch beantworten sie die Kundenfragen.

An der großen Sprungschanze in Hinterzarten verfolgen wir mit großen Augen noch nie Gesehenes: Freiwillige verpacken den Kunstschnee in Folie. Danach stapeln sie die rechteckigen Portionen und verstauen sie sicher bis zum erneuten Gebrauch im nächsten Winter. Die gute alte Menschenkette schafft immer noch Bemerkenswertes, wenn Hand und Hirn sich zuarbeiten.

Wir fühlen uns winzig hier unten und müssen uns schon sehr den Hals verrenken, um den oberen Rand der Schanze im Blick zu haben. Von dort nehmen die

260

Skispringer Anlauf und rasen die 35 Prozent starke Neigung hinunter auf ein kurzes, fast ebenes Stück, den Schanzentisch, von dem sie zum Sprung, nein zum *Flug* über die Auslaufbahn ansetzen – auf der sie hoffentlich heil landen. Auch ohne Schnee beeindrucken Höhe und Gefälle und mit Staunen hören wir, dass hier auch im Sommer internationale Wettbewerbe stattfinden. Dafür wird die Piste mit grünen Matten ausgelegt.

Maggies Geburtsstätte im Allgäu

Am Sonntagmorgen unseres Aufbruchs kann Gabriel kaum noch sprechen, trotz aller wohlgemeinten Medikamenten- und Teegaben unserer liebevollen Gastgeber. Sein hilfloses Krächzen tut schon dem Zuhörer weh, wie muss es ihm da erst ergehen …! Nicht besonders gut jedenfalls, denn sonst würde er mich nicht freiwillig schon wieder ans Steuer lassen. Durch das Dachfenster in der Fahrerkabine wärmt die Sonne; wir fahren am Bodensee entlang und genießen das Frühlingserwachen mit Magnolienbäumen in voller Blüte, Tulpen in allen Farben und gelben und weißen Narzissen, die wir als Kinder Glockenblumen nannten.

Das Allgäu hatte ich immer mit Bayern verbunden, ein Teil davon gehört aber zu Baden-Württemberg. An der Landesgrenze, noch im württembergischen Teil, liegt Isny, unser Ziel für heute. Der Weg zum Fabrikgelände ist gut ausgeschildert und der darauf liegende Stellplatz leicht zu finden. Als wir früh ins Bett gehen, steht außer unserer Maggie nur noch ein Wohnmobil hier; über Nacht gesellen sich sechs weitere dazu. Also wieder nichts mit meiner Morgengymnastik, zu viel Publikum.

Sind wir mit Maggie unterwegs, bewege ich mich viel mehr als zu Hause. Bei Gabriel hält es sich eher die Waage, er fährt auf Mallorca Rennrad und Mountainbike und wandert einmal die Woche durch das Gebirge. Ich fahre zwar auch mit dem Rad und gehe viel zu Fuß, aber das ist kein Vergleich zu den langen Spaziergängen oder Radtouren auf Reisen. Sind wir unterwegs, kann mich meist noch nicht einmal leichter Regen davon abhalten, neues Terrain zu erkunden. Neben der Gier nach Neuem hat die Enge im Wohnmobil bestimmt mit dazu beigetragen, dass mein Bedürfnis nach Bewegung beträchtlich gestiegen ist. So dränge ich oft: Bitte noch bis zur nächsten Biegung, und wenn wir die hinter uns haben: Lass uns noch schauen, was sich hinter der Mauer da hinten versteckt. Und so weiter und so weiter.

Lustig, wie schnell man auf diesem Stellplatz ins Gespräch kommt. Der Grund für die Anwesenheit eint alle: Ein komplizierter technischer Defekt, ein folgenschwerer Materialschaden oder eine unbekannte elektronische Fehlermeldung hat jeden schon vor Monaten einen Termin vereinbaren lassen. So lautet dann auch die Standardbegrüßung: Weshalb sind Sie denn hier? Was stimmt bei Ihnen nicht? Womit das Fahrzeug gemeint ist und nicht der Fahrer.

Langes Plaudern liegt aber nicht drin in unserem Zeitplan, um acht Uhr müssen wir in der Werkstatt sein und sind es natürlich schon eine Viertelstunde früher. Der Werkstattleiter im roten Overall dirigiert Fahrzeuge und Personal und hält für jeden die entsprechenden

Papiere bereit. Für unsere Reparatur kalkuliert er fünf Stunden einschließlich der »Kleinigkeiten« wie das Einsetzen fehlender Schrauben in die vorhandenen Bohrungen für die Fliegengittertür oder die Justierung von Schrankklappen.

Bevor wir den Fahrzeugschlüssel abgeben, holen wir unsere Klappräder aus der Garage und machen sie startklar. Das geht ruckzuck, nachdem wir festgestellt haben, dass sie ungefaltet weniger Platz beanspruchen als zusammengeklappt. Wir senken nur noch Sattel und Lenker bis zum Anschlag und lassen die Lenkstange dann seitlich neben dem Vorderrad fast senkrecht einrasten. So kann Gabriel die Räder in der Garage auch leichter stoßsicher befestigen.

Auf den Luftaufnahmen im Internet besticht die kreisförmige Anordnung der Altstadt von Isny. In der Mitte ragt die Kirche hervor, und ein grüner Gürtel umschließt den historischen Stadtkern. Die beiden größten Straßen durchschneiden den Kreis von Süd nach Nord und von Ost nach West, kreuzen sich in der Mitte und markieren so die vier Tortenstücke der Altstadt.

Uns entzückt der Steuerzahlerbrunnen des Bildhauers Leo Wirth, den wir auf einem kleinen Platz entdecken. Die Skulptur zeigt eine ungewöhnliche Gruppierung: Der Steuerzahler wird dargestellt als (dumme) Kuh und der Staat in Gestalt des melkenden Bauern. Der sieht nicht oder will nicht sehen, wie die soeben gewonnene Milch aus den löchrigen Eimern auf die Straße rinnt und

264

in den Ritzen des Kopfsteinpflasters versickert. Einziger Nutznießer ist eine kleine Katze, die aus einem umgekippten Eimer die auslaufende Milch schlabbert: Alles für die Katz?

Was wir auch noch nie gesehen haben: eine Telefonzelle, türkis gestrichen und zu einer Mini-Austauschbücherei umfunktioniert. Wie praktisch, ich stelle »Ich bin dann mal weg« von Hape Kerkeling hinein und nehme mir »Mein Herz so weiß« von Javier Marias heraus.

In einer Apotheke versorgen wir uns mit allen möglichen rezeptfreien Erkältungsmitteln, schlucken die ersten Tabletten noch im Geschäft und schlafen auf einer Parkbank ein mit unseren Büchern im Schoß. Wir haben Glück; als die Sonne uns mit ihrem Stechen und Bohren aufweckt, sind die Fahrräder noch da. Nur ein paar Kinder drehen sich kichernd nach uns um. Ihre Räder schiebend sind sie an uns vorbeigeschlichen und wundern sich wohl über die beiden Alten, die schon am helllichten Vormittag im Park schlafen. Hoffentlich haben wir wenigstens nicht geschnarcht!

Zurück in der Werkstatt wird Maggie uns mit komplett neuem Rohrsystem und vorsichtshalber ausgetauschtem Regler übergeben, obwohl dieser keinen Defekt zeigte. Auch der anspruchsvolle Gabriel ist sehr zufrieden mit der Arbeit und Kundenbetreuung in dieser Werkstatt. Wir holen uns noch die Erlaubnis für eine weitere Nacht auf dem Stellplatz ein, unsere Körper lechzen nach Ausruhen.

Trotz des frühsommerlichen Wetters sind wir zu träge,

265

um die Möbel herauszuholen, und faulenzen und dösen lieber im heimeligen Bauch unseres Wohnmobils. Ganz im Gegensatz zu den anderen auf dem Platz: Hungrig bieten sie Gesicht, Arme und Beine der Sonne an.

Steuerzahlerbrunnen von Leo Wirth in Isny

Biergarten und Kultur in Bayern

Gestern auf dem Stellplatz in Isny trugen noch alle außer uns kurze Hosen, kein Wunder bei Sonnenschein und Temperaturen über zwanzig Grad im Schatten. Heute Morgen klauben sie Mütze und Handschuhe hervor für den Fahrradausflug; es sind zehn Grad weniger und der Himmel zeigt sich einheitlich grau.

Unsere Erkältung ist zumindest nicht schlimmer geworden, und heute fühlen wir uns ausgeruht genug, um die 200 Kilometer bis nach Neuburg an der Donau zu fahren. Gabriel möchte seit vielen Jahren schon unbedingt am Ufer der Donau entlangradeln. Früher sollte die Tour mindestens von Deutschland über Österreich nach Ungarn führen, heute genügen ihm ein paar Kilometer in Deutschland. Dafür habe ich das Städtchen ausgesucht.

Es ist wohl die Größe der Donau mit einer Länge von über 2800 Kilometern, die die Sehnsucht so vieler Menschen nach einer Reise auf diesem Fluss oder am Ufer entlang erzeugt. Auf ihrem Weg vom Schwarzwald bis zum Schwarzen Meer strömt sie durch zehn Länder – oder streift sie zumindest. Zehn Länder sind es heute, acht unabhängige Staaten waren es *vor* dem Zerfall der

Sowjetunion und Jugoslawiens: Deutschland, Österreich, Tschechoslowakei, Ungarn, Jugoslawien, Bulgarien, Sowjetunion und Rumänien. Statt der Tschechoslowakei ist heute die Slowakei Anrainerstaat, statt Jugoslawien Kroatien und Serbien und statt der Sowjetunion die Republik Moldau und die Ukraine.

Der von der Gemeinde kostenlos zur Verfügung gestellte Stellplatz für Wohnmobile ist nicht besonders schön, aber er *liegt* sehr schön in einer Senke mit sandigem Untergrund unmittelbar am Flussufer. Platz genug für mehr als 20 Fahrzeuge. Wieder können wir mit der Nase zum Wasser stehen. Und wieder hat die Sonne sich durchgekämpft: Bevor sie von den Wolken verdrängt wird, holen wir die Fahrräder raus und machen uns auf den Weg.

Auch dieses Teilstück ohne Steigungen gehört zum Donau-Radweg und ist genau das Richtige heute für uns. Rechts, ein oder zwei Meter unter uns, strömt der Fluss, links erfreut uns die Böschung mit dem ersten Frühlingsgrün. Immer wieder lugt zwischen den Ästen die Sonne hervor. Bei so viel Schönheit und dem gleichmäßigen Knirschen der Räder auf dem Sand wundert es mich, dass Gabriel plötzlich anhält und absteigt. Erst denke ich, dass er pinkeln muss, aber als ich näher komme, merke ich: Hier steht ein Mann am Scheideweg. Gabriel kann doch mehr Deutsch, als ich dachte, und hat die Bedeutung eines verlockenden Hinweisschildes erkannt, das einen Biergarten verheißt. Da hat ein schlauer Wirt sich eine gute Stelle ausgesucht, um einen

268

Pfahl mit Pfeil in den Boden zu rammen und durstige Radler vom rechten Strampelpfad abzubringen.

Gabriel freut sich über die Abzweigung auf dem Donau-Radweg

Wir haben Glück: Die Terrasse der Sportgaststätte am Fußballfeld liegt in praller Sonne, auch am nächsten Tag wärmen wir uns hier auf und nutzen das kostenlose WLAN.

Der Rückweg bietet uns immer wieder schöne Ausblicke auf die Stadt mit der großen Renaissance-Schlossanlage aus dem 16. Jahrhundert. Am nächsten Tag besichtigen wir das Schloss. (Juhuu, es ist geöffnet!) Ungewöhnlich sind die künstlichen ebenerdigen Grotten, deren Wände und Decken üppig dekoriert sind mit Ornamenten aus Donau-Muscheln. Im Innenhof führen offene Arkadengänge zu ebener Erde und auch im ersten Stockwerk um die Anlage.

Wir stellen uns vor, wie hier vor Jahrhunderten die Schlossherren mit ihren Gästen flanierten und lachten, zwischen ihnen liefen vielleicht Kinder mit den Hunden um die Wette, und unten im Hof kümmerten sich Bedienstete um die Pferde und Kutschen der Gäste. Bestimmt bog sich die Tafel im Speisesaal unter Braten und Brot, Krügen und Kandelabern und eine Gruppe fahrender Spielleute sorgte für die passende Tafelmusik.

In grauer Vorzeit habe ich Kunst studiert, aber erst hier lerne ich, dass Graffiti auf Außenmauern keine Erfindung der Spraykünstler von heute ist. Die Hauswände an den Arkadengängen sind voll mit dem sogenannten Sgraffito, einem Vorläufer des heutigen Graffiti, vielfach gut erhalten oder restauriert. Bei dieser Technik der Wanddekoration werden mindestens zwei Schich-

270

ten verschiedenfarbiger Putz übereinandergelegt, fast immer Hell auf Dunkel. Durch Abkratzen der oberen Schicht schafft der Künstler das Motiv, Bild oder Ornament, deren Linien und Flächen in der Farbe der unteren Schicht sichtbar werden.

Im 17. Jahrhundert bewohnte Pfalzgraf Philipp Wilhelm das Schloss; er war es auch, der die Grotten bauen ließ. Seine erste Frau Anna starb nach neun Jahren Ehe, mit ihr hatte er nur einen Sohn. Zwei Jahre später heiratete er eine 20 Jahre jüngere Frau, die während der Ehe 23 (!) Mal schwanger wurde – und trotzdem mit 74 Jahren ein für damalige Verhältnisse stolzes Greisenalter erreichte. Immerhin 14 Kinder überlebten Kindheit und Jugend und wurden gut in den europäischen Königs- und Adelshäusern verheiratet, was Philipp Wilhelm den Spitznamen »Schwiegervater Europas« eintrug.

Für uns Radfahrer bietet die Stadt einen besonderen Service: Wer zehn Euro Pfandgeld hinterlegt, bekommt dafür den Schlüssel zu einem Abteil in der alten Stadtmauer. Darin können bis zu drei Fahrräder gleichzeitig sicher aufbewahrt werden, und bei Rückgabe des Schlüssels kriegt man das Geld zurück. Wie so oft wissen wir nicht, wohin mit unseren Rädern, wenn wir bei einem Stadtbummel ein Restaurant aufsuchen wollen oder ein Museum – diese Möglichkeit der kostenlosen Unterbringung sollte es öfter geben.

Auch am Gründonnerstag verkünden die Vögel munter zwitschernd das Ende der Nacht. Mein leichter Schlaf hält ihrem Gesang nicht stand, in dicken Socken und Bademantel setze ich mich an den Tisch und lobpreise – wieder einmal – die Tür zum Schlafzimmer, die ich hinter mir schließe. Sie ist das Beste am ganzen Wohnmobil! So kann Gabriel weiterschlafen und ich dem Tag beim Aufwachen zuschauen.

Wir haben uns dem Rhythmus der Natur angepasst und liegen, zumal wir immer noch erkältet sind, auf dieser Reise meist schon kurz nach neun in den Federn, aus denen wir uns gegen sieben wieder erheben.

Gabriel und ich sind beide keine Wagner-Fans, aber Bayreuth wollen wir uns trotzdem nicht entgehen lassen. Die Lohengrin-Therme liegt etwas außerhalb der Stadt und bietet auf ihrem großen Parkplatz 18 Parzellen für Wohnmobile an zum Preis von sechs Euro, zu zahlen an der Rezeption der Therme. Danach gibt es verbilligten Eintritt in die Duschräume.

Lange bevor grüne Politiker an das *Wort* Umweltschutz auch nur gedacht hatten, hatten meine Eltern uns Geschwister zu Respekt vor der Natur erzogen. Ihre Predigten und ihr Vorbild im sparsamen Umgang mit allem, was die Natur hergibt, haben dazu geführt, dass ich jeden sinnlos geöffneten Wasserhahn sofort zudrehe. Kein Tröpfchen soll verschwendet werden. Beim Duschen im Wohnmobil gilt: nass machen – Wasser abdrehen – einseifen – Wasser aufdrehen – abspülen und fertig ist die Chose.

Heute reitet mich der Teufel, und ich schere mich einen Dreck um die Wasservorräte dieser Welt. Für einen

Euro fünfzig verlustiere ich mich eine gefühlte Ewigkeit unter der Dusche. Welch ein Genuss, das warme Wasser sinnlos sinnlich am Körper runterlaufen zu lassen! Einfach so, obwohl die Seife schon längst abgespült ist. Das ist purer Luxus, den ich mir gönne. Und ich habe noch nicht einmal ein schlechtes Gewissen dabei.

Die erste Duschkabine liefert nur kaltes Wasser, was ich beim Herausgehen der Dame am Empfang mitteile. Nicht nur ihr sächsischer Dialekt fällt mir auf, auch ihre artige Antwort mit einem Satz, wie ich ihn in dieser Form schon ewig nicht mehr gehört habe: »Ich danke Ihnen recht schön.«

Mit dem Bus sind wir schnell in der Stadt. Wagners Villa Wahnfried – sie heißt so, weil dort sein Wähnen Frieden fand – gucken wir nur von außen an, dafür durchwandern wir den ganzen Park. Der ist nicht einmal besonders groß, aber das Wegenetz wurde so durchdacht angelegt, dass man über eine Stunde spazieren kann, ohne zweimal auf demselben Wegstück zu gehen.

Karstadt in der Innenstadt wird eine unserer größten Entdeckungen dieser Reise. Das Kaufhaus bietet meiner schwachen Blase eine saubere Toilette (gegen Gebühr), Gabriel freies und gut funktionierendes WLAN und uns beiden die absoluten Lieblingsschokokugeln in der roten Tüte. Dieses Dreierlei wird uns auf den weiteren Reiseetappen immer wieder die Filialen dieser Kette aufsuchen lassen. Heute kaufen wir noch wärmende Hausschuhe für mich, eine Mütze und einen praktischen Rucksack. Ich bin es leid, auf dem Fahrrad immer wieder die über die Schulter gehängte Tasche zurechtrücken zu müssen.

Als wir am frühen Abend an den Parkplatz zurückkommen, ist es richtig kalt geworden, und wir freuen uns auf ein warmes Süppchen in der guten Stube unseres Wohnmobils. In dieser Nacht schlafe selbst ich so gut, dass ich die späte Ankunft von fünf weiteren Fahrzeugen in unserer unmittelbaren Umgebung nicht mitbekomme. Als ich morgens das Fensterrollo hochlasse, hat sich eine Gruppe von fünf oder sechs Reisenden in einem Sonnenloch auf dem Grünstreifen versammelt. Sie unterhalten sich und wärmen ihre Hände an dampfenden Bechern.

Haben sie keine Heizung in ihren Fahrzeugen oder sparen sie Gas? Eines ist uns klar: Wer nach Schließung der Rezeption abends um zehn kommt und vor deren Öffnung um neun Uhr am frühen Morgen wieder fährt, kommt in die Gunst einer kostenlosen Übernachtung auf diesem Platz.

Leipzig, Potsdam
und Berlin

Über Ostern wollen wir Gabriels Sohn Aleix in Leipzig besuchen. Er hat uns den Stellplatz an der Melinenburg für drei Nächte reserviert. Ihm sei Dank, denn als wir am Karfreitag am späten Vormittag ankommen, sind alle Plätze belegt.

Gleich die ersten Stunden bieten uns ein Schauspiel der besonderen Art. Ein junges Paar, das mit einem gemieteten Wohnmobil unterwegs ist und nicht reserviert hat, wird auf einen Grünstreifen am Rand des Platzes verwiesen, zwischen Fahrweg und Außenmauer. Der Fahrer rangiert auf regennassem Gras und durchweichter Erde einige Male hin und her, vor und zurück, Lenkrad nach links und Lenkrad nach rechts, merkt, dass die Räder nicht richtig greifen, und versucht es mit noch mehr Gasgeben – bis die Vorderreifen durchdrehen und das Fahrzeug im Matsch feststeckt.

Im Nu sind neugierige und hilfsbereite Männer mit Schaufeln, Seilen und guten Ratschlägen zur Stelle. Aber das Motto »Viel hilft viel« will hier nicht greifen. Einer hat dafür schon zum Handy gegriffen, um das Unglück und den knallroten Kopf des Fahrers auch optisch fest-

275

zuhalten. Das Missgeschick der anderen ist doch immer wieder erbaulich.

Endlich erscheint der Stellplatzbetreiber oder vielmehr dessen Sohn, kaum älter als Anfang 20. Es ist das erste Mal, dass seine Eltern über die Feiertage weggefahren sind und ihn länger als einen Tag mit dem Platz allein lassen. Allem Anschein nach hat er ihr Vertrauen verdient, denn er weiß sich zu helfen. Mit einem älteren Mann verschwindet er und kehrt kurz darauf knatternd und stolz auf einem Trecker thronend zurück. Nicht so ein kleines Modell für die Rasenpflege, nein, ein richtig großer Traktor für die Landwirtschaft.

Für diesen Auftritt gibt es viel Applaus, und unter den Anfeuerungsrufen des wachsenden Publikums gelingt es, das Wohnmobil buchstäblich aus dem Dreck zu ziehen. Die jungen Leute sind froh, dass an ihrem gemieteten Wohnmobil kein Schaden entstanden ist; immerhin beträgt die Selbstbeteiligung 1000 Euro. Auf dem Hof vor dem eigentlichen Stellplatz können sie das Fahrzeug abstellen, später gesellen sich noch andere dazu, die auch nicht reserviert haben.

Trotz zunehmender Kälte holen viele ihre Campingmöbel heraus und genießen die letzten Sonnenstrahlen des Tages, als ob sie wüssten, was auf uns zukommt. Am Samstag wird es so kalt, dass ich das Winterfutter in meinen Anorak einknöpfe, wo es bis zum Ende des deutschen Teils dieser Reise bleiben wird. Und ich bin ja so froh über die Mütze aus Bayreuth!

Mit Bus und Straßenbahn schaffen wir unsere

276

Schmutzwäsche in großen Tragetaschen in die Wohnung von Gabriels Sohn und seiner Freundin. Am Montagmorgen können wir sie ordentlich zusammengelegt wieder abholen. Die jungen Leute bieten sogar an, die Blusen und Hemden zu bügeln, aber das will ich mir auf Reisen gar nicht erst angewöhnen.

Gabriel mit seinem Sinn für einen gut organisierten Haushalt hat als Grundausstattung für das Wohnmobil auch ein kleines Reisebügeleisen gekauft, das ich in einem Küchenfach in der hintersten und dunkelsten Ecke verstaut habe. Dort ruht es immer noch nagelneu in seiner unversehrten Originalverpackung. Ich hasse Bügeln, und bisher genügte uns auf Reisen das Glattziehen und möglichst faltenfreie Zusammenlegen der Kleidungsstücke, um präsentabel auszusehen und auszugehen. Meine weiße Ausgehbluse ist knitterfrei.

In der Eiseskälte, die in diesem Jahr die Osterfeiertage beherrscht, sind sowieso dicke Jacken und Pullover angebracht. Gabriels Erkältung hat sich wieder verschlimmert, so sehr, dass wir spätestens nach Ostern einen Arzt aufsuchen wollen, wenn es nicht besser wird. Bis dahin verzichten wir auf Ausflüge in die Stadt trotz unserer Tageskarten für den öffentlichen Nahverkehr und beschränken uns auf gut geheizte Räume, in denen uns eine warme Mahlzeit serviert wird.

Wir laden Gabriels Sohn und seine Freundin ein und essen Schweinshaxen mit Knödel und Krautsalat in einem tschechischen Restaurant und Pizza in der Gaststube einer lokalen Brauerei. Davon gibt es so viele in Leipzig,

277

dass ich so langsam meine Abneigung gegen Bier verliere und lerne, die verschiedenen Geschmacksrichtungen zu unterscheiden – wohlgemerkt auf Anfängerniveau.

Das Mittagessen am Ostersonntag im Wohnmobil steht in krassem Kontrast dazu und ist zusammengewürfelt aus aufgetauten Würstchen und den Resten eines Brathähnchens. Dazu gibt es Erbsen aus der Dose und Reis aus der Tüte; es schmeckt uns mindestens genauso gut wie die Restaurantküche. Vielleicht liegt es an der Ruhe, die Gaststuben sind proppenvoll, entsprechend laut und die Kellner in Eile.

Als Einziges schauen wir uns den Botanischen Garten an, aber nur von innen. Außen ist es uns nicht nur zu kalt, es regnet auch immer mal wieder, und die heftigen Windböen schneiden ins Gesicht. In den Pflanzenhäusern und bei den Schmetterlingen hingegen herrschen tropische Temperaturen und hohe Luftfeuchtigkeit, was Gabriel gefällt und seinen verstopften Nasennebenhöhlen guttut. Gabriel liebt Kakteen und ist beeindruckt von einem 130 Jahre alten Schwiegermuttersitz, auf dessen harte Stacheln sich wohl auch kein Fakir im Zirkus setzen würde.

Wahrscheinlich des schlechten Wetters wegen hat sich der Stellplatz schon am Sonntagmorgen geleert, am Ostermontag stehen hier nur noch einige vereinzelte Wohnmobile. Wir können in aller Ruhe frisches Wasser aufnehmen und das Grauwasser ablassen sowie die Toilettenkassette entleeren. Etwas antiquiert und improvisiert wirkt die Versorgungsstation. Eine handbetriebene

278

Wasserpumpe und Gießkanne für das Kassettenspül-wasser gibt es und einen lang ausgezogenen Schlauch für die Frischwasseraufnahme. Aber alles funktioniert.

Bei der Ausarbeitung unserer Reiseroute, zumindest in grober Richtung, hatte ich eine oder auch zwei Nächte im Spreewald fest eingeplant. Vielleicht wäre daraus eine Enttäuschung geworden, aber schon immer hat mich die romantische Vorstellung gereizt, in einem Boot durch die Kanäle zu gleiten, bei Vogelzwitschern und leisem Rascheln im Geäst der Bäume. Dann sanftes Anlegen am grünen Ufer und Spargelessen auf hölzernen Klapp-stühlen im Biergarten.

Aber bei maximal zehn Grad Höchsttemperatur, Wind und Regen disponiere ich um, und wir nehmen direkten Kurs auf Berlin. Wasser unten und Wasser von oben, viel Grau und kaum mal ein paar Sonnenstrahlen, da sind wir in einer Großstadt weitaus besser aufgeho-ben als auf dem Land. Und wenn es noch so idyllisch ist. Das Wohnmobil macht's möglich: Spontane Kursände-rungen sind kein Problem, wenn man kein Hotel reser-viert hat und keine Flugverbindung einhalten muss.

Der Wohnmobilhafen in Berlin-Spandau ist für 180 Fahrzeuge angelegt, in den Tagen nach Ostern aber nur wenig belegt. Wir können uns einen Platz aussuchen und stellen uns etwas abseits auf eine feste Rasenfläche. In den 16 Euro Tagespreis ist der Strom enthalten, also schließen wir uns an, zumal die Solaranlage auf dem Dach nach Tagen ohne Sonne nicht viel bringt.

279

Von elf Uhr nachts bis um sechs Uhr in der Früh ist es hier ruhig, tagsüber jedoch dröhnt alle fünf Minuten ein Flugzeug in geringer Höhe über den Platz. Aber wir sind ja nicht in Berlin, um ein paar idyllische Urlaubstage zu verbringen, sondern um uns die deutsche Hauptstadt anzusehen. Mit dem Bus gelangt man von der nahe gelegenen Haltestelle ins Zentrum von Spandau und von dort problemlos mit der U-Bahn in die City. Ich kaufe für jeden ein 48-Stunden-Ticket für den öffentlichen Nahverkehr. Weil wir auf der ersten Hinfahrt in die City das Stempeln vergessen (ehrlich, das war keine Absicht!), treten wir genau 48 Stunden nach dem ersten Stempel die letzte Rückfahrt zum Stellplatz an – preiswert und perfekt.

Aus unseren Nachbarn auf dem Platz werden wir nicht schlau. Bis zum Schluss wissen wir nicht, wer außer dem Paar Mitte 50 noch in dem älteren Alkoven-Wohnmobil reist. Trotz der Kälte spielt sich das Leben von noch mindestens drei anderen Personen und einem Hund draußen ab unter der Markise und auf schon oft genutzten Campingmöbeln. Es ist ein munteres Treiben zwischen vollen und leeren Bierkästen, die regelmäßig ausgetauscht werden; abends knutschen zwei Jugendliche auf einem der klapprigen Sessel, jeder mit einer Zigarette in der Hand, ein Hocker liegt kaputt daneben. Manchmal parkt zusätzlich ein Motorrad vor dem Fahrzeug.

Wir fühlen uns keineswegs unsicher in dieser Gesellschaft, noch nicht einmal unwohl. Alle grüßen freundlich, mit der Frau unterhalte ich mich über Strom- und Gasverbrauch (angeblich haben sie einen 120-Liter-Tank

280

fest eingebaut, wir fragen uns nur, wo?). Nachts halten sie es mit den Flugzeugen und bleiben am Boden. Jeden Morgen aufs Neue bringt die Frau des Hauses Ordnung in das Campingleben und breitet nasse Handtücher über den Stühlen aus.

Etwas gewöhnungsbedürftig sind die hohen Mietshäuser, an deren Hinterhofmauer unser Teil des Platzes angrenzt. Die blattlosen Bäume bieten keinen Sichtschutz, und damit uns niemand aus den oberen Stockwerken bei der Morgentoilette zusieht, öffnen wir das Dachfenster im Schlafzimmer erst, wenn wir ausgehfertig angezogen sind.

Tränenpalast am Bahnhof Friedrichstraße, Reichstagsgebäude und Brandenburger Tor, Regierungsviertel und Museumsinsel – brav klappern wir alles ab und spazieren auch – bei Sonnenschein! – Unter den Linden entlang vorbei am Hotel Adlon und dem Café Einstein. Halt machen wir an einem Imbiss und gönnen uns eine Currywurst, die köstlich schmeckt. Genauso wie die Lieblingsschokoladenkugeln, die wir auf dem Rückweg bei Karstadt in Spandau erstehen – neben einer Mütze für Gabriel. Seine Erkältung ist im Abklingen, da wollen wir nichts riskieren.

Auf der Suche nach einer Umweltplakette für Maggie macht Gabriel zwei neue Erfahrungen. Die erste betrifft die Bürokratie in Deutschland, die auch nicht viel effizienter sein muss als die in Spanien. Vom Portier im Bezirksamt Spandau werden wir ein Stockwerk höher geschickt. Das bringt uns zwar die Schönheit des

281

alten Gebäudes näher, aber nicht die Plakette, weil der freundliche und willige junge Mann dort uns an das Verkehrsamt in Kreuzberg verweist, »aber nur mit Termin, und das kann ein paar Wochen dauern!«. Das sagt er, nachdem ich ihm lang und breit erklärt habe, dass wir nur noch bis übermorgen in der Stadt sein werden.

Maggie auf dem Stellplatz in Berlin-Spandau

Die zweite Erfahrung ist die berühmte Berliner Schnauze. Diesen trockenen Humor und diese Sprache ohne Schnörkel und ohne Umschweife zeigt schon der Portier, als ich ihm von der Erfolglosigkeit im ersten Stock berichte: »Das hätte ich Ihnen gleich sagen können, hätte Ihnen aber nicht gefallen. Und glauben Sie bloß nicht, dass es im Verkehrsamt besser ist!« Und in der Werkstatt in Charlottenburg, wo wir problemlos und für wenige Euro die ersehnte Plakette bekommen, antwortet der Mechaniker auf meinen Guten-Morgen-Gruß: »Wenn Sie mich um elf Uhr mit Guten Morgen begrüßen, müssen Sie Ferien haben.« Recht hat er.

Die unterirdischen Sehenswürdigkeiten Berlins beeindrucken uns mindestens genauso wie die über Tage. Der U-Bahnhof Altstadt-Spandau wurde erst 1984 eingeweiht, hat aber den Charme alten Stils mit weiß gekachelten Wänden und Säulen, indirektem Lichteinfall und in den Boden eingelegten Mustern. Just in diesem Frühjahr wurde er unter Denkmalschutz gestellt, genauso wie die nächste Station in Richtung Stadtmitte, der Bahnhof Zitadelle, der aus dem gleichen Jahr stammt und von demselben Architekten. Nur ist dieser Bahnhof in rotem Klinker gestaltet mit aufwendigen Eingängen. So geht es weiter bis zur Station Siemensdamm, jeder der sechs Bahnhöfe auf dieser Strecke der U7 ist kunstvoll gemacht und es wert, nur seinetwegen auszusteigen und die nächste Bahn zur Weiterfahrt zu nehmen.

Während der Tage in Berlin erleben wir Aprilwetter pur: Mal scheint die Sonne bei nur fünf Grad, um wenige

283

Sekunden später einer dicken Wolke Platz zu machen, die nichts Besseres zu tun hat, als uns mit erbsengroßen Hagelkörnern zu überschütten. Dann wieder tut sie so, als wäre nichts gewesen, und streichelt sanft unsere Gesichter – bis im nächsten Moment eine heftige Windböe uns verscheucht und schnell eine geschützte Ecke suchen lässt.

Gut gelaunt verbringen wir viel Zeit in warmen und trockenen Autobussen. Wir fahren durch Charlottenburg und Prenzlauer Berg, lassen auch Kreuzberg nicht aus und nicht die Linie 100 mit einer einstündigen Rundfahrt durch den Kern Berlins. Vor über 30 Jahren, einige Jahre vor dem Mauerfall, war ich schon einmal in Berlin. Den Savignyplatz erkenne ich wieder, heute kommt er mir größer vor und nicht mehr ganz so charmant wie damals, aber immer noch attraktiv. Hier essen wir preiswert und gut bei einem Vietnamesen und trinken danach teuren und schlechten Kaffee in einem französischen Restaurant, dessen Wände dringend der Renovierung bedürfen.

Anfang der Siebzigerjahre fuhr ich mit einem Visum für einen Tag mit der U-Bahn aus Westberlin in den Ostteil der Stadt. Ich erinnere mich noch genau an den Anblick von Vopos (Volkspolizisten) beim Durchfahren eines geschlossenen Bahnhofes. Mit Gewehren im Anschlag standen und hockten sie hoch über den Gleisen. Hielten sie Wache auf einer Fußgängerbrücke? Genauso beklemmend war im Abteil die Frage nach Visum und Reisepass, wo doch normalerweise nur der Fahrschein kontrolliert wird.

Am Alexanderplatz aß ich mittags allein in einem Restaurant. Obwohl nur wenige Gäste im Speisesaal waren, musste ich mehr als eine Viertelstunde warten, bis mir ein Tisch zugewiesen wurde. Ich weiß nicht mehr, ob mir das bestellte Fleisch schmeckte oder nicht. Ich erinnere mich nur noch an das Wort Sättigungsbeilage auf der Speisekarte, womit Kartoffeln, Nudeln oder Reis gemeint waren – je nachdem, was gerade zur Verfügung stand. Abgesehen davon, dass eine Frau allein in einem Restaurant hier genauso irritierend wirkte wie im Westen, herrschte an den Tischen um mich herum eine zufriedene familiäre Atmosphäre. Die Menschen unterhielten sich, lachten zusammen und fühlten sich offensichtlich wohl.

Heute tobt am Alexanderplatz das Leben. Die einstige Leere des riesigen Platzes zwischen den monotonen Plattenbauten ist überflutet von greller Leuchtreklame und allem, was Angebot und Nachfrage des westlichen Konsums hergeben. Schöner ist der Platz dadurch nicht geworden. Wir bleiben nicht lange, diese Hektik zwischen Fitnessstudio und Burger-Restaurant ist nicht unser Fall.

Enttäuscht sind wir vom Nikolaiviertel. Wir finden nur noch wenig alte Architektur, dafür viel Nepp für Touristen.

Mit der S-Bahn fahren wir zum Ostbahnhof und schreiten im Nieselregen die Mauer ab, zumindest den Teil der East Side Gallery, der noch erhalten ist. Ich habe Glück und finde das Teilstück, das eine mir bekannte schottische Malerin gestaltet hat, mache ein Foto und schicke es ihr.

Die Linie 200 bringt uns zum Prenzlauer Berg. Bei Schnee und Hagel spazieren wir durch das Viertel und essen in einem kleinen philippinischen Restaurant den schmackhaften Tagesteller für 6,90 Euro. Allgemein finden wir in Berlin das Essen preiswert und die Getränke teuer.

An unserem dritten Tag in Berlin findet Gabriel sich im Streckennetz des Nahverkehrs zurecht wie ein Einheimischer. Ohne Umsteigen bringt er uns zurück nach Spandau, wo wir auf dem Platz gerade noch unsere Nachbarn verabschieden können. Jetzt wissen wir es: Das Ehepaar reist zusammen mit seiner Tochter im Teenageralter, alle anderen unter ihrer Markise waren nur Besucher. Später werden wir aus einem ganz besonderen Grund noch an sie denken müssen.

Für uns geht es am nächsten Morgen weiter in Richtung Potsdam. Zuvor erwachen wir in einer Kältekammer: Die deutsche Gasflasche aus dem Baumarkt in Isny ist erwartungsgemäß nach einer Woche leer – die spanische leider auch, weil wir sie nicht fest genug verschlossen hatten. Wir wärmen uns gegenseitig; so fest umschlingen wir uns mit Armen und Beinen, dass nur noch die Haarspitzen der Kälte ausgesetzt sind. Gabriel erweist sich wieder einmal als bester Ehemann von allen: Er steht als Erster auf, zieht seine klammen Klamotten an und holt dampfenden Kaffee für mich aus der nächsten Bäckerei.

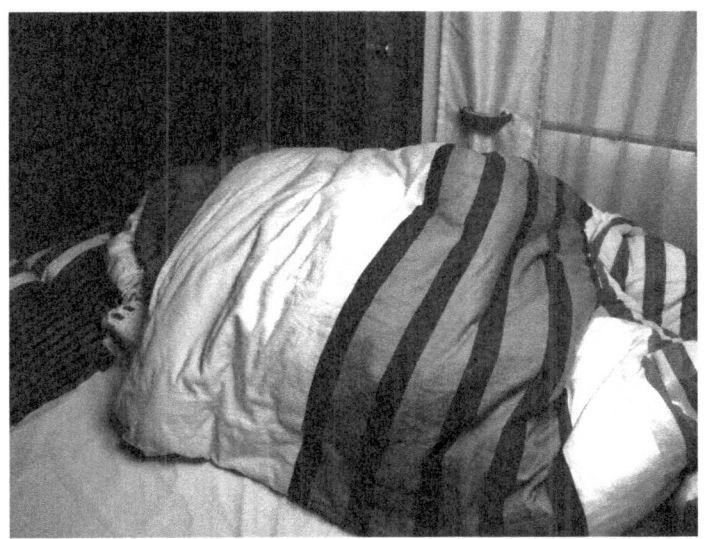

Das Knäuel unter der Bettdecke soll ich sein, morgens bei fünf Grad

An der Ausfallstraße aus Berlin kaufen wir wie in Isny im Obi-Baumarkt eine neue Flasche, hier ist sie fast drei Euro billiger.

Nicht nur die Heizung versagt heute Morgen, auch unser Navigationsgerät schaltet sich urplötzlich aus, ohne Ansage, Begründung oder Fehlermeldung. Weder Knopfdrücken noch Kopfschütteln helfen, das Rechteck bleibt schwarz und stumm. So verpassen wir eine Abzweigung und folgen notgedrungen den Hinweisschildern zum Luftwaffenmuseum in Berlin-Gatow. Auf dem Gelände des stillgelegten Flugplatzes schlendern wir bei schönstem Sonnenschein etwas orientierungslos von einem alten Kriegsflugzeug zum nächsten. Die ausgestellten Oldtimer sind vor allem russischer Bauart. Orientierungslos sind wir nicht wegen schlechter Beschilderung, die ist okay, sondern weil keiner von uns sich wirklich für Waffensysteme welcher Art auch immer interessiert.

Auf den letzten Kilometern Richtung Potsdam setzt das Navi genauso unvermittelt wieder ein, wie es uns verlassen hatte, und führt uns direkt zu dem ausgewählten Stellplatz »Am Krongut«. Höchstens 24 Stunden sind hier erlaubt und kosten zehn Euro; länger wollen wir sowieso nicht bleiben. Uns reicht diese Zeit für einen Abstecher in die Stadt mit dem Bus und für die Parkanlage Sanssouci sowie das Hofgut gleich neben dem Stellplatz.

Das gelb getünchte Schloss Sanssouci und seine nach Süden gelegenen Terrassen kommen tatsächlich genauso leichtfüßig und schön daher wie in allen Führern beschrieben. Der Garten geht über in einen weitläufigen Park, in dem wir bei einem Spaziergang die Sonne genießen.

Aufs Angenehmste überrascht sind wir von der *Stadt* Potsdam. Wir hatten nicht erwartet, dass die Altstadt so weitläufig und gut erhalten ist – oder gut restauriert wurde. Sogar Karstadt bietet in Potsdam die schönste Filiale, die wir bisher gesehen haben, mit einem großen Lichthof über vier Etagen, der überspannt wird von einem farbig verglasten Dach.

Es wird wärmer: Am nächsten Morgen um sieben

288

Uhr haben wir bei bedecktem Himmel schon ganze neun Grad!

Auf dem Stellplatz hat sich über Nacht ein Wohnmobil dazugesellt, schon früh am Morgen fahren seine Besitzer die Satellitenschüssel aus. Weil wir seit einigen Tagen keine Signale mehr vom Satelliten Astra erhalten und den für die spanischen Programme wichtigen Hispasat schon gar nicht, frage ich nach, wie der Empfang bei ihnen sei. Die Eltern schütteln ein wenig hilflos den Kopf, aber der siebenjährige Sohn gibt in klaren Worten Auskunft, dass er seine Lieblingsprogramme bestens empfangen kann. Liegt es vielleicht daran, dass ihre Schüssel einen deutlich größeren Durchmesser hat?

Durch den Osten Richtung Norden

Bevor wir weiterfahren, machen wir noch einen Spaziergang zum Krongut Bornstedt. Am Freitagmorgen ist auf dem großen Gelände mit dem alten Gutshaus und vielen Wirtschaftsgebäuden kaum Betrieb, nur wenige Hofläden haben schon geöffnet. Brauerei und Restaurant bereiten sich auf einen größeren Ansturm am Wochenende vor. Die Bäckerei ist geschlossen; dort und auch im Feinkostladen hätten wir etwas gekauft. Das geöffnete Blumengeschäft interessiert uns weniger.

Dabei fällt mir ein: Eine Freundin hatte mir vor der Abreise einen Geranientopf in voller Blüte geschenkt für das Wohnmobil. Weil ich doch zu Hause auch immer etwas Blühendes auf dem Tisch stehen habe. Aber im Wohnmobil? Es ist gar nicht so selten, dass wir Kräuter oder sogar Salatsetzlinge und Blumentöpfe in anderen Fahrzeugen sehen. Meist winken sie von der Ablage vor dem Frontfenster. Wir aber entscheiden uns strikt dagegen. Ich will nicht vor jedem Start auch noch die Pflanze sicher verstauen und sie ab und an gießen müssen, obwohl Letzteres wirklich schnell erledigt wäre. Es war lieb gemeint, aber ich habe den Topf weiterverschenkt an eine andere Freundin. Sie erfreut sich an der Geranie

290

auf dem Tisch genauso wie wir an den Wiesenblumen am Wegesrand.

Ohne genauen Plan fahren wir durch das Havelland. Bekannte hatten uns von der Stadt Rathenow vorgeschwärmt, aber bei der Durchfahrt gibt es nichts, was uns auch nur zu einem kurzen Halt bewegen könnte. Nur gesichtslose Nachkriegsbauten einer geschäftigen Innenstadt säumen die Hauptstraße. Die schöneren Straßen und Sehenswürdigkeiten wie das Schleusenwärterhaus oder der Bismarckturm, beides aus rotem Backstein, liegen etwas abseits, und auch das Havelufer ist bestimmt reizvoll. Immerhin hat Rathenow mit vier anderen Städten des Havellandes im Jahr 2015 die Bundesgartenschau ausgerichtet – aber davon bemerkt der Durchreisende nichts. Genauso wenig wie von der Tatsache, dass die offizielle »Stadt der Optik« eines der größten Optik- und Feinmechanikerzentren Deutschlands ist.

Auch für Rathenow gilt wie für viele andere Orte, durch die wir kommen und über die wir uns später informieren: Nächstes Mal bleiben wir eine Nacht und schauen uns die Stadt genauer an. Dafür hat die Gemeinde zentrumsnah einen kostenlosen Stellplatz eingerichtet. Oft ist es nicht nur mangelnde Information, die uns weiterfahren lässt. Anhalten und verweilen oder nicht, das ist auch eine Frage von Lust und Laune, abhängig von der Tagesform, dem Wetter, dem Zustand der Straßen, ob wir Hunger haben – und, und, und. Zum Glück sind wir uns auch in diesem Punkt fast immer einig.

Genau das empfinden wir als einen der größten Vorteile des Reisens im Wohnmobil: Die Freiheit spontan und nach eigenem Gutdünken zu entscheiden, wo und wie es weitergeht auf unserer Tour. Wen schert es, ob wir jeden Tag 500 Kilometer fahren oder fünf; wen geht es etwas an, ob wir einen Tag oder eine Woche an einem Fleck bleiben. Wir müssen kein Hotel buchen und keine Reservierung stornieren, keine Koffer aus- und wieder einpacken, kein Reiseleiter und kein Gruppenzwang gibt vor, was wir zu tun und zu lassen haben, was wir besichtigen müssen oder wo wir essen sollen.

Natürlich unterliegen auch wir Zwängen und Einschränkungen und haben vielleicht keine wirkliche Freiheit. Das *Gefühl* von Freiheit macht für uns den Reiz aus. Andere fühlen sich vielleicht freier in einem Hotel, in dem sie nicht kochen, nicht putzen und keine Wäsche waschen müssen.

Wir genießen die Fahrt auf alten Landstraßen durch eine abwechslungsreiche Landschaft. Ich freue mich kindisch über den Hinweis auf eine Gulaschkanone für den Imbiss unterwegs und erkläre Gabriel, dass das Wort ursprünglich einen transportablen großen Kochherd auf dem Schlachtfeld bezeichnete. Ich selbst kenne den Ausdruck von Schulausflügen und großen Familientreffen.

Maggie kutschiert uns gemächlich mitten durch Laubwälder und vorbei an bestellten Feldern. Wir streifen den Naturpark Westhavelland; Sonne und Wolken wechseln sich ab. Manchmal säumen kleine Dörfer die Landstraße, in denen wir vergeblich nach einem

292

Lebensmittelladen Ausschau halten. Ein Dorf nach dem anderen ohne eine Möglichkeit, an der Hauptstraße die Speisekammer aufzufüllen.

Schade, die Zeit der persönlichen Zuwendung in einem Dorfladen – nicht von ungefähr Tante-Emma-Laden genannt – ist wohl auch hier endgültig abgelaufen. Erst in Neustadt (Dosse) winkt ein Schild der Supermarktkette Norma, wo wir für vergleichsweise lächerliche zehn Euro den halben Einkaufskarren unter den Augen zweier misstrauischer Verkäuferinnen füllen.

Es hat lange gedauert, aber mittlerweile haben auch wir uns mit der Suchfunktion des Navis nach einem Stellplatz in der Nähe vertraut gemacht. Wobei die Fehlerquote zumindest bei unserem Gerät höher ist als in den gedruckten Führern oder digitalen Applikationen. Manch angezeigter Stellplatz existiert schon lange nicht mehr, andere wiederum sind nicht verzeichnet.

Heute ist unser Glückstag: Der kostenlose kleine Stellplatz an der Sporthalle in Wusterhausen ist leicht zu finden und liegt schön ruhig in Zentrumsnähe. Zudem ist es deutlich wärmer als gestern trotz Wind und Wolken, sodass wir mit unseren Rädern am Kyritzer Untersee entlangfahren bis nach Bantikow. Gabriel erstaunt eine Dorfkirche mit Holzturm, so etwas kennt er aus Spanien nicht. Ganz umrunden wir den See nicht, weil der Uferweg streckenweise spürbar mehr für Mountainbikes geeignet ist als für unsere Klappräder. Fliegen können diese nicht, trotz des vielversprechenden Modellnamens Birdy.

Bratpfannen-Gong des Restaurants Insl auf dem Kyritzer See

Leider öffnet das Restaurant Insl (wirklich ohne e!) erst in einer Woche nach der Winterpause wieder. Zu gern hätte ich den Fährmann gerufen mit einem kräftigen

294

Schlag auf den Boden der Bratpfanne, die über dem Anlegesteg baumelt. Wir hätten uns übersetzen lassen und mit großem Appetit ein regionales Mittagessen zu uns genommen. Noch etwas für die Nächstes-Mal-Liste.

Um halb sieben schon weckt uns der durchdringende Ton einer Sirene. In dem Dorf in Schleswig-Holstein, in dem wir Ende der Fünfziger- bis Anfang der Sechzigerjahre wohnten, ließ man auch jeden Samstag in aller Herrgottsfrühe die Sirene ertönen, um zu probieren, ob sie es noch tut. Vielleicht hat sich hier dieser Brauch bewahrt.

Wieder bestimmt das Wetter unsere Reiseroute: Fest eingeplant hatte ich mindestens einen Halt am Müritz-Seen-Park und sowieso mehrere Tage für die Mecklenburgische Kleinseenplatte. Nur spielt das Wetter nicht mit. Zwar guckt die Sonne ab und zu zwischen der dichten Wolkendecke hervor, aber gegen Regen- und Hagelschauer und windige Kälte kommt sie nicht an. Damit Gabriel wenigstens vom Auto aus in Ruhe die melancholische Schönheit der flachen Landschaft genießen kann, setze ich mich ans Steuer und fahre bis auf den Stellplatz am Stadthafen von Neustrelitz.

Wir haben eine einfache Regel: Wer fährt, der bestimmt – ob die Klimaanlage an oder aus und die Fenster auf oder zu bleiben und wer singen darf. Heute begleitet uns die makellose Stimme von Nana Mouskouri, die auf Spanisch genauso klangvoll gesungen hat wie auf Deutsch.

Obwohl sehr überschaubar, bietet der Hafen von

295

Neustrelitz einige Restaurants, die auch um diese Jahreszeit geöffnet sind. Wir wissen es immer mehr zu schätzen, wenn ein Wohnmobilstellplatz unter der Obhut der Hafenmeisterei steht. Im Hafen gibt es normalerweise alles, was ein Matrose oder Bootseigner braucht beim Landgang: Waschräume mit Toiletten und Duschen, Waschmaschinen und Trockner und mindestens eine Gaststätte mit einem preiswerten Mittagstisch. All das schätzt auch der Reisende im Wohnmobil.

Der Hafenmeister ist ein hagerer Mann in tiefem Seemansblau. Zunächst gibt er sich trocken bis mürrisch, taut aber schnell auf und zeigt sich hilfsbereit bei allen Fragen. Genauso wie unsere netten Nachbarn aus Meerbusch, die uns nicht nur erklären, wo es die Jetons zum Bezahlen gibt, sondern uns vor ihrer Abfahrt noch ihren letzten schenken und uns verraten, dass in ihrer Stromsäule noch für bis zu acht Stunden bezahlter Strom steckt.

Mit solch sympathischer Hilfsbereitschaft werden wir öfter empfangen, was vielleicht an unserem spanischen Nummernschild liegt. Viele Menschen in Deutschland möchten ihr Land uns Reisenden aus dem Süden von der besten Seite zeigen; das fällt auch Gabriel positiv auf.

Verdutzt ist er über das Gefälle auf dem großen quadratischen Marktplatz im Zentrum der Altstadt; üblicherweise sind solche Plätze eben. Acht Straßen führen in schönster Symmetrie auf dieses Zentrum zu. Wir müssen uns schon die Namen merken, wenn wir uns zurechtfinden wollen.

Wind und Hagel treiben uns schutzsuchend in überdachte Hauseingänge, wobei wir mehr als einmal die Gelegenheit an der Türklinke ergreifen und uns unversehens in einem gemütlichen Café wiederfinden. Aus purer Neugier suche und finde ich das halbverfallene große Schloss des Herzogs von Mecklenburg, den die Tochter eines ehemaligen Chefs von mir geheiratet hat. Die Familie muss noch viel Arbeit, Zeit und Geld investieren, wenn sie das Gebäude wieder herrichten will.

Neustrelitz beherbergt das Landestheater, in dem heute Abend die Oper *Hoffmanns Erzählungen* von Jacques Offenbach gespielt wird. Die Zeiten, in denen man sich für Kulturgenuss auftakeln musste, sind Gott sei Dank vorbei; in unseren Anoraks und mit den Schlammspritzern auf den Jeans fühlen wir uns aber doch entschieden zu unpassend gekleidet für einen Opernbesuch. Schade, zum Umziehen ist es zu spät.

Unterhalb des Theaters, im Prinzengarten des Schlossparks entdecken wir einen Friedhof mit den Gräbern von Menschen aus der Sowjetunion. Vermutlich handelt es sich um nach dem Zweiten Weltkrieg hier stationierte Soldaten. Warum finde ich im Prospekt über die Sehenswürdigkeiten der Stadt keinen Hinweis auf diesen Friedhof?

Am Morgen unserer Abfahrt genehmigen wir uns eine ordentliche Portion Müßiggang. Der fleißige Hafenmeister lässt schon früh die Jetons aus den Stromsäulen klimpern, später hilft er beim Austausch von Gasflaschen. Auch nach dem ausgiebigen Frühstück bleiben wir noch eine Weile am Tisch sitzen und legen die Beine hoch, um genüsslich das Treiben auf dem Platz zu betrachten und zu kommentieren:

Raucher formieren sich zu einer geschlossenen Gruppe im Windschatten eines Wohnmobils und zünden eine Zigarette an der anderen an. Wir beobachten Radfahrer, bei denen weder Kleidung noch Haltung noch Frisur einen Rückschluss auf ihr Geschlecht zulassen. Ein Mann fährt mit dem Elektrorad weg, und sofort zeigt seine Partnerin mit spitzem Mund und langem Finger einer anderen Frau die äußeren Schäden an ihrem Fahrzeug. Als er mit prall gefüllter Brötchentüte wiederkommt, wird sie still und steigt zurück ins Wohnmobil.

Über die Insel Usedom habe ich so viel Gutes gehört, dass ich sie unbedingt aufsuchen will. Von der Schönheit endlos weiter und weißer Sandstrände wurde mir erzählt, von gut restaurierter Bäderarchitektur mit Holzrahmen und verglasten Veranden war die Rede und von der Gastfreundschaft der Bevölkerung. Wir erreichen die Zecheriner Brücke lange vor ihrer Öffnung für den Schiffsverkehr am Mittag und zuckeln langsam Richtung Heringsdorf.

Noch wissen wir nicht, ob wir hier übernachten werden, schauen uns aber schon einmal um nach Gelegenheiten dafür. Der Stellplatz am Korbwerk sieht aus wie eine Baustelle, ein anderer Platz aus dem Internet erweist sich als Hinterhof-Rumpelkammer, die wir

298

sofort wieder verlassen. Wir fahren durch schöne Straßen mit dreigeschossigen Häusern im Bäderstil und landen versehentlich in einer Stichstraße, die uns auf den Wendeplatz vor dem Steigenberger Hotel führt. Hier ist es wunderschön mit Blick aufs Meer, hier würde ich gern bleiben, hier aber hat die Hotelleitung das Sagen. Liegt es etwa an unserem gewagten Wendemanöver auf dem engen Platz, dass die Menschen von den Bänken aufstehen und sich zurückziehen?

Wenigstens von Weitem können wir die Heringsdorfer Seebrücke ausmachen, mit über 500 Metern die längste Seebrücke Deutschlands. Ich bin mir ziemlich sicher, dass die alte Holzbrücke aus dem 19. Jahrhundert mir besser gefallen hätte.

Wir finden keinen geeigneten Platz, auf dem wir für einen Spaziergang halten können, und beschließen, dass Heringsdorf uns heute nicht haben will, vielleicht ein andermal. Viel freundlicher ist der Badeort Bansin zu uns. Dort parken wir auf einem fast leeren Parkplatz in der Nähe der Strandpromenade, kaufen in einem Imbiss am Strand Räucherfisch für später und Fischbrötchen für jetzt gleich. Beides erweist sich als höchst lecker, fest im Biss und nicht übertrieben rauchig.

Schließlich fahren wir zum Übernachten an den Yachtlieger-Achterwasser in Lütow-Netzelkow und haben Glück: Wir sind erst das zweite Wohnmobil für diese Nacht und können uns mit der Nase zum Wasser stellen – so nah, dass ich fast Angst bekomme. Auf dem Restaurantschiff am Anlegesteg bezahle ich bei dem knorrigen alten

299

Bilderbuch-Seebären zehn Euro für eine Nacht und werde von ihm sogleich den Bewohnern des anderen Wohnmobils vorgestellt. Sie sitzen vor leergegessenen Tellern und ich weiß nicht zum wievielten Mal wieder aufgefüllten Biergläsern und heißen uns selig lächelnd willkommen.

Zwischen zwei Hagelschauern wagen wir bei viel Wind und wenig Sonne einen Spaziergang auf dem Deich. Der Stellplatz ist größer als gedacht, auf einer Wiese ist noch viel Platz, nur zwei Wohnwagen stehen dort. Duschen und Toiletten können gegen Gebühr auf dem Schiff benutzt werden.

Stellplatz Lütow-Netzelkow, rechts im Bild das Restaurantschiff

Etwas weiter östlich wundern wir uns über ein Rohrsystem mit Maschinerie, an dem ein einzelner Mann arbeitet. Gabriel vermutet eine kleine Ölförderstelle, und tat-

300

sächlich wurde in Netzelkow erst in diesem Frühjahr die Erdölförderung eingestellt. Unter unseren Füßen befand sich das größte Erdölvorkommen der DDR.

Abends im Wohnmobil erfreut uns ein spektakulärer Sonnenuntergang über dem Wasser, der das Gelb der hölzernen Poller wunderbar warm leuchten lässt, genauso wie das wogende Schilf. So schön finde ich es, dass ich knipse, bis auch die zweite Batterie unserer Kamera leer ist – und wir mit großem Schreck feststellen, dass wir das Ladegerät vergessen haben. Das war's dann also, ab jetzt gibt es nur noch Handyfotos von sichtbar geringerer Qualität.

Gabriel späht mit dem Fernglas aus dem Fenster, bis es stockdunkel ist, und zählt vom Piepmatz bis zum Grashalm alles auf, was er ausmachen kann. Heute Abend spielt *seine* Mannschaft, der FC Barcelona, und er kann das Spiel nicht verfolgen, weil unsere Satellitenschüssel auch nach 100 wimmernden Umdrehungen überhaupt keinen Sender mehr findet. Will ich meinen Spanier weiterhin bei Laune halten, muss ich mithelfen, das Problem möglichst bald zu lösen. Zum Glück haben wir einen USB-Stick mit Filmen dabei, und dank der Schiebetür und Ohrstöpseln kann er einen Film sehen und ich schlafen.

Um halb acht am nächsten Morgen hängt eine geschlossene Wolkendecke über uns, hinter der ich die Sonne als blasse Scheibe erahnen kann. Ob sie es schafft? Nachts hat es geregnet, immer noch tröpfelt es leise. Gabriel schläft; ich schlüpfe in den Bademantel aus

301

dickem Frottee und mache es mir auf dem Beifahrersitz bequem. Maggies Vorderreifen sind nur einen Meter vor dem Abgrund zum Stehen gekommen, so wird mein Blick direkt über das morgendlich verschleierte Wasser geführt. Die Oberfläche kräuselt sich sanft von links nach rechts. Als ob ich auf einem Boot wäre. Wenn Gabriel sich im Bett umdreht, schaukelt es sogar ein wenig.

Gern würde ich diese Morgenstunde in die Länge ziehen. Ich versuche, an nichts zu denken.

Rügen spricht Spanisch

Schon wieder beweisen wir Mut zur Lücke und verschieben einen Besuch der alten Hansestadt Stralsund auf unbestimmte Zeit. Über die Brücke fahren wir gleich auf die Insel Rügen. Eine Schrägseil-Hängebrücke der Superlative wie die bei Le Havre: Über vier Kilometer lang und mehr als 120 Meter hoch, nur sind Steigung und Gefälle deutlich geringer als in Frankreich. Und im Gegensatz zu dort kostet die Fahrt keinen Cent. Gabriel fährt, ich sehe rechter Hand unter uns den alten Rügendamm, den sich die eingleisige Bahnstrecke mit der Bundesstraße und einem gemeinsamen Weg für Fußgänger und Radfahrer teilt. Dort unten müssen die Verkehrsteilnehmer die Öffnungszeiten der Brücke für den Schiffsverkehr beachten, genauso wie bei der Verbindung nach Usedom.

Bis heute wusste ich nicht, dass im Strelasund (kein Tippfehler, diese Meerenge heißt *nicht* wie die Stadt) zwischen dem Festland und der größten deutschen Insel Rügen noch eine weitere kleine Insel liegt. Auf der Hochbrücke überqueren wir Dänholm, ohne die Füße beziehungsweise die Räder daraufzusetzen; die Verbindung der Insel zum Festland und zur großen Schwester Rügen bildet der alte Damm.

Der Weg zur Wohnmobil-Oase Prora ist schon früh und danach kontinuierlich mit Hinweisschildern bestückt, sodass noch nicht einmal ich ihn verfehle – obwohl sich das Navi gerade mal wieder gehörig verwirrt zeigt. Der Empfang auf dem Stellplatz ist großartig und lässt mich innerlich jubeln: Die Frau des Betreiberpaares spricht uns vor der geschlossenen Schranke wie selbstverständlich und mit professioneller Freundlichkeit auf Spanisch an. Gabriel ist erst recht begeistert!

Des Rätsels Lösung: Das Ehepaar hat viele Jahre im Tourismus gearbeitet, unter anderem auf dem spanischen Festland, aber auch auf Ibiza. Deshalb beherrscht zumindest er außer Hochspanisch (Castellano) auch noch Katalanisch, neben einigen anderen Sprachen. Der Platz ist von Anfang März bis Ende Oktober geöffnet, die Wintermonate verbringt das Paar auf Lanzarote.

Büsche und Bäume unterteilen den Stellplatz in mehrere Areale, die 145 Wohnmobilen großzügige Parzellen bieten. So groß sind die Flächen, dass sie ein bequemes Campingleben unter ausgezogener Markise zulassen. Zulassen würden, wenn das Wetter denn mitspielte. Zwar scheint die Sonne in immer größeren Abständen, aber es ist bitterkalt und dabei windig. Im Restaurant am Eingang genießen wir Matjes mit köstlichen Bratkartoffeln.

Im Büro gibt es pro Tag und Nase eine Freikarte für den Bus nach Binz, die holen wir uns als Nachtisch. Das Ostseebad Binz entstand Ende des 19. Jahrhunderts. Aus einem kleinen Dorf in Strandnähe entwickelte sich der größte Badeort Rügens. Wie in Heringsdorf bestimmen im alten Ortskern dreistöckige Villen im Bäderstil das Straßenbild, mit Veranden und Erkern, Türmchen und Holzbalkonen. Wie schön, immer noch werden vor dem Kurhotel an der Promenade Kurkonzerte gegeben.

Zum Glück wurde ein Großteil der alten Gebäude aus Ostzeiten nicht abgerissen und durch neue ersetzt. Nach dem Zusammenbruch des kommunistischen Regimes gingen viele Villen und Hotels an die alten Besitzerfamilien zurück. Die Glücklichen verkauften ihren Besitz oder renovierten, restaurierten und eröffneten neu. In den Außenbezirken aber, wir merken es schon, als wir mit dem Bus ankommen, regiert der trostlose Plattenbau der Sechziger und Siebziger – kaum zu unterscheiden von den Außenbezirken in Bremen oder Hamburg.

Wo sich gefährlicher Größenwahn und dümmliches Imponiergehabe die Hand gaben, da liegt Prora: Hitler höchstpersönlich gab das »größte Hotel der Welt« in Auftrag, und ein Architekt namens Klotz entwarf das kolossale Monstrum nach dem Motto: Nicht kleckern, sondern klotzen. Acht genau gleiche Häuserblocks von insgesamt viereinhalb Kilometern Länge sollten 20 000 Menschen Urlaub mit Meerblick ermöglichen. Allen gleichzeitig. Nie kam es dazu.

Heute sind die Gebäude zum Teil verfallen oder werden für Kultur und Kommerz genutzt, renovierte Wohnungen mit Luxusausstattung stehen zum Verkauf. Unbedingt einen Besuch wert finden wir beide das Museum, das über Planung, Entwurf und Bau von Prora im Na-

305

tionalsozialismus informiert und über die Nutzung der fertigen Gebäude von Hitler über Hammer & Sichel bis Helmut Kohl und heute.

Prora mit von Nationalsozialisten geplantem Meerblick, jedes Zimmer misst 2,5 x 5 Meter

Wir stolpern auf matschigem Gelände zwischen den Versorgungsgebäuden umher und schließen wegen des schlechten Wetters einen Besuch im Museum für Eisenbahn und Technik an. Gabriel entwickelt die Theorie, dass es in Deutschland so viele Museen gibt (sogar Bargteheide hat eines), weil die Touristen bei Kälte und Nässe schließlich irgendwohin müssen. Immer nur Kaufhaus, Kino und Café ist langweilig und auf Dauer teuer.

Vor dem Eingang sitzt der Kassierer in einem ausrangierten Waggon aus Holz und hustet sich die Kehle aus dem Leib. Drinnen in der ungeheizten Halle schnupft

306

und schnieft die Aufsichtsfrau im Rentenalter, eine Großpackung Papiertaschentücher griffbereit neben sich auf der Bank. Ich schenke ihr ein paar von den Lutschbonbons, die ich immer bei mir habe. Wenigstens haben wir hier ein Dach über dem Kopf. Neben alten Zügen gibt es auch Oldtimer-Autos zu sehen und sogar eine Spieleisenbahn, die man selbst in Gang setzen kann. Die ausgeklügelte Mechanik der alten Lokomotiven und Heizwagen lassen sogar mich am Ende die Zeit vergessen, und als wir wieder heraustreten, begrüßt uns zur Belohnung die Sonne.

Im Restaurant am Platz wärmen wir uns auf mit Räucherfisch und den wieder wunderbar knusprigen Bratkartoffeln und kühlen unsere gereizten Kehlen mit Müller-Thurgau aus dem Rheingau. Am Nebentisch speist ein Mann unseres Alters mit zwei Frauen, die eine ist seine, die andere Witwe. Als Paare haben sie sich vor Jahren auf einem Stellplatz kennengelernt und sind danach öfter zusammen gereist; seit der eine Mann vor ein paar Jahren verstorben ist, reisen sie zu dritt und nach wie vor mit zwei Wohnmobilen. Die Witwe erzählt, dass sie froh ist, von Anfang an auch selbst gefahren zu sein, so muss sie jetzt nicht auf das Reisen im Wohnmobil verzichten. Ich weiß nicht, ob ich das auch täte, und bitte inständig den lieben Gott (obwohl ich nicht an ihn glaube), mich niemals vor diese Frage zu stellen.

Wegen der Satellitenanlage hat Gabriel bei einer Telecom-Vertretung in Barcelona angerufen und erfahren,

307

warum wir nicht mehr die gewünschten Fernsehprogramme empfangen können: Die zuständigen Satelliten haben ihre Position im All geändert. Wir müssen eine neue Software aufspielen. Was sich als schwierig erweist, weil der entsprechende Apparat bei uns hoch über dem Kühlschrank eingebaut ist; dort, wo andere ihre Mikrowelle oder den Backofen haben und wir Küchenkrepp, Papiertaschentücher und alle möglichen Sorten von Tüten und Folien verstauen.

Wie gut, dass der Platzbetreiber Spanisch spricht! Ich verstehe die Geheimnisse der Technologie schon auf Deutsch nicht, wie soll ich da übersetzen können? Gabriel verlässt das Büro mit einer Trittleiter und Werkzeugen vom Feinsten, tut und macht und knurrt und murrt – und nach einer halben Stunde will sich die Schüssel nicht einmal mehr heben. Bis dahin war sie immerhin bemüht und hat noch nach den Satelliten *gesucht*.

Jetzt bin ich dran. Ich rufe sämtliche Vertragspartner im Umkreis von 200 Kilometern an und kann ihr Kopfschütteln am anderen Ende fast *hören*. Überall dasselbe, ein durchaus willig und freundlich ausgesprochenes: »Da können wir Ihnen leider auch nicht helfen.« Zwei empfehlen eine Werkstatt in Groß-Gerau. Von dort höre ich nach ausgiebiger Schilderung des Problems (zumindest soweit ich es verstanden habe), dass die Chancen auf eine Lösung nach Ausbau des Apparates 50 zu 50 stünden. Sie quetschen uns mit viel gutem Willen in 14 Tagen in ihren Terminkalender. Wir werden unsere grob geplante Reiseroute fortan danach ausrichten.

Wir bleiben noch einen dritten Tag auf Rügen. Bei so wenig Sonne wundert es uns nicht, dass unsere Batterie schwächelt, und wir schließen Maggie an den Strom an und laden sämtliche Geräte auf. Mit dem Bus fahren wir heute in die andere Richtung nach Sassnitz, ich will unbedingt mit dem Schiff zu den berühmten Kreidefelsen fahren. Wir schlendern an der Hafenmole entlang und kaufen Fischbrötchen vom Boot, und weil sie frisch und saftig sind, gleich noch für jeden eines hinterher.

Es wird voll im Gastraum unseres Ausflugsdampfers. Jeder Fahrgast will einen Platz auf der Bank besetzen, auch wenn er die meiste Zeit mit gezücktem Fotohandy draußen verbringt. Wir ergattern zwei Fensterplätze gegenüber am Tisch, was ein großes Glück ist nicht nur wegen der besseren Sicht: Hier und heute beherrschen die extrem Übergewichtigen den Raum, was zu viel unerwünschtem Körperkontakt führt.

Am Anfang bin ich enttäuscht, die Kreidefelsen sind nicht wirklich weiß. Das ist eine Übertreibung, die von Caspar David Friedrichs Pinselstrichen vor 200 Jahren bis zur Photoshop-Überarbeitung heute reicht. Trotzdem sind sie strahlend schön und beeindrucken uns, und in Momenten, wenn die Sonne rauskommt und die Kreide in einem bestimmten Winkel trifft, sind sie auch fast weiß.

Aus Lautsprechern werden wir darüber informiert, dass die Kreide früher für die chemische Industrie abgebaut wurde und heute für homöopathische Produkte. Auch erfahren wir, dass seit der Wende mehr als ein

309

Zehntel der Einwohner dem Ort den Rücken gekehrt hat, hauptsächlich durch den Wegfall von Arbeitsplätzen vor allem in der Fischindustrie.

Der Donnerstagmorgen hüllt uns wie in Berlin ein in frostige Kälte, und noch unter dem klammen Bettzeug hören wir den piepsenden Schrei des Kühlschranks nach Gas. Auf diesem hervorragend organisierten Platz ist das kein Problem und die Gasflasche mit dem Handkarren leicht zu transportieren. Ein letztes Mal hole ich aus dem Büro unsere am Vorabend bestellten Croissants und Körnerbrötchen. Auf dem Weg zurück ins Wohnmobil lacht die Sonne, und ich mache schnell ein Foto von der Terrasse mitten auf dem Platz, die wie ein Hochsitz aus Holz gebaut ist und alles überragt.

Noch ahnen wir nicht, wie wichtig dieses Foto später für uns werden sollte. Dieses und die anderen, die wir auf jedem Stellplatz von Maggie machen.

Durch den Westen Richtung Süden

Nach Kühlungsborn treibt mich pure Neugier: Einem angeheirateten Teil unserer Familie wurde nach der Wende das Haus zurückgegeben, weshalb schon viele dort waren und das Lied von der Schönheit des Ortes singen. Aber Kühlungsborn will uns nicht, mehrere Verbotsschilder lassen uns umkehren. Nicht, dass es keine Stellplätze gäbe, etwas außerhalb und am Strand liegen sie, groß und durchorganisiert, nur im Ort sind Wohnmobile unerwünscht.

Kühlungsborn ist bestimmt ein schöner Badeort, aber für dieses Mal verzichten wir auf eine nähere Erkundung und fahren weiter nach Wismar auf den Wohnmobilpark Westhafen. Ich habe Premiere: Erstmalig parke ich auf einem Stellplatz rückwärts ein. *Das* gelingt mir noch einigermaßen passabel. Nur das Aufsetzen auf die von hinten unter die Vorderreifen geschobenen Keile erweist sich als etwas mühevoll – kein Wunder, habe ich doch die Handbremse fest angezogen! Was mir umso peinlicher ist, als wenige Minuten später eine Frau in den Vierzigern ein noch größeres Wohnmobil höchst elegant und ohne auch nur ein einziges Korrekturmanöver einparkt – und wie beiläufig auf die Keile steuert, genau neben uns.

Genauso selbstverständlich zieht die Beifahrerin des Wohnmobils uns gegenüber einen Rollator aus der Garage. Schwungvoll klappt sie ihn auseinander und schiebt ihn vor die Fahrertür, aus der ihr Mann sich mithilfe zweier Krücken Stufe für Stufe herunterarbeitet. Er klemmt die Krücken beidseits an den Rollator, und gemeinsam macht das Paar sich auf den Weg. Vergnügt wirken sie.

Die Szene erinnert mich an den Spruch auf dem Heck eines Wohnmobils, das wir auf der Autobahn überholten. Das Paar in der Fahrerkabine und das Fahrzeug selbst waren vermutlich gemeinsam in die Jahre gekommen:

Vom Staat da gibts kein Geld,
Drum fahrn wir um die Welt.
Wir gehen nicht ins Altersheim
Bei Knäckebrot und Haferschleim!

Bei Gabriel und mir hat sich eine Regelmäßigkeit eingespielt, mit der wir auf fast jedem Platz schnell heimisch werden. Vorausgesetzt, wir trudeln wie heute vor dem Mittag ein. Bei einem Bier notiert er in sein Logbuch Daten und Fakten der heutigen Fahrt und deckt danach den Tisch, während ich uns einen Imbiss zubereite. Für den unverzichtbaren Kaffee ist wiederum er zuständig. Ich wische Teller und Gläser mit Küchenpapier ab und schichte sie bis zum Abwasch am nächsten Morgen in eine Plastikschüssel. Ein Abwasch am Tag soll genügen.

Das Beste an Spanien ist die Siesta, die wir konsequent

pflegen. Eine halbe Stunde reicht aus, aber die muss sein. Dazu lege ich mich aufs Bett, während Gabriel es sich auf dem abgesenkten Beifahrersitz bequem macht und seine Beine auf die seitliche Sitzbank streckt.

Wenn das Wetter es irgend zulässt, geht es danach an die Luft, zu Fuß oder mit den Fahrrädern. Fast immer beginnen wir mit einer Runde über den Stellplatz. Wir vergewissern uns, wo die Servicestation ist und wie sie funktioniert, studieren falls vorhanden Informationstafeln und Wegekarten und zahlen am Automaten oder an der Rezeption, falls dies nicht schon vor der Einfahrt geschehen ist. In Wismar können wir vorerst nicht zahlen, weil der Automat nur Münzen annimmt. Wir haben ein Döschen mit Klimpergeld, aber manchmal ist eben doch nicht mehr genug drin oder nicht in der passenden Kombination.

Den Hafen von Wismar kenne ich gut, ohne je in der Stadt gewesen zu sein – aus der Vorabendserie Soko Wismar. Schnell finde ich das Hafenbecken, an dem die Kommissare gern ein Fischbrötchen essen, nur dass die Bude außerhalb der Dreharbeiten nicht an dieser Stelle steht. Die schöne Altstadt rund um den großen, fast quadratischen Marktplatz besticht mich mit ihrer Heiterkeit, die von den vielen farbigen Giebelhäusern herrührt, restaurierte Zeugen der schwedischen Herrschaft von 1648 bis 1803. Diese Zeit ist auch sonst vielerorts gegenwärtig mit Gedenktafeln und großen steinernen Köpfen an manchen Fassaden.

Gabriel begeistert die hiesige Karstadt-Filiale. Das

313

Stammhaus befindet sich immer noch oder vielmehr wieder in dem Gebäude, in dem das Unternehmen 1881 gegründet wurde. Äußerlich unverändert gibt es innen auch hier WLAN, saubere Toiletten und unsere Lieblingsschokolade.

Kommunistische Vergangenheit in Wismar,
heute ein Wohnhaus

Die Rezeption in einem Holzhäuschen auf dem Stellplatz ist nur je eine Stunde morgens und abends geöffnet, weshalb wir rechtzeitig vor sieben Uhr von unserem ausgiebigen Stadtbummel zurück sind. Unverhofft kommt oft, und heute haben wir unerwartetes Glück in Gestalt eines Imbisswagens, der jeden Donnerstagabend den Platz anfährt. Obwohl wir nicht vorbestellt haben, hat der Imbissmann noch zwei Currywürste mit Pommes für uns übrig.

»Die sind in einer Viertelstunde fertig, bringen Sie Ihre Teller mit, dann tu ich sie gleich drauf.« So machen wir es und verputzen unser unverhofftes Abendessen glücklich und zufrieden, ausnahmsweise mit Bier statt Wein. Beim Abwaschen wundere ich mich ein wenig über den nachlassenden Wasserdruck, denke mir aber nichts weiter dabei und sage auch Gabriel nichts davon, um ihn nicht zu beunruhigen. Ihm allerdings fällt beim Zähneputzen auch auf, dass aus dem Hahn nur noch ein dünnes Rinnsal kommt, und er erzählt es mir auch nicht, damit ich gut schlafen kann.

Am frühen Freitagmorgen geht nichts mehr. Gott sei Dank führen wir zum Kaffeekochen immer einen Extrakanister mit Trinkwasser mit und können damit auch eine morgendliche Katzenwäsche machen. Kein Zweifel, die Wasserpumpe arbeitet nicht. Gabriel untersucht den Tank unter der Sitzbank am Esstisch und findet an Pumpe und Schläuchen nichts, was er reparieren könnte. Aus dem Handbuch suchen wir die nächstgelegene Vertragswerkstatt in Rostock heraus und machen uns so schnell wie möglich auf den Weg. Das Wochenende steht vor der Tür, ich mag gar nicht daran denken …

Auf eine telefonische Anmeldung verzichte ich lieber. Wenn ein Patient wegen einer starken Erkältung am Freitag in der Arztpraxis anruft, bekommt er normalerweise zu hören, dass kein Termin mehr frei sei. Wenn er aber mit Schniefnase und fiebrig rotem Kopf in der

315

Anmeldung auftaucht und die Arzthelferin anhustet, wird sie ihn kaum abweisen. So jedenfalls habe ich es in der Vergangenheit erlebt.

In Rostock bleibt die Dame am Empfang zunächst hart, und das nicht ohne Grund: Etliche wartende Kunden stehen wenig Personal gegenüber. Fast immer habe ich viel Verständnis für alles und jeden, aber heute beißt sie bei mir auf Granit. Zu schlimm finde ich die Vorstellung eines Wochenendes ohne fließendes Wasser. Energisch mache ich geltend, dass wir im Ausland wohnen, auf der Durchreise sind und uns nicht bis Barcelona in jeder Werkstatt dieselben Sprüche anhören können. Auch eine energische Betonung des Wortes Vertrags-*partner* erspare ich der armen Frau nicht.

»Aber Sie müssen warten, vielleicht zwei Stunden oder mehr«, warnt sie uns. Kein Problem, Hauptsache, wir kommen heute noch mit einer neuen Wasserpumpe vom Hof. Es klappt, der Chef persönlich nimmt sich unserer an und klemmt sich trotz einer leichten, augenscheinlich schmerzhaften körperlichen Behinderung zwischen Tisch und Bank. Er seziert den Patienten, legt Wasseradern und Nervenkabel frei und tauscht nach Diagnosestellung die Wasserpumpe aus. Dabei erklärt er jeden einzelnen Schritt seiner Operation deutlich und langsam genug, dass ich Gabriel übersetzen kann, der wie immer gern hilft und dabei lernt.

Wir sind dem Mann sehr dankbar, und weil der Betrieb an dieser Garantieleistung kaum etwas verdienen wird, kaufen wir im Geschäft das absurd teure Toilettenpapier

316

für Chemiekassetten und ein paar Kleinigkeiten für die Küche. Die neue Pumpe läuft wie geschmiert, bringt aber nicht ganz die Leistung wie die vorherige, was wir vor allem an der Kloschüssel merken. Aber das stört uns im Moment nicht wirklich.

In Travemünde steuern wir den Wohnmobilstellplatz am Fischereihafen an. Vom Platz aus hat man über die Fischereiboote hinweg sogar einen Blick auf die großen Fährschiffe am Skandinavienkai – wenn man denn sein Fahrzeug in erster oder zweiter Linie abstellen kann. Wir gehören nicht dazu, wir stehen in der letzten Reihe. Obwohl am Hafen gelegen, unterliegt dieser Platz nicht der Hafenmeisterei. Ein Angestellter klappert mit dem Fahrrad die Neuankömmlinge ab und kassiert die Gebühr.

Vom Service auf diesem Platz will ich nichts sagen, nur die frischen Schollen loben, die uns vom Imbissmann neben dem Eingang zusammen mit Bratkartoffeln auf unsere Teller gelegt wurden. Für sieben Euro fünfzig mehr als reichlich und gut.

Travemünde, wie bist du gewachsen! Ich kenne den Ort von Badeaufenthalten in Kindheit und Jugend, das war vor einem halben Jahrhundert, einer unvorstellbar langen Zeit. Die Bäder auf dieser Seite der Ostsee haben den sündigen Bauboom der Sechziger- und Siebzigerjahre genauso durchlitten wie die Städte, aber Travemünde wurde einigermaßen verschont. Einziges weithin sichtbares Zeugnis ist das Maritim-Hochhaus, auf

317

dessen Dach in 125 Metern Höhe das höchste Leucht-
feuer Europas den Schiffen schon von Weitem zeigt, wo's
langgeht.

Der Ort, der vor mehr als 100 Jahren seine Eigen-
ständigkeit verlor und in die Stadt Lübeck eingemeindet
wurde, ist in die Breite gewachsen und hat dabei seinen
Charme behalten, auf moderne Art. Es gibt die obligato-
rische Fußgängerzone, eine breite Fahrradstraße an der
Promenade und viel zu sehen an Land und zu Wasser.
Am Strand erschüttern Gabriel die Automaten für die
Kurtaxe. Dass es während der Saison Geld kostet, den
Strand auch nur zu *betreten*, ist für ihn eine neue Erfahrung. In Spanien muss jeder Meter Küste per Gesetz für
alle Bürger frei zugänglich sein, was manche schwerrei-
chen Bauherren allerdings geschickt zu umgehen wissen.

Wir flanieren in Wind und Sonne über die Promenade und bewundern einen großen Viermaster (oder
waren es nur drei?) am gegenüberliegenden Ufer der
Trave, bummeln durch die Altstadt und Grünanlagen
und setzen uns bei Regen in ein überdachtes Terrassen-
café.

Bremen steht diesmal nicht auf unserem Plan, eigentlich wollen wir von Travemünde aus nach Bargteheide zu
meiner Mutter. Aber dem Drängen der Freunde halten
wir nicht stand und logieren das verlängerte Wochenende vom 1. Mai wieder auf dem schönen Stellplatz am
Stadtwald. Drei Tage lang besuchen wir und werden
besucht, und vor der Abfahrt am Dienstag suchen wir

318

noch das große Caravan-Center auf. Das Personal ist freundlich und bemüht sich sehr, hat aber keine passende Wasserpumpe für uns auf Lager. Zurück auf Mallorca will Gabriel eine stärkere Pumpe einsetzen und die aus Rostock als Ersatz mitführen, damit wir nie wieder ohne Wasser dastehen.

Nach einer Nacht auf dem Wendekreis vor dem Seniorendorf sind wir verabredet mit unseren Düsseldorfer Freunden Wolfgang und Regina, dieses Mal in Hamburg. Auf dem Stellplatz Elbepark-Bunthaus treffen sie sich mit anderen Mitgliedern ihres Clubs, der geführte Reisen für die Wohnmobilbesitzer organisiert. Wolfgang hat uns vom 3. bis zum 5. Mai einen Platz reserviert.

Ein Plätzchen ist es eher und dazu das letzte freie, auf das wir unsere Maggie stellen, verschämt am Rande einer Ansammlung von an die 20 großen Brüdern im Busformat. Augenscheinlich besitzen die Mitglieder dieses Clubs vor allem Fahrzeuge der Luxusmarken Concorde oder Morelo. Maggie kommt uns vor wie ein Käfer unter lauter Mercedes. Die Clubmitglieder bleiben insgesamt eine Woche auf einem Areal des Stellplatzes; wegen des Hafenfestes sind auch die anderen Abschnitte ausgebucht.

Der Präsident oder Vorsitzende oder wie immer er sich nennen mag reserviert die Stellplätze für die Clubtreffen und organisiert vor Ort gemeinsame Ausflüge, Museums- oder Restaurantbesuche. Für zwei Tage haben Wolfgang und Regina sich ausgeklinkt, und wir verbringen einige Zeit miteinander. Sie sind unkompliziert,

319

das ist das Schöne an ihnen, man hängt nicht aufeinander und kann sich auch mal was sagen, klare Vorlieben oder Abneigungen äußern. Immer noch lernen wir von ihnen, heute leiht uns Wolfgang seine Ersatzkabelrolle von sage und schreibe 50 Metern Länge, mit der wir uns an die letzte freie Stromsäule in einiger Entfernung anschließen können. Dabei haben wir unsere 25 Meter schon für lang gehalten, weil sie bisher immer mehr als ausreichend waren.

Trotz Dauerregen machen wir einen kleinen Spaziergang und stellen fest, dass die Elbe den Stellplatz von zwei Seiten umarmt und genügend Möglichkeiten bietet für Wanderer und Radfahrer – wenn denn das Wetter dazu einlädt. An Tagen wie heute ist die Gruppe an der Bushaltestelle für die Fahrt in die Stadt deutlich größer.

Während wir zu viert in dem Restaurant am Platz essen, läuft meine letzte Ladung Wäsche im Trockner. Ich freue mich wie ein Schneekönig, habe ich doch rechtzeitig bemerkt, dass der Münzautomat nicht richtig funktioniert. Mit nur fünf Euro habe ich zwei Maschinen und danach zwei Trockner voll beladen können. Und danach sind unsere Klamotten sogar *wirklich* trocken!

Vor dem Zubettgehen fällt uns auf, dass der Kühlschrank trotz Stromanschluss auf Gas läuft, was mich vor allem deshalb beunruhigt, weil der letzte Austausch auf Rügen vor acht Tagen erfolgte und die Flasche bei Dauerheizung nach einer Woche leer ist. Am Morgen ist sie dann auch fällig, nicht einmal mehr für das Kaffee-

320

wasser wabert noch ein Rest im Schlauch. Kurz vor neun reihe ich mich in die Schlange vor dem noch geschlossenen Büro ein. Kein Gas mehr zu haben, gilt als Notfall, weshalb ich vorgelassen werde und die letzte (!) volle Flasche kaufen kann. Yippie!

Weniger erfolgreich verlaufen die Stunden danach. Zuerst fährt Gabriel fast über Wolfgangs Kabelrolle, was einem so umsichtigen und korrekten Menschen wie ihm furchtbar unangenehm ist. Dann vertun wir uns mit den Wegen kurz nach der Ausfahrt vom Platz und kriegen uns darüber fast in die Wolle. Auch das Navi ist hochgradig nervös und braucht eine Weile, um sich wieder einzukriegen. Zu guter Letzt hat der Bosch-Car-Service, den Wolfgang uns wegen des defekten Kühlschranks empfohlen hat, keineswegs den erwarteten Dometic-Service.

Kurz nach zwölf, nach einer stockenden Fahrt durch heftigen Dauerregen, können wir uns auf dem Stellplatz Sülzwiesen in Lüneburg häuslich niederlassen. Heiße Würstchen und Eier, das tut jetzt gut. Nach dem Kaffee hört der Regen auf, und wir bummeln in die nahe gelegene Altstadt.

Mit der Lüneburger Heide verbinden mich Kindheitserinnerungen. Nach ihrer Flucht aus Ostpreußen wurde die Restfamilie meiner Mutter in der Region einquartiert. Als Kind und junges Mädchen war ich öfter dort, habe meine Urgroßmutter in Schwalingen besucht und meine Tante in Neustadt. Beide wurden auf dem Friedhof in Soltau beigesetzt. Auch an die Hochzeit eines

321

Cousins mit einer Bauerntochter aus der Heide erinnere ich mich.

Nie aber war ich in Lüneburg. Erst das Schwärmen einer guten Freundin ließ mich Lüneburg auf die Route dieser Reise setzen. Zum Glück! Mit so viel Schönheit hatte ich nicht gerechnet. Nicht nur zahlreiche Häuser, nein, ganze Straßenzüge begeistern uns im gut erhaltenen und fein restaurierten mittelalterlichen Stil der alten Hansestädte. Wie in Wismar zieren Erker und Giebel die alten Häuser, und naturbelassene oder farbig gestrichene Holztüren und Fenster schmücken roten Backstein. Nur kommt mir in Lüneburg alles eine Etage niedriger vor, und manche Straßen erinnern mich an Oxford in England.

Lüneburg erlangte Ruhm und Reichtum durch den Abbau der ergiebigen Salzvorkommen unter der Stadt. Heute zeugen davon nur noch das Salzmuseum und die Schieflage mancher Häuser und Straßen, die nach Abbau des Salzes langsam, aber sicher gesunken sind. Bergauf geht es stattdessen mit dem Tourismus. Als wir uns verlaufen, führt uns eine engagierte Lüneburger Bürgerin zum Rathaus und zur rappelvollen Touristeninformation, in der wir uns mit Material für Fahrradausflüge eindecken. Bei Karstadt gibt es diesmal neben dem üblichen Dreierlei noch Hosenträger für Gabriel.

Am Nachmittag und Abend dieses Freitags verfolgen wir, wie etliche Wohnmobile nach vergeblicher Platzsuche wieder wegfahren. Normalerweise steht hinter dem Stellplatz eine große Wiese als Ausweichfläche zur

322

Verfügung, aber dort ist dieser Tage ein Zirkus untergebracht. Wer erst nach Feierabend aufbrechen kann und für das Wochenende noch einen freien Platz finden will, hat vermutlich meist das Nachsehen.

Fast schäme ich mich wegen meiner Freude, dass wir frei über unsere Zeit verfügen können und trotzdem an jedem Monatsende pünktlich unser Geld bekommen. Aber nur fast und auch nur für kurze Zeit. Immerhin habe ich 43 Jahre in die Rentenversicherung eingezahlt, um jetzt den Stellplatz der Wahl schon am helllichten Vormittag anlaufen zu können.

Am Samstagmorgen dasselbe Spiel, einige Fahrzeuge verlassen den Platz, andere treten in wenigen Minuten an ihre Stelle. Es bleibt voll, und ab Mittag geht gar nichts mehr. Wer es geschafft hat und einen Platz ergattert, wird belohnt: Es regnet *nicht*! Den ganzen Tag über tröpfelt es nur alle paar Stunden für wenige Minuten und hört schon wieder auf, bevor wir den Schirm aufspannen oder die Kapuze aus dem Anorakkragen herausnesteln können.

Wir schlendern über den Wochenmarkt auf dem Rathausplatz und freuen uns über die vielen Stände mit lokalen oder regionalen Produkten. Wirklich *alles* wird angeboten für den Alltagsbedarf oder zum fürstlichen Schlemmen. Neben Käse und Aufschnitt, Obst und Gemüse kaufen wir marinierte Rindersteaks. Sie erweisen sich als sehr lecker, wenn auch ihre Zubereitung im Wohnmobil mit Rauch und Gestank verbunden ist.

323

Solchermaßen gestärkt fahren wir am Nachmittag 25 Kilometer mit dem Rad bis fast zum Schiffshebewerk Scharnebeck. Bei der Eröffnung Mitte der Siebzigerjahre war es noch das größte der Welt. Auf dem Elbe-Seitenkanal, der Verbindung zwischen Elbe und Mittellandkanal, überwinden auch große Frachtschiffe mithilfe dieses gigantischen Hebewerks einen Höhenunterschied von fast 40 Metern.

Beim abendlichen Stadtbummel mit Kneipenbesuch entdecken wir noch viel mehr schöne alte Häuser, Plätze und Straßen. Die Touristeninformation quillt auch jetzt noch über von fragenden Besuchern. Eine Angestellte, die vor der Tür einer Gruppe Japaner die Richtung zeigt, beantwortet meine Frage nach den langen Öffnungszeiten lachend: »Man muss arbeiten, wenn die Arbeit da ist«, und verweist mit ausgebreiteten Armen auf die Menschenmassen auf dem Marktplatz.

Am Sonntagmorgen bekommen wir Besuch. Stefan, ein Freund aus Adendorf, bringt für ein ausgiebiges Frühstück einen Weidekorb voller Brötchen und *vier* Sorten selbstgemachter Marmelade mit. Wir steuern vakuumverpackten spanischen Schinken bei; für Fälle wie diesen nehmen wir immer einige Packungen mit. Danach entführt er uns in seinem Wagen auf eine Tour über die Dörfer und zeigt uns die Elbe bei Bleckede. An dieser Stelle tritt der Fluss regelmäßig über die Ufer. Für unseren Kühlschrank, der ja in Hamburg trotz Stromanschluss nur über Gas lief, empfiehlt er uns eine Werkstatt in Brietlingen, nur zehn Kilometer von Scharnebeck entfernt.

Seinem Insidertipp folgen wir nur zu gern und satteln Maggie für einen Umzug auf den Stellplatz in Scharnebeck. Selten fühlten wir uns so sicher wie hier mit der Polizei im Nachbarhaus, in Sichtweite des Schiffshebewerkes. Der Tag hat sich herrlich entwickelt, die Bewohner des einzigen Wohnmobils neben uns liegen bei 24 Grad in der Sonne. Gabriel gibt den Grillmeister, heute mit viel Gemüse und Würstchen.

Eine geschlagene Stunde lehnen wir am Geländer der Aussichtbrücke des Schiffshebewerks und verfolgen, wie die Schiffe, die Auftriebskräfte von riesigen, innen hohlen Schwimmkörpern in wassergefüllten Schächten nutzend, gehoben werden, um ein Stockwerk höher ihre Fahrt fortzusetzen. Das Prinzip funktioniert natürlich auch umgekehrt. In beiden Fahrtrichtungen warten Boote und Schiffe am Ufer, bis sie an der Reihe sind. Unsere Neugier bezüglich der Theorie hält sich in Grenzen, weshalb wir nicht in das angeschlossene Museum gehen. Im Außenbereich sind Anker und Bojen und andere für Nautiker wichtige Gegenstände ausgestellt, die Gabriel Stück für Stück mit Interesse abschreitet. Ich hocke mich an den Rand und recke die weiße Nase gen Sonne.

Am Montagmorgen laufen wir schon um halb acht auf dem Hof der Werkstatt in Brietlingen ein und tragen dem Chef unser Anliegen vor. Ein besonnener Mann mit Erfahrung: Bevor er eine aufwendige Ursachenforschung anstellt, schließt er Maggie eine Stunde an das Stromnetz an – und siehe da, der Kühlschrank läuft einwandfrei. Ob das Stromnetz auf dem Platz in Hamburg zu flau war oder das Kabel von Wolfgang nicht in Ordnung, wir wissen es nicht, und es ist uns im Moment auch einerlei.

Erst recht, seit wir wissen, was uns erspart blieb: Im glühenden spanischen Hochsommer versagte schon kurz nach Reisebeginn der vollgepackte Kühlschrank im Wohnmobil unserer Freunde Vicenç und Cecilia. Für Untersuchung und Reparatur musste er ausgebaut werden. Das bedeutete Esstisch runterklappen, Sitzpolster abreißen, Fahrersitz ausbauen und ab durch die Fahrertür! Seitdem leuchtet uns ein, dass eine 70 Zentimeter breite Aufbautür sehr von Vorteil ist. Unsere ist schmaler. Nach dem komplizierten Ausbau durch die Fahrertür waren unsere Freunde bei Temperaturen über 30 Grad drei Tage ohne Kühlschrank – so schnell, wie ihre Vorräte verdarben, konnten sie die gar nicht vertilgen.

Wir brauchen nichts zu bezahlen, geben etwas in die Kaffeekasse und kaufen eine kraftvolle Wasserpumpe.

Schiffshebewerk Scharnebeck: Frachter im Fahrstuhl

Lovemobils und Spargel

Wieder ist Regen unser ständiger Begleiter und trübt unsere Stimmung und Sicht. Die Scheibenwischer machen unverdrossen Schwipp-Schwapp, und das Wasser strömt an den Seiten herunter. Wieder ändern wir den Kurs des Wetters wegen. Anstatt wie geplant mitten hinein in die Harzer Berge fahren wir in die alte Stadt Goslar, wo wir kostenlos auf dem Parkplatz Füllekuhle nahe der Altstadt übernachten können. Zehn Plätze sind für Wohnmobile reserviert.

Auf dem Weg dorthin führt uns die Bundesstraße durch ein kilometerlanges Waldstück in der Nähe von Gifhorn. In fast jeder Parkbucht oder Einfahrt in den Wald ist ein Wohnwagen abgestellt, Wohnmobile eher selten. Es dauert, bis mir angesichts der rot glühenden Lämpchen in den Fenstern der Wagen ein Licht aufgeht über den Sinn des Parkens so nah am Verkehrsfluss.

Wie im Grenzgebiet von Frankreich nach Spanien fragen wir uns auch hier, wer die Frauen zu ihrem Arbeitsplatz bringt und wieder abholt oder ob die Zuhälter nur einmal am Tag zum Kassieren kommen und ein paar Nahrungsmittel dalassen. Sind auch selbstständige Huren dabei? Ich mag mir gar nicht die klamme Kälte im

Wohnwagen vorstellen. Geschweige denn einen gewalttätigen Freier, niemand hier kann Hilfeschreie hören. Später lese ich, dass die so genutzten Wohnwagen oder Wohnmobile Lovemobil genannt werden.

Die alte Kaiserstadt Goslar gehört seit 1992 zu den Weltkulturerbestätten der UNESCO und hat dies auch stolz auf die Ortsschilder drucken lassen. Uns ist es zu nass und zu kalt, als dass wir uns zu einem längeren Rundgang überwinden könnten. Unter Mütze, Kapuze und Regenschirm schenken wir uns die vielen Straßenzüge mit ihren mittelalterlichen Fachwerkhäusern und beschränken uns auf den Marktplatz und seine nächste Umgebung. Den Dächern und auch vielen Fassaden sieht man an, dass der Harz eine Hochburg des Schieferabbaus war.

Witziger Spruch an einem Bauzaun im Zentrum von Goslar

Vor dem mürrischen Kellner eines kalten Cafés fliehen wir in das 500 Jahre alte Hotel Kaiserworth. Eine gute Entscheidung: freundliche Bedienung, Fensterplatz mit

Heizung in gediegener Umgebung, saftiger Apfelkuchen, funktionierendes WLAN und zu allem Überfluss als »Angebot der Woche« spanischer Cortado. Das ist ein starker Kaffee in kleiner Tasse mit einem Schuss heißer Milch und Zucker nach Belieben. Wir fühlen uns sauwohl und gucken lange den Regentropfen zu, wie sie gegen die Scheiben trommeln, und den unverdrossenen Spaziergängern, wie sie über das glitschige Kopfsteinpflaster trippeln.

Am Abend wird mir etwas wehmütig zumute. Nur noch eine gute Woche und schon schiffen wir wieder in Barcelona ein. Unsere Reise fühlt sich kurz an. Vielleicht weil ihr Ende schon zu Beginn feststand, wir hatten An- und Abreisetag zwischen die beiden Enkelgeburtstage gelegt. Vielleicht wegen der vielen Werkstattbesuche oder wegen des schlechten Wetters, das uns oft einen Strich durch die Rechnung gemacht hat. Vielleicht auch nur, weil ich in meiner Rentnerfreiheit sechs Wochen als kurz empfinde.

Gabriel stellt die Heizung höher und nimmt mich in den Arm. So warm von allen Seiten eingekuschelt weiß ich, worum es geht: Auch wenn wir uns im Wohnmobil mitunter heftig streiten (immer seltener), genießen wir beide es sehr, zusammen unterwegs zu sein – egal wie das Wetter ist und ob alles perfekt funktioniert. Eine warme Suppe tut ihr Übriges, und schnell gewinnt mein chronischer Optimismus wieder die Oberhand.

Am nächsten Morgen belohnt mich ein klarer Himmel für diesen Stimmungswandel. Schon um neun dreht

Gabriel den Zündschlüssel um und führt uns aus der Stadt. Bei der ersten Haltemöglichkeit übernehme ich das Steuer und kutschiere Maggie über die Steigungen und durch die Kurven der Kasseler Berge nach Marburg. Die Sonne lässt die noch feuchten Baumspitzen und Blätter glitzern, Gabriel genießt die abwechslungsreiche hügelige Landschaft.

Punkt zwölf erreichen wir unser Ziel, den Stellplatz an den Sportanlagen der Universität. Zehn großzügig bemessene Parzellen sind durch einen Holzzaun abgeteilt, die Wohnmobile stehen wie in einer Pferdebox. Dummerweise sind wir das elfte Fahrzeug und können uns nur mit Müh und Not zwischen den letzten Zaun und das angrenzende Gebüsch quetschen. Theoretisch stehen zwei Servicestationen zur Verfügung, praktisch sind beide kaputt. Das Einzige, was funktioniert, ist der Kassenautomat, und das auch nur mit Münzen. Zehn Euro schluckt er.

Eine Fußgängerbrücke über die Lahn verbindet die Sportanlagen mit der nahen Innenstadt. Heute kenne ich kein Pardon, ich will endlich Spargel essen, schließlich sind wir mitten in der Saison. Schon im erstbesten Restaurant mit dem schönen Namen »Pfeffer und Salz« habe ich Glück. Zwar finden sich neben dem Steak nur ganze drei Stangen auf dem Tagesteller, aber so dick, wie ich es mag, von allerfeinster Qualität und nicht zu lange im heißen Wasser gelegen.

Am Nachmittag schwitzen wir tüchtig beim Treppenaufstieg zum Landgrafenschloss, vorbei am alten

331

Rathaus und an gut erhaltenen großen Fachwerkhäusern. Zur Belohnung gibt es hoch oben über der Stadt im Bückingsgarten Kaffee für mich und Bier für Gabriel. Heute herrscht zwar nicht eitel Sonnenschein, aber immerhin Biergartenwetter.

Auf dem Rückweg betreten wir in aller Bescheidenheit einen Fahrradladen, in dem Elektroräder von einem deutschen Hersteller angeboten werden für 4500 Euro (meines) und über 5000 Euro (Gabriels). Meines wird mir zum Glück von einem gehbehinderten Herrn vor der Nase weggeschnappt, Gabriel begründet seinen Nichtkauf mit dem zu hohen Gewicht von 27 Kilogramm. Unsere Klappräder von derselben Firma haben sich super bewährt und sollen uns noch so lange wie möglich tragen. Auch sie waren damals schweineteuer, aber wir wussten, dass es unsere letzten sein würden. Und die sollten leicht und von bester Qualität sein.

Ein Spaziergang entlang der Lahn beweist mir, dass sich das Studentenleben in 40 Jahren wenig geändert hat, zumindest nicht in einer mir nur zu gut bekannten Hinsicht. Das schöne Wetter hat die jungen Leute herausgelockt, und nun sitzen oder liegen sie um Bierkisten herum und diskutieren oder flirten oder machen alles zugleich. Hier und da bleibt ein süßlicher Duft in den Büschen hängen und erinnert mich daran, dass auch ich vieles ausprobiert habe – lang, lang ist's her. In einem Biergarten lassen wir die untergehende Sonne unsere Gesichter streicheln.

Am nächsten Morgen strebt die leuchtende Scheibe

332

wieder brav nach oben und vertreibt die Wolken, nichts als blauer Himmel und Frühlingsgrün im Fenster über dem Bett. Durch die Frontscheibe strahlt das Weiß eines Unigebäudes, von rechts winken uns lange Zweige der hohen Büsche zu, und die dreiköpfige Familie zur Linken rüstet sich für einen Fahrradausflug.

Maggie eingequetscht neben dem Marburger Stellplatz

Das alles interessiert mich nicht. Anstatt aus dem Fenster zu schauen, stiere ich in mein Wasserglas und schaue der Aspirin-Brausetablette gebannt beim Schäumen zu. Der Abend im Biergarten war schön, seine Folgen trage ich mit Fassung. Und bin bald wieder fit für eine Radtour bis zum nächsten Dorf und wieder zurück. Einen großen Teil der 20 Kilometer legen wir auf dem Plane-

333

tenlehrpfad zurück. Das gibt mir die Möglichkeit, an jeder Tafel scheinbar wissbegierig zu verharren, um tatsächlich aber ein paar Minuten zu verschnaufen. Auch in Blindenschrift wird alles erklärt, aber *so weit* ist es heute noch nicht mit mir.

Heute ist Mittwoch, und Mittwoch ist Markttag. Den breiten Bürgersteig der Frankfurter Straße säumen in langer Reihe mobile Stände, vor allem mit Lebensmitteln. Wir kaufen frisches Brot und knackige Radieschen und wundern uns über einen Stand mit grauen Wurstwaren. Die Dame hinter dem Tresen klärt uns auf, dass Wurst und Schinken ohne jegliche Zusatzstoffe eben *keine* knalligen Farben bieten. Bei ihr kaufen wir Salami mit Schokolade (!), und sie schenkt uns ein Reststück Schinken.

Wir müssen unbedingt unsere Toilettenkassette entleeren, aber die beiden Servicestationen auf dem Platz sind und bleiben fein säuberlich abgeriegelt. Ganz in der Nähe haben wir unten am Lahnufer einen Campingplatz entdeckt; dort frage ich nach. Natürlich biete ich Bezahlung an für die Entsorgung, aber das Trio aus zwei Männern und einer Frau draußen vor der Rezeption bleibt hart und leider auch unfreundlich. Das Problem besteht wohl schon länger, weshalb ich das konsequente Nein verstehen kann. Für den harschen Ton allerdings bringe ich kein Verständnis auf.

Auf dem Weg in die Werkstatt in Groß-Gerau können wir am Stellplatz Weilmünster entsorgen und las-

334

sen zwei Euro in das Geldkästchen fallen. Der Platz ist für drei Nächte kostenlos, er liegt ruhig und doch nahe am Ort und ist nachts beleuchtet. Die Absperrkette am Eingang kann jeder selbst öffnen und wieder einhängen. Heute stehen hier drei Wohnmobile, zwei davon haben sich häuslich niedergelassen und entfalten ein reges Campingleben unter ihren Markisen.

Solchermaßen erleichtert fahren wir weiter zu unserem Werkstatttermin in Groß-Gerau. Pünktlich um halb fünf biegen wir auf das Gelände ein und verlassen dieses nur eine gute Stunde später mit funktionierender Satellitenanlage. Auf dem Hof stehen vor allem Modelle von Concorde und anderen Luxusmarken. Vielleicht ist es dieser zahlungskräftigen Kundschaft zu verdanken, dass der Techniker Stoffbahnen auf dem Fußboden ausbreitet, bevor er unser Wohnmobil betritt. Ausbau, Reparatur und Einbau – alles klappt zügig und einwandfrei. Als der Chef uns eine Rechnung schreiben will, überzeugt der Techniker ihn mit klaren Worten davon, dass es sich um eine Garantieleistung handelt. Wir sind dankbar und beeindruckt.

Auch unser nächster Stellplatz in Ladenburg beeindruckt uns. Die Anlage für 35 Wohnmobile wirkt topgepflegt und besticht mit einer modernen Ver- und Entsorgungsstation, die im Winter beheizt wird. Drei Plätze gleich hinter der Einfahrt sind für Fahrzeuge mit Überlänge reserviert. Der Platz ist selten gut durchdacht und organisiert, und ich möchte gern glauben, dass der

Grund dafür die überwältigende weibliche Mehrheit im Betreiberteam ist: Vier Frauen und ein Mann führen den Betrieb. Die Anlage liegt gleich neben dem Städtchen in ländlicher Idylle und ist über Fahrradwege oder Bus und Bahn verbunden mit Heidelberg, Mannheim und Weinheim.

Als wir ungewohnt spät am Nachmittag eintrudeln, sind gerade noch zwei Plätze frei. Wir entscheiden uns für eine große Concorde älteren Baujahrs als Nachbarn. Deren Bewohner rollen bei unserem Anblick einladend ihre Markise ein Stück weit ein und rücken mit ihren Stühlen zur Seite. So können wir besser einparken und haben genauso viel Platz wie sie. Die Holländerin und ihr deutscher Mann, beide groß und kräftig und salopp bis nachlässig gekleidet (er noch oder schon im Schlafanzug?), lassen sich nach kurzem Gruß nicht weiter von unserer Ankunft ablenken und senken die Köpfe wieder über die aufgeschlagenen Bücher.

Am Abend spazieren wir durch die Gassen des Städtchens Ladenburg, das im 3. Jahrhundert n. Chr. die größte römische Stadt im heutigen Baden-Württemberg war. Auch hier viel Kopfsteinpflaster und Fachwerkhäuser, die katholische Kirche mit ihren zwei Türmen und die evangelische Stadtkirche läuten friedlich in unmittelbarer Nachbarschaft. Die Altstadt wirkt dörflicher als die in Goslar oder gar Marburg, und doch zeugen manche großen Bauten vom vergangenen wirtschaftlichen Glanz im Mittelalter.

Noch vor dem Frühstück am nächsten Morgen höre

336

ich lautes Rufen und hektische Schritte. Ein Mops ist seinem Frauchen und ihrem Wohnmobil entwischt und rennt stolz und glücklich über die anliegenden Wiesen, wälzt und rubbelt sich im feuchten Gras.

Am Anfang waren wir überrascht, wie viele Wohnmobile mit Hunden unterwegs sind, und dachten, sie seien als Wachhunde angeschafft worden. In den meisten Fällen jedoch ist es umgekehrt: Zuerst war das Tier da, dann kam das Wohnmobil dazu. Wer mit Tieren reisen will, findet nur wenige Hotels oder Ferienwohnungen, in denen sie willkommen sind.

Die Luft ist warm auch ohne Sonne. Unsere Nachbarn rüsten sich und ihre Concorde zur Abreise, er trägt immer noch denselben Dress wie gestern bei unserer Ankunft. Ich bin jetzt sicher, dass es ein Schlafanzug ist. Ans Steuer setzt sich seine Frau; stolz erzählt er uns, dass sie einen Führerschein bis 50 Tonnen hat, und schenkt uns zum Abschied seinen WLAN-Code mit Gültigkeit bis 18 Uhr. Ihr nächstes Ziel ist Rothenburg ob der Tauber – wegen einer Schuhreklamation. Und danach? Sie wissen es noch nicht und sagen weise lächelnd: »Der Weg ist das Ziel.«

Unter bedecktem Himmel nehmen wir mit den Fahrrädern eine Brücke über den Neckar und folgen dem Flusslauf in Richtung Heidelberg. Nur einmal erwischt uns leichter Nieselregen, fast eine Erleichterung in der drückenden Schwüle. Zurück bringt uns eine kleine Fähre, die uns fast unterhalb des alten Wasserturms wieder an Land setzt.

Gabriel zählt stolz zusammen: Wir radelten auf unseren bisherigen Reisen in Deutschland schon am Rhein entlang und am Ufer von Donau, Weser und Neckar; in Dresden verschwand die Elbe hinter einem dichten Regenschleier, und auch in Hamburg ließ andauernder Regen keinen Radausflug zu, nur einen kurzen Spaziergang. Vor Jahren schon brachte eine Fähre uns und unser Mietmobil im Kreis Pinneberg über die Elbe. Ein Jahr später spazierten wir in München an der Isar entlang und vor wenigen Wochen erst an der Spree in Berlin.

In Frankreich übernachteten wir inmitten der Loire auf einer Insel mit Campingplatz und überquerten die Seine über die Pont de Normandie bei Le Havre. In Spanien näherten wir uns dem Ufer des Miño auf einer engen und kurvenreichen Straße durch die Weinberge der Ribeira Sacra und streiften in Katalonien das Ebrodelta. Flüsse schaffen Naturräume und Flüsse verbinden.

Und Gabriel grillt Hamburger und röstet vergnügt Brotscheiben; und ich bereite einen Salat aus dem, was ich finde: eingelegten Sellerie, frische Mohrrüben und schwarze Oliven aus der Dose. Köstlich ist unser Mittagessen, wenn auch ohne Wein, weil es heute noch weitergehen soll nach Mannheim. Sogar unverhofften Nachtisch gibt es; um halb drei klingelt der Eismann auf dem Stellplatz und gewinnt nicht nur mich als dankbare Kundin.

Nach Mannheim fahren wir, um einen alten Freund von mir aus Studienzeiten zu treffen und seine zweite

338

Frau kennenzulernen. Der Stellplatz in Neuostheim mit 15 großen Parzellen wurde erst vor knapp drei Monaten eröffnet und ist gut durchdacht und gepflegt. Und laut! Dafür sorgen zahlreiche Starts und Landungen auf dem kleinen Flugplatz ganz in der Nähe und das auch am Abend immer noch hohe Verkehrsaufkommen um den Stellplatz herum. Aber auch die Straßenbahnhaltestelle liegt nur wenige Meter entfernt. Die Linie 5 bringt uns direkt zur Wohnung der Freunde am Luisenpark. Die Strecke führt am Ufer des Neckars entlang, zwischen der Bahn und dem Fluss entdecken wir einen Radweg.

Der Reiz der Stadt Mannheim bleibt uns verborgen, trotz der Lage am Fluss, trotz der schönen Parks und sehenswerten Jugendstilbauten um den alten Wasserturm. Vielleicht hat der Krieg die Stadt zu sehr zerstört und war der Wiederaufbau zu schnell, weil die Arbeiter der wachsenden Chemie-Industrie Wohnraum brauchten. Wir wissen es nicht und beschließen einstimmig, dass wir auch nicht alles wissen müssen.

Auf dem Stellplatz verbringen wir die ersten beiden Nächte dieser Reise ohne eingeschaltete Heizung! Wir bleiben an diesen Werktagen zu dritt. Ein Mann um die 40 wurde von seiner Firma eine Woche nach Mannheim geschickt zur Fortbildung. Sein Wohnmobil zieht er jedem Hotel vor und kann so den weitaus größten Teil seiner Spesenpauschale für sich behalten. Die junge Bewohnerin des dritten Wohnmobils, ein flippiger Camper, fährt jeden Morgen mit dem Fahrrad zur Universität für einen Kurs von vier Wochen. Mit den zehn Euro

Standgebühr pro Tag liegt sie bei knapp unter 300 Euro Monatsmiete und kann sich selbst verpflegen. Für so wenig Geld hätte sie niemals ein Zimmer gefunden.

Abends verfolgen wir mit Spannung den Kampf eines Stadtgärtners gegen die Kaninchen, die aus dem Loch unter dem Zaun vom Nachbargrundstück auf den Platz huschen. Schon zweimal hat er es fest zugestopft, aber nach einigen Stunden gähnt das schwarze Loch ihn wieder an. Am Samstagmorgen haben die Tiere daraus einen großen Krater ausgekratzt, lassen sich aber vorsichtshalber nicht blicken.

Wir verlassen den Schauplatz des Grenzkonflikts zwischen Stadtgärtner und Feldhasen und schwingen uns auf die Räder für die Einladung zum Frühstück bei unseren Freunden. Maria ist in Deutschland aufgewachsen, hat aber ihre italienische Staatsangehörigkeit behalten, und Martin ist ein Österreicher, der den größten Teil seines Lebens in Deutschland verbracht hat. Mit Gabriel und mir sind wir vier Nationalitäten am Tisch, die Verständigung mit einem Gemisch aus Deutsch, Spanisch und Italienisch klappt prächtig. Gabriel schmecken die ersten Weißwürste seines Lebens ausgezeichnet, aber die Brezeln findet er am frühen Morgen zu salzig.

Jeder Nachteil birgt in sich einen Vorteil: Nach Mannheim sind wir nur gefahren, weil wir wegen der Satellitenanlage unsere Route ändern und über Groß-Gerau fahren mussten. Ein Blick auf die Landkarte genügte, um die Erinnerung an einen alten Freund wachzurufen und

340

ein Treffen nach fast 15 Jahren zu vereinbaren. Keine Hotelreservierung hat uns gehindert und kein gebuchter Flug ist verfallen – ein Hoch auf das Reisen mit dem Wohnmobil!

Drei Tage nur noch

Heute ist der 13. Mai. Am 16. schon müssen wir abends in Barcelona einschiffen, damit wir am Tag darauf an der Geburtstagsfeier des vierjährigen Enkels teilnehmen können. *Müssen* wir das wirklich? Uns beschleichen Zweifel, vielleicht ist es aber auch nur die Wehmut über das nahe Ende der Reise. Alles funktioniert wieder, Maggie schnurrt auf der Straße wie eine Katze auf dem Schoß und Gabriel hinter dem Lenkrad. Sogar das Wetter ist endlich gut – jetzt könnten wir genauso gut aufbrechen zu neuen Ufern.

Auf der Fahrt ins Markgräflerland zum Stellplatz in Bad Bellingen foppt uns mal wieder das Navi, weil Gabriel aus Versehen »ohne Autobahn« eingestellt hat. Der Wohnmobilstellplatz an den Balinea-Thermen ist mit 18,50 Euro einschließlich Strom und Kurtaxe für zwei relativ teuer und laut, der Verkehr auf der nahen Autobahn ist nicht zu überhören.

Weil Strom nun mal im Preis enthalten ist, laden wir sämtliche Geräte auf und probieren auch die Klimaanlage aus, die wir auf unserer Fahrt durch Cold-old-Germany wahrhaftig nicht gebraucht haben: Sie läuft einwandfrei. Erst jetzt kommt uns der Gedanke, dass die Klimaanlage ja auch heizt – auch das funktioniert einwandfrei.

Trotz des Preises ist der Platz fast voll. Mehrere Wohnmobile mit französischem Kennzeichnen stehen hier, und viele Bewohner verlassen die Fahrzeuge im Bademantel mit einer großen Tasche über der Schulter. Mit der Stellplatzgebühr gibt es verbilligten Eintritt für die Angebote des Thermalbads, auch kann man Cafeteria und Restaurant sowie die Kuranlagen nutzen und erhält eine sogenannte Bonus-Gästekarte, mit der man kostenfrei bis nach Freiburg oder Karlsruhe fahren kann.

Nichts davon nutzen wir, decken uns nur im Rewe neben dem Stellplatz mit den wenigen noch fehlenden Lebensmitteln ein. Auf unserer dritten Reise haben sich längst Küchenstandards für das Wohnmobil eingebürgert: Fischkonserven gehören unbedingt dazu, neben dem Lieblingsmatjes aus Glückstadt Muscheln aller Art und natürlich Thunfisch. Diese Matjes, mit Zwiebelchen eingelegt in Rotwein, versöhnen Gabriel immer wieder mit dem norddeutschen Grau-in-grau-Wetter.

Bevor es auf Reisen geht, kochen wir Eintöpfe und Gulasch, blanchieren Gemüse und hacken frische Kräuter; später wandert alles vom häuslichen in den mobilen Gefrierschrank. Nudeln in jeglicher Form sind ein Muss, Pasta mögen wir beide gern. Wenn möglich schütten wir das Nudelwasser unterwegs in einen Ausguss auf dem Stellplatz; geht das nicht, dient eine Waschschüssel als Zwischenlager, bevor das nicht mehr kochend heiße

343

Wasser gurgelnd im Rohrsystem des Wohnmobils verschwindet.

Zu Hause kocht Gabriel gern, aber die Miniküche im Wohnmobil ist sehr schnell zu meinem Reich geworden. Wir haben eine Dunstabzugshaube, die jedoch bei Weitem nicht die Leistung von der in der häuslichen Küche bringt. Also brate ich so gut wie nie, und wenn, dann nur ganz kurz bei geschlossener Schlafzimmertür und geöffnetem Küchenfenster. Manchmal kaufen wir Fleisch und Würste, die Gabriel draußen auf dem Gasgrill zusammen mit grünem Spargel, Karotten oder Paprika in Stücken brutzelt. Fast jedes Gemüse taugt zum Grillen, köstlich sind Gemüsezwiebeln in Scheiben und auch in Scheiben geschnittene Artischockenherzen.

Zum Auftauen der zu Hause gekochten Gerichte oder vor Ort gekaufter Fertiggerichte stelle ich die geöffneten Gefäße am Morgen in eine größere Schüssel und diese in das Spülbecken, damit nichts danebenläuft während der Fahrt. Bis zum warmen Abendessen war bisher noch jede Speise aufgetaut. Mittags essen wir meist Brot mit Käse oder Wurst, harte Eier oder gekochte Würstchen. Wir kaufen am liebsten regionales frisches Brot, haben aber für den Fall der Fälle immer vakuumverpacktes Schwarzbrot in der Schublade mit fernem Haltbarkeitsdatum. Viel Salat essen wir, anders als zu Hause den schon zerschnippelten aus der Tüte, aber immer mit eigenem Dressing. Auch manches Süppchen kommt aus der Tüte oder das Chili con Carne aus der Dose.

Wir nehmen mit, was in Kühlschrank und Küchen-

344

schubladen passt, und kaufen unterwegs gern nach. Kleine Lebensmittelgeschäfte mit einem frischen Angebot aus der Region sind kaum noch zu finden, und wenn, sind ihre Produkte absurderweise teurer als von Übersee herbeigeschaffte Waren. In meiner Kindheit gab es teure Kolonialwarenläden mit Avocados aus Südafrika und belgischer Schokolade aus dem Kongo. Heute führt der lokale Bioladen mit Kartoffeln und Äpfeln aus garantiert ökologischem Anbau die Preistabelle an. Heimische Produkte als moderne Delikatessen. Verrückt.

Kaum zu glauben, aber die großen Supermarktketten wie Lidl, Aldi oder Carrefour bieten neben ihrem verlässlich immer gleichen Basissortiment regionale Produkte in den verschiedenen Ländern an. Es lohnt sich manchmal, dort genauer hinzuschauen.

»La tierra tira«, sagen die Spanier, die Heimat ruft. Und Gabriel will sich diesem Ruf nicht entziehen, sondern heute gleich mal 800 Kilometer durchbrettern. Schließlich beschränken wir uns auf knapp 600, von denen ich den größten Teil übernehme. Das ergibt sich so, weil sich über zig Kilometer keine Möglichkeit zum Anhalten bietet und ich heute nicht müde werde.

In Frankreich übernachten wir in der Region Languedoc-Roussillon, auf dem Parkplatz eines Weingutes im Dorf Chusclan. Gut zwanzig Wohnmobile finden bequem Platz, fünf davon sogar in mit Büschen abgeteilten Parzellen, und davor stehen Tische und Bänke aus Holz. Natürlich sind alle belegt.

Leider ist der Verkaufsraum für Wein am Sonntag nicht geöffnet, nur Ziegenkäse gibt es zu kaufen, den eine Frau aus dem Dorf anbietet. Mit ihrem Strohkorb klappert sie die Wohnmobile eines nach dem anderen in aller Ruhe ab. Aus Höflichkeit kaufen wir drei kleine Stück Käse verschiedener Sorten für zusammen drei Euro, erkennbar mit der Hand geformt und ohne Verpackung. Zum Nachtisch probieren wir von jeder Sorte. Weitaus schmackhafter als gedacht sind sie und ein Schnäppchen dazu.

Als Hauptgericht soll es eine Dose Chili con Carne geben, die wir schon länger spazieren fahren. Erst jetzt merken wir, am Ende unserer dritten Reise mit dem Wohnmobil, dass uns ein wichtiges Küchenutensil fehlt: kein Dosenöffner weit und breit! Einst staunte ich Bauklötze, als ein Gastgeber nach Versagen aller anderen Hilfsmittel den Korken einer Rotweinflasche mit der Bohrmaschine zog; jetzt verbeuge ich mich vor dem Geschick Gabriels, der uns mit Hammer und Meißel zum Mittagessen verhilft. Alle Achtung!

Bei unserer kleinen Radtour durchs Dörfchen und Umgebung überrascht uns ein digitales Laufband über der Straße mit dem Hinweis auf die Öffnungszeiten des Rathauses, auch werden Sport- und Kulturveranstaltungen so modern angekündigt. Kleine Tafeln an historischen Gebäuden erklären deren Geschichte. Vor einer Bar (der einzigen?) sitzen zwei lärmende Männer an einem Ende der Terrasse und zwei schweigende junge Frauen am anderen. Sie rauchen und scheinen zu warten – auf wen oder was? Die Dorfjugend versammelt sich etwas außerhalb um eine Holzhütte mit Barbetrieb am Ufer der Rhône.

Am Abend auf dem Platz ergibt sich ein kurzer Plausch mit der englischen Nachbarin. Mein »good evening« beantwortet sie mit »*delicious* evening« und preist mit weit ausgebreiteten Armen diesen wahrhaft schönen Abend. Sie und ihr Mann sind auf der Rückfahrt aus Spanien, wo ihr Bruder lebt, und ihr graust vor dem englischen Wetter in ihrer Heimat Norfolk. Kein Wunder, wir haben 25 Grad. Ihre Campingmöbel klappen diese beiden und auch andere Reisende in der Dunkelheit zusammen und verstauen sie. Auf Plätzen wie diesem, ohne Beleuchtung, Schranke oder gar Bewachung, sehen wir immer wieder dieses Einholen des Hab und Guts, während es bei anderen auch oft über Nacht draußen bleibt.

Das erste Frühstück ohne wärmenden Bademantel! Für andere *beginnen* so die Ferien. Gern kehre ich nach Hause zurück, immer wieder, heute aber würde ich unsere Reise viel lieber verlängern. Gabriel legt die Route fest, von der Küste geht es über die Pyrenäen nach Spanien. Auf dem Hinweg malte die Rapsblüte gelbe Rechtecke in die Landschaft, jetzt begleiten uns ausgefranste Flecken leuchtend roter Mohnfelder.

Der Stellplatz im Dorf San Juan de las Abadesas in der Provinz Girona liegt verborgen hinter Bäumen und Büschen, fast hätten wir die Einfahrt übersehen. Er ist kostenlos einschließlich Ver- und Entsorgung, sogar Toiletten gibt es. Sie sind eingebaut unter einer Rampe,

347

die zum oberen Pkw-Parkplatz führt. Um Punkt neun am Abend knattert ein Polizist mit dem Motorrad heran und sperrt sie zu.

Zwei Wohnmobile aus Holland und je eines aus Österreich und England stehen hier, dazu gesellt sich noch ein junges spanisches Paar mit zwei kleinen Kindern im gestern erst geliehenen Camper. Raum ist in der kleinsten Hütte! Zum Auffüllen des Wassertanks leihen wir ihnen unseren Schlauch und zeigen, wie es funktioniert. Als die Nachbarn aus Österreich Besuch von einem katalanischen Werkstattmenschen bekommen, helfe ich mit Übersetzen und Gabriel mit seinen technologisch-mechanischen Kenntnissen. Wir fühlen uns schon wie alte Wohnmobil-Hasen.

Auf diesem kleinen Stellplatz stehen vier überdachte große Mülleimer zur Verfügung für die ordentliche Mülltrennung. Leider ist das nicht immer so. Oft wissen wir nicht, wohin mit unserem Plastikmüll. Leere Glasflaschen oder Papier begleiten uns manchmal während der Fahrt, bis wir am Straßenrand in passenden Containern entsorgen können. Mit klebrigen Joghurtbechern wird es schon schwieriger, die müssen eben dran glauben und landen im normalen Müll. Bei mangelnder Gelegenheit zur Mülltrennung hält sich mein schlechtes Gewissen in Grenzen.

Von der Zufahrtsstraße zum Stellplatz führt eine Fußgängerbrücke aus dem Mittelalter über den Fluss Ter ins Dorf. Auf der abschüssigen Uferböschung haben die Anwohner Terrassen mit Gemüsegärten angelegt,

Gießkannen und Harken liegen bereit zum Werkeln in der Erde. Am nächsten Morgen spazieren wir ein wenig durch die alten Gassen. Der Ort liegt auf fast 800 Meter Höhe, Radfahren ohne Mountainbike ist hier nicht angesagt. Interessierte Besucher können ein Kloster besichtigen, das im 9. Jahrhundert von Wilfried dem Haarigen gegründet wurde, dessen Beinamen bewusst im Gegensatz zu dem von Wilfrieds früherem fränkischen Lehnsherrn Karl dem Kahlen steht. Wir sind heute nicht interessiert.

Perfekte Mülltrennung auf dem Stellplatz in San Juan de las Abadesas

Die Fähre legt erst um elf Uhr abends in Barcelona ab. Ohne Ziel kurven wir durch die französischen und die

349

spanischen Pyrenäen, entdecken katalanische Ortsnamen auch in Frankreich. Auf einem hoch gelegenen Aussichtsplateau halten wir zum Kaffeetrinken und treffen dort eines der beiden holländischen Wohnmobile wieder. Das Paar reist ziel- und planlos ins Blaue hinein, sie halten an, wo es ihnen gerade gefällt, und übernachten auf Parkplätzen oder Stellplätzen, die sie sich jeden Tag aufs Neue im Internet suchen.

Menschenleere Skidörfer passieren wir und stellen uns das Getümmel im Winter vor. Wir fahren die Straßen von Ripoll hinauf und wieder herunter und finden nicht *einen* Platz zum Parken. Die Holländer sind auch wieder da, ihnen geht es genauso, auch sie verlassen den Ort unverrichteter Dinge.

Erst in Alp treffen wir auf ein geöffnetes Restaurant in einem Hotel. Die Empfangsdame kündigt uns telefonisch im Speisesaal im ersten Stock an, wo ein dürrer Kellner im fortgeschrittenen Rentenalter uns und zwei weitere Gäste beflissen bedient. Jedes Mal, wenn er spricht, kann er das Muskelzucken in seiner linken Gesichtshälfte nicht mehr kontrollieren. Um das zu verhindern, schweigt er möglichst; wir kommen ihm entgegen, indem wir uns ungewohnt knapp halten.

Gabriel zeigt mir das Tal von Cerdanya, das zu 49 Prozent auf französischem Gebiet liegt und zu 51 Prozent in Spanien. Es soll die größte europäische Ebene auf 1300 Metern Höhe sein. Es kommt einem nicht so vor, als ob man hoch über dem Meeresspiegel sei, einfach, weil man keine hohen Berge sieht.

350

Irgendwann bleibt uns nichts anderes mehr übrig, als nach Barcelona zu fahren, wenn wir nicht im Stockdunkeln am Pier ankommen wollen. Das Schiff ist proppenvoll, mit Verspätung legen wir ab, und mit Verspätung laufen wir um halb acht Uhr morgens in Palma ein.

Wir haben Glück und finden einen Parkplatz nur 100 Meter von unserer Haustür entfernt. So können wir in aller Ruhe entladen und frühstücken. Gabriel fährt Maggie auf ihren häuslichen Platz und radelt den Weg zurück, während ich die erste Waschmaschine anwerfe.

Nachmittags der Kindergeburtstag.

In den Wochen darauf, während Maggie auf ihrem Stammplatz den wohlverdienten Urlaub genießt, werkelt Gabriel an ihr herum und unterziehe ich sie einer Generalreinigung. Dabei fällt uns auf, dass trotz pausenloser Sonnenbestrahlung die Solaranlage auf dem Dach keinerlei Strom erzeugt. Die Batterie wird null aufgeladen.

Gabriel vermutet Laub oder hochgradige Verschmutzung auf dem Dach, steigt auf die Leiter und sieht – nichts! Nada! Kein Solarpaneel klebt mehr auf dem Dach. Die zuführenden Kabel sind so fein säuberlich durchtrennt, wie nur ein sehr scharfes Messer schneiden kann. Wir sind fassungslos und befürchten, dass das Paneel erst hier, auf unserem Dauerstellplatz, gestohlen wurde.

Wir werden eines Besseren belehrt, als ich unsere Fotos von der Reise sichte. Gelobt sei die Routine, auf jedem Stellplatz ein Bild von Maggie zu knipsen! Nicht

351

immer ist das Solarpaneel darauf zu sehen, aber die Situation ist eindeutig: Vor Leipzig war es noch auf dem Dach, nach Berlin nicht mehr. Wir haben das Fehlen nicht bemerkt, weil die Batterie sich während der Fahrt immer wieder auflud und wir Maggie bei dem schlechten Wetter oft an den Strom angeschlossen haben. Selbst als ich auf dem Platz in Rügen von dem Hochsitz aus auf das Dach blickte, fiel mir das Fehlen nicht auf – weil ich nicht danach *suchte*.

Waren es die Nachbarn in Berlin? Oder andere in Leipzig? Müßige Überlegungen sind das heute.

Wie gut, dass der vorausschauende Gabriel beizeiten unsere Hausratsversicherung auf das Wohnmobil erweitert hatte, die den Schaden übernahm und das neue Paneel inklusive Montage bezahlte.

Stationen der dritten Reise

Fähre von Palma de Mallorca nach Valencia

SPANIEN
- Kommunaler Stellplatz in Quart, Provinz Girona

FRANKREICH
- Parkplatz des Parc des Oiseaux (Vogelpark) in Villars-les-Dombes in der Region Auvergne-Rhône-Alpes, Frankreich

DEUTSCHLAND
- Privat in Titisee-Neustadt, südlicher Hochschwarzwald in Baden-Württemberg
- Werksstellplatz in Isny, Allgäu
- Kommunaler Stellplatz in Neuburg an der Donau, Bayern
- Stellplatz »Lohengrin-Therme« in Bayreuth, Bayern
- Stellplatz »Melinenburg« in Leipzig, Sachsen
- »Wohnmobilhafen« Berlin-Spandau
- Stellplatz »Am Krongut« in Potsdam, Brandenburg
- Kommunaler Stellplatz Wusterhausen/Dosse, Brandenburg

- Stellplatz am Stadthafen in Neustrelitz, Mecklenburg-Vorpommern
- Stellplatz »Yachtlieger-Achterwasser« in Lütow-Netzelkow (Usedom), Mecklenburg-Vorpommern
- »Wohnmobil-Oase« in Prora auf der Insel Rügen
- »Wohnmobilpark Westhafen« in Wismar, Mecklenburg-Vorpommern
- Wohnmobilstellplatz Park and Sail in Travemünde, Schleswig-Holstein
- Campingplatz am Stadtwaldsee in Bremen
- Privat in Bargteheide, Schleswig-Holstein
- Stellplatz »Hamburg-Bunthaus« in den Elbauen bei Hamburg
- Stellplatz »Sülzwiesen« in Lüneburg, Niedersachsen
- Stellplatz »Scharnebeck« bei Lüneburg, Niedersachsen
- Parkplatz »Füllekuhle« in Goslar, Niedersachsen
- Stellplatz in Marburg, Hessen
- Stellplatz in Ladenburg, Baden-Württemberg
- Stellplatz in Mannheim, Baden-Württemberg
- Wohnmobilstellplatz bei den Balinea-Thermen in Bad Bellingen, Baden-Württemberg

FRANKREICH
- Wohnmobilstellplatz »Vignerons de Chusclan« (Languedoc-Roussillon), Frankreich

SPANIEN
- Kommunaler Stellplatz in San Juan de los Abadesas in der Provinz Girona, Spanien

Fähre von Barcelona nach Palma de Mallorca

Noch lang noch nicht Schluss

Und jetzt? Wie denken wir heute über die Anschaffung unseres Wohnmobils und die Reisen mit Maggie? Mit nunmehr 66 Jahren unterm Rucksack?

Toll! Klasse! Super!

Nach unserer Hochzeit war dies die beste gemeinsame Entscheidung und ist das beste gemeinsame Projekt für uns als Paar. Die Planung der Reisen, unsere gemeinsamen Erfahrungen im wahrsten Sinne des Wortes und die geteilte Erinnerung verbinden uns. Wir haben uns den knappen Raum in manch hartem Kampf erobert und erkannt, dass auch in mir eine Zicke steckt und Gabriel in sich einen Pascha verbirgt. Beide können uns nicht mehr ins Bockshorn jagen. Im Gegenteil: Heute empfinden wir unser Zusammenleben im Wohnmobil fast noch harmonischer als zu Hause in der Stadt.

Und das mit dem Einweisen kriegen wir auch noch hin, da bin ich mir ganz sicher. Wobei das ungenaue Einwinken und verfrühte oder verspätete Halt!- und Stopp!-Kommando, wie gesagt, auch bei vielen anderen Paaren ein notorischer Streitanlass ist. Gabriel behauptet nach wie vor, ich würde mich entweder so hinstellen, dass er mich im Rückspiegel gar nicht sehen

356

kann, oder zweideutige Anweisungen geben. Ich wiederum bin immer wieder schlicht verwirrt über die Zeichen, die er mir gibt, wenn ich am Steuer sitze, und werde umso nervöser, je schneller er seinen Zeigefinger kreisen lässt. Ein Wunder, dass wir uns noch nicht überfahren haben.

Gabriel gehört zur Männerzunft der Bohrer und Schrauber. Mit seinem Werkzeugkasten hat er sich Maggie gefügig gemacht, sie ist endgültig zu seinem Hobby geworden. Toilettengerüchen ist er mit dem Einbau eines SOG®Systems zu Leibe gerückt; ob wir jetzt wirklich keine Chemie mehr brauchen und auch kein spezielles Toilettenpapier, muss die nächste Reise zeigen.

Eine Gasflasche hat Gabriel fest installiert. Nicht an allen, aber an vielen Tankstellen kann sie problemlos aufgefüllt werden. Für den unwahrscheinlichen Fall, dass sie doch einmal gänzlich leer sein sollte, führen wir eine zweite transportable Flasche mit. Nie wieder soll klirrende Kälte mich wecken!

Der Kühlschrank hat einen Ventilator bekommen, der bei einer frei wählbaren Temperatur anspringt und damit Anstrengung und Verbrauch des Kühlsystems mindert, wenn Maggie mal wieder mit der Kühlschrankseite zur prallen Sonne hin steht.

An der Wand unter dem Esstisch ragt ein etwa zwölf Zentimeter breiter Vorsprung von der Sitzbank bis zur Abtrennung der Fahrerkabine in den Raum. Dort halten jetzt schicke weiße Metallstäbe leichte Gegenstände fest wie eine Küchenpapierrolle, Papiertaschentücher oder auch Zeitschriften.

Über die gesamte Länge des Frontfensters zieht sich eine offene Ablage. Dank einfacher Unterteilungen mit Sperrholzplättchen können wir leicht Ordnung halten zwischen diversen elektronischen Ladegeräten, einem halben Dutzend Brillenetuis und gefalteten Landkarten.

Ein kleiner, weiß gestrichener Magnetbalken klebt sicher und fast unsichtbar auf der Markisenhalterung. Darauf setzt Gabriel bei Bedarf eine Antenne für den terrestrischen Fernsehempfang. Sie ist nur 15 Zentimeter hoch, aber stark in ihrer Leistung.

In der Garage hat er das große Reserverad leicht zugänglich verstaut und dafür den überdimensionierten Grill gegen ein deutlich kleineres Modell derselben Marke ausgetauscht. Vollkommen ausreichend für zwei Personen. Mit dem großen Grill hatten wir Glück, niemand hat ihn uns abgekauft, noch nicht einmal Interesse bekundet. Jetzt leistet er hervorragende Dienste auf unserem Balkon in der Stadt, wo wir ihn in vier Wochen schon öfter benutzt haben als während aller bisheriger Reisen.

Sogar einen Vergrößerungsspiegel hat Gabriel im Bad an der Innenseite der Schranktür für mich angebracht, damit ich mich auch unterwegs verschönern kann.

Ach ja, auch ich habe etwas beigetragen zur Verschönerung unseres Wohnmobils: Vom ersten Tag an konnte ich die Gardinen nicht leiden. Sie waren nichtssagend neutral. Nach der zweiten Reise habe ich neue farbenfrohe genäht und freue mich jedes Mal, wenn ich sie sehe. Auch wenn ihre unterschiedlichen Längen mich immer wieder an mein messtechnisches Defizit erinnern.

Unsere vierte und bislang schönste Reise im Herbst 2017 führte uns über Nordspanien nach Portugal. Wir bewegten uns unbeschwerter denn je, in zehn Wochen fuhren wir nur einen einzigen Campingplatz an. Fast immer standen wir frei, viele Male direkt am Meer. Wir blieben oft mehrere Tage an einem Ort und legten an den Fahrtagen selten mehr als 50 Kilometer zurück. Und wir suchten und fanden öffentliche Waschsalons, in deren Nähe wir Maggie parken konnten. Erinnerungen an Studentenzeiten wurden wach.

In Portugal lernten wir einen Deutschen und ein Ehepaar aus Belgien kennen (er über 80 und fit wie ein Turnschuh), mit denen wir uns für eine Woche zu einem lockeren Bund zusammenschlossen. Mittags aßen wir zusammen in spottbilligen und guten kleinen Restaurants, die sie auf ihren vielen Portugalreisen ausfindig gemacht hatten, und abends tranken wir im Freien vor einem unserer Wohnmobile noch einen Absacker. Viele Tipps und Ratschläge tauschten wir aus, lachten über uns und andere. Ansonsten ging jeder seiner Wege.

Auch einem Paar aus Norddeutschland sind wir begegnet, das innerhalb eines Jahres schon sein drittes (jeweils fabrikneues!) Fahrzeug fuhr und schon wieder nach dem vierten Ausschau hielt. Sie konnten sich nicht damit abfinden, dass man bei einer begrenzten Raum-

359

größe *immer* Abstriche machen muss, entweder beim Bad, beim Bett, in der Küche oder im Wohnbereich. Da beglückwünschten wir uns: Wir sind immer noch und immer fester davon überzeugt, für unsere Bedürfnisse und unseren Geldbeutel das genau richtige Modell gekauft zu haben. Pannen passieren bei jeder Marke, da führt kein Weg dran vorbei. Wichtig ist, ob und wie sie behoben werden.

Auf dieser Reise durch Galizien und Portugal hatten wir ein Glück, das wir sehr genossen haben: Bis in den November hinein wollte das spätsommerliche Wetter nicht aufhören, und nicht der klitzekleinste Defekt suchte unsere Maggie heim. Wir wissen jetzt auch, dass wir problemlos drei Tage und drei Nächte ohne eine Servicestation auskommen. Dann allerdings ist die Toilettenkassette kurz vorm Platzen.

Unseren Mut zur Lücke haben wir zur Methode gemacht. Noch vor wenigen Jahren sang ich regelmäßig im Frühjahr mein persönliches Klagelied »Ich war noch nie in Paris!«. Heute ist mir das wurscht. Ob ich eine Metallstrebe des Eiffelturms anfasse oder nicht, macht kein Pariser Kind glücklicher oder trauriger. Mich auch nicht. Und Gabriel wollte unbedingt mit dem Wohnmobil bis ans Nordkap gelangen. Jetzt hat er keine Lust mehr, sich einen Platz zwischen zig anderen Fahrzeugen zu erkämpfen, nur um in hellem Licht auf kaltes Wasser zu starren.

360

Es muss auch nicht jedes Mal ein neues Reiseziel sein. Wir kehren gern wieder dorthin zurück, wo es uns gefiel. Wichtig ist uns vielmehr, eine gute Zeit miteinander zu verbringen – und das kann genauso gut in Ostfriesland sein. Hauptsache, Maggie bringt uns hin.

Nach der Reise ist vor der Reise.

WARNUNG:
Reisen im Wohnmobil macht süchtig!

DANKE!

Allen, die bei der Entstehung dieses Buches mitgeholfen haben, sage ich ein herzliches Dankeschön.

Ich beginne mit den Freiwilligen, die sich durch verschiedene Stadien meines Manuskripts gearbeitet haben, bevor ich mich traute, es bei einer Agentur einzureichen. Testleser nennt man sie in der Fachsprache. Das waren Frauke und Alice aus Bremen, Cecilia in Palma, Juliane aus München, Andrea in Paguera und Bea aus Andratx. Danke euch allen fürs Durchhalten und die Ermunterung zum Weiterschreiben!

Ein Volltreffer für mich war die Verlagsagentur Lianne Kolf in München. Danke an die Chefin, die mich überraschend schnell unter ihre Fittiche nahm und mir auf die Sprünge half mit ihrem Anstoß, das Exposé noch einmal zu überarbeiten.

Danach setzte sich Simone Hasselmann aus der Agentur für mein Manuskript ein und vermittelte es erfolgreich an den Goldmann Verlag, wofür ich ihr sehr dankbar bin.

Und erst der Verlag! Von Anfang an fühlte ich mich von Doreen Fröhlich (Programmleitung Sachbuch) mit offenen Armen aufgenommen. Ein lautes »Danke!« rufe ich ihr zu für das Vertrauen, das sie in mein Projekt gesetzt hat.

Ich bin in einem Alter, in dem die Zusammenarbeit mit jungen Menschen Spaß macht oder überfordert. Den Austausch mit der Junior-Lektorin Marion Preuß empfand ich als erfrischend, bereichernd und richtungweisend. Ein ganz herzliches Dankeschön dafür!

Auch Albrecht Schreiber hat das Manuskript lektoriert. Und zwar so, als ob er von meinem extrem schlechten Orientierungssinn wüsste. Humorvoll hat er Städte und Regionen dorthin verlegt, wo sie hingehören, und die Landkarten in meinem Kopf geordnet. Vielen Dank ihm für das genaue Hinsehen!

Zu guter Letzt danke ich Wolf Schneider für die freundliche Erlaubnis, ein Zitat von ihm abzuwandeln und als Motto diesem Buch voranzustellen. Vor Jahren sagte er in einem Interview mit der *Mallorca Zeitung* sinngemäß, dass man nicht verhindern kann alt zu werden, aber vermeiden sollte, dabei zu frieren.

Das gefiel mir, und am Anfang dieses Buches können Sie lesen, was ich daraus gemacht habe.